集人文社科之思 刊专业学术之声

集 刊 名：文化发展论丛
主办单位：湖北大学高等人文研究院
　　　　　中华文化发展湖北省协同创新中心
　　　　　湖北文化建设研究院
主　　编：江　畅
执行主编：吴成国
副 主 编：李家莲　张　敏

CULTURE DEVELOPMENT REVIEW Vol.20

总第20期

集刊序列号：PIJ-2014-129

中国集刊网：www.jikan.com.cn

集刊投约稿平台：www.iedol.cn

湖北大学高等人文研究院
中华文化发展湖北省协同创新中心 编
湖北文化建设研究院

主　编　江　畅
执行主编　吴成国
副主编　李家莲　张　敏

文化发展论丛

CULTURE DEVELOPMENT REVIEW
Vol.20

总第20期

社会科学文献出版社
SOCIAL SCIENCES ACADEMIC PRESS (CHINA)

卷 首 语

2021年注定是具有历史里程碑意义的一年。这一年，中国共产党建党100周年，中国共产党自成立以来，已经走过了100年奋斗历程。这100年，是人类社会充满动荡和剧变的100年，也是中国沧桑巨变，换了人间的100年。中国产生这一巨变的根本原因，在于中国共产党的诞生。而这一年，也是中国人民在中国共产党领导下意气风发向着全面建成社会主义现代化强国的第二个百年奋斗目标迈进的头一年！

岁月不居，华章日新。胸怀千秋伟业，百年只是序章。

有道是："创业难，守成更难。"从2013年创刊至今，湖北大学高等人文研究院、中华文化发展湖北省协同创新中心、湖北文化建设研究院主编的《文化发展论丛》已到第20期。回顾过往，我们坚守学术底色，在学术积淀中彰显了办刊魅力；我们坚守人文情怀，在精神传承中擦亮了文化底色；我们坚定奋进决心，在创新发展中提振了前行士气。

自2013年湖北大学高等人文研究院设立以来，在院长江畅教授的带领下，全院紧紧围绕"文化发展研究"下功夫、做文章，取得了一系列品牌建设成果，编辑出版《文化发展论丛》即是其中之一。本卷《文化发展论丛》设置的"中国文化发展研究""世界文化发展研究""湖北文化发展研究"三大专栏，即是为对应我们的三大论坛"中国文化发展论坛""世界文化发展论坛""湖北文化发展论坛"而设。

"中国文化发展研究"专栏共有4篇文章，既有如李明晨的《以德亲民，以能安民：论先秦儒墨君子思想中的圣王人格》、雷平的《清中叶以降经世文编体中"学术"类目之演变》对优秀传统文化的深入探析，也有如胡雨溪和江畅的《应当重视社会道德教化认同》、刘晗和聂远征的《基层文化治理中的公共空间媒介化研究——以社区档案馆为例》对文化发展的持续关注。

"世界文化发展研究"专栏的 3 篇文章中，两篇属于译作，均来自美国哲人，迈克尔·斯洛特一文关注的是"指称固定视镜中的美与崇高"问题，杰罗姆·斯托尔尼茨一文讨论的是"审美无利害"的缘起问题；沈伊蓝、程晶与巴西 Kelly Ferreira 三人合著的《以新自由主义为导向：巴西特梅尔执政时期文化政策评析（2016～2018 年）》一文，评析的是巴西特梅尔执政时期（2016～2018 年）的文化政策。

本期"湖北文化发展研究"栏目共有 5 篇文章，包括姚伟钧的《秦汉魏晋南北朝时期荆楚饮食考论》、严勇的《唐末五代"荆门诗僧"尚颜生平事迹考略》、张硕的《根柢与文脉：矿冶文化与大冶地域文化关系蠡探》、刘玉堂和姜雨薇的《长江文化与武汉滨江文化空间的互塑》、周琼的《从清江时代迈向长江时代——恩施州创建文化大州路径思考》。从作者来说，既有刘玉堂、姚伟钧、张硕等荆楚文化研究名家，也有严勇、姜雨薇等青年才俊；从文章内容上说，涉及从古至今的荆楚文化及湖北地方历史文化。

今年本卷新设了"重大课题研究进展：江汉关档案"与"文化交流互鉴研究"两大栏目。

近年来，湖北大学人文社会科学学者已先后获得 14 项国家社科基金重大项目、2 项教育部哲学社会科学研究重大课题攻关项目、2 项中宣部马克思主义理论研究和建设工程项目等重大课题立项。为了推动上述重大课题的研究进展，从本期起，特设置"重大课题研究进展"栏目，发表上述重大课题的阶段性研究成果。该栏目首发的 4 篇文章的作者中，吴成国是教育部哲学社会科学研究重大课题攻关项目"海内外江汉关档案资料搜集整理与研究"（立项号：18JZD026）的首席专家，李培德、张宁是该重大课题攻关项目的子课题负责人，赵海涛则是课题组成员。

文化因交流而多彩，因互鉴而丰富。"文化交流互鉴研究"栏目中有 2 篇文章，一为郝祥满和刘娟的《中国茶与茶文化的国际传播》，一为刘天乔和张瑾的《中法高等教育合作的"跨文化"问题探讨——以中法高校师生交流为例》。

中华民族的伟大复兴离不开文化的复兴，文化发展前景光明广阔。在告别 2022 年，迎接 2023 年之际，祝愿《文化发展论丛》和我们每个人：

元亨利贞。

编者

中国文化发展研究

世界文化发展研究

湖北文化发展研究

重大课题研究进展：江汉关档案

文化交流互鉴研究

CONTENTS

Progress in Major Research Projects: Hankow Customs Archives

Study on Cultural Exchanges and Mutual Learning

以德亲民，以能安民：
论先秦儒墨君子思想中的圣王人格

李明晨[*]

摘　要：先秦儒墨两家都主张人格修养，倡导养成君子人格。虽然侧重各有不同，主仁爱的儒家崇德，尚功利的墨家重能，但两家的君子人格修养都包含德与能的要求。在寻求自家君子人格理想参照的过程中，先秦儒墨两家都自觉地选择了尧、舜、禹、商汤、周文王和周武王，称颂他们的人格为圣王人格。本文梳理先秦儒墨典籍中的圣王人格记载，透过华美的赞颂文辞，别除其中的神异色彩，探析出圣王人格中的共性——对民亲之以德，安之以能。先秦儒墨两家通过颂扬圣王人格的德与能，既希望周王和诸侯能怀爱民安民的圣王人格，又试图培养能够爱民安民的入仕君子，借此实现自家构想的圣王政治。

关键词：圣王　人格　德与能　先秦　儒家　墨家

　　先秦儒墨两家对禅让极力推崇。尧、舜、禹等人物的人格中含有儒墨学派的主观倾向，他们被描绘成超越世俗的圣王，甚至他们的身世也被蒙上了神异化的色彩。由于时代久远又缺乏确凿的证据，还原这些人物的真实思想和人生轨迹是不可能的，但可从伦理思想史的角度剥离禅

---

　　* 李明晨（1976—　），博士，武汉商学院食品科技学院副教授，武汉素食研究所负责人，主要从事饮食伦理、中国伦理思想史研究，电子邮箱：limingchen2007@163.com。

让时代圣王人格中传说性质的神异性内容和过于美化的学派主观倾向性内容，从一定历史社会背景下人的视角来观照理想化了的圣王人格，让隐藏其中的相对真实的人格呈现出来。儒墨两家推崇的具有圣王人格的人物主要有唐尧、虞舜、夏禹、商汤、周文王、周武王等，体现这些圣贤人物圣王人格的事迹主要出自《尚书》《诗经》《周易》等典籍，研究者尤以《尚书》为文本。参照学术先辈的研究范式，本文主要以《尚书》中的相关篇章为依据，参照其他先秦时期典籍中的相关记载剖析这些圣王人格。

《尚书》的记载始于尧，按照《史记·五帝本纪》的记载，尧是黄帝曾孙帝喾高辛之后，被封为唐侯。帝喾崩，长子挚继位，因为政不显著，此时的尧德名兴盛，于是挚禅位于尧。根据司马迁的记载，禅让始于挚。《尚书》从尧开始，不见黄帝及尧的前世，司马迁对此进行了释疑。他认为有关黄帝的记载是儒士不能认同的不典雅之言，"学者多称五帝，尚矣。然《尚书》独载尧以来；而百家言黄帝，其文不雅驯，荐绅先生难言之。孔子所传宰予问五帝德及帝系姓，儒者或不传"。① 黄帝事迹中有同炎帝、蚩尤等部族的残酷战争，而且有怪力乱神的成分，这些是儒士们所不能认同的，因此没有下传。这也反映了氏族社会后期，中国经历了一个由野蛮争战到文明产生的嬗变期。儒家主张仁政德治而重人，对不符合学派思想主张的古史资料作了删减整理，所以作为儒家典籍的《尚书》对夏之前的古史资料记载始于尧。迨至民国时期，顾颉刚作了更为学术化的阐述。受崔述和胡适治史的影响，顾颉刚提出"古史层累说"。他指出，"第一，可以说明'时代愈后，传说的古史期愈长'。……周代人心目中最古的人是禹，到孔子时始有尧舜，到战国时有黄帝神农，到秦有三皇，到汉以后有盘古等。第二，可以说明'时代愈后，传说中的中心人物愈放愈大'。如舜，在孔子时只是一个'无为而治'的圣君，到《尧典》就成了一个'家齐而后国治'的圣人，到孟子时就成了一个孝子的模范了。第三，我们在这上，即不能知道某一件

① 司马迁：《史记》卷一，中华书局，1959，第 46 页。

事的真确的状况，但可以知道某一件事在传说中的最早的状况。我们即不能知道东周时的东周史，也至少能知道战国时的东周史；我们即不能知道夏商时的夏商史，也至少能知道东周时的夏商史'"。①"古史层累说"的观点同样适用于伦理思想史的研究，至少这一观点可以回应三个方面的问题。一是儒家典籍《尚书》受孔子思想影响，撰写古史自尧舜始；二是为何孔子对尧舜的记载十分简要而《尚书》中的《尧典》《舜典》却内容丰富；三是虽然《尚书》中的古史资料有人为夸大失实的成分，但可以从中知道该历史时期的状况。所以，本文以《尚书》为主要文本研究始于禅让时代的圣王人格。

一　尧帝的人格

《尚书·尧典》对尧的记载包括他的修养、德性、才能、功勋、知人善任、考察虞舜等方面。"钦明文思安安，允恭克让，光被四表，格于上下。克明俊德，以亲九族。九族既睦，平章百姓。百姓昭明，协和万邦，黎民于变时雍。"②尧处理事务的态度是值得称颂的，一是出于自觉的恭谨为政观，二是在处理公共事务中具有节用思想。在才智上，他思虑明达；在仪态上，他文雅温和；他的影响广大，光辉形象远播四方，通天达地。在用人方面以才能与品德为准则，推贤尚善。他通过弘扬才智美德，得到各个部族的认同，具有辨别察明各个部族公职人员优劣的能力，所以在他的部落联盟中，所有人都能够和睦相处。其中不乏后世儒者对尧的美化之词，透过这些颂扬的华丽辞藻，能够探知尧的部落联盟是由各个部族组成的地域性群体，部落首领维护这个群体需要恭谨节用的为政态度，周备清晰的思虑，亲善的仪态，具有选任各部族统领与考察这些统领的才能和凝聚各个部族的能力。去除理想化的成分，作为部落首领的尧，至少具备其中某些方面的人格特质。孔子对尧大加颂扬，

---

① 顾颉刚编著《古史辨》第 1 册，上海古籍出版社，1982，第 60 页。
② 李民、王健撰《尚书译注》，上海古籍出版社，2004，第 1 页。

《论语·泰伯》曰："大哉尧之为君也！巍巍乎！唯天为大，唯尧则之。
荡荡乎，民无能名焉。巍巍乎其有成功也，焕乎其有文章！"① 尧的伟大
之处在于则天。"天何言哉？四时行焉，百物生焉"②，像天一样，尧为
部落联盟默默奉献，以至于部族成员不知道该如何赞赏他。他的功勋主
要是揭去天神的面纱，破除人对天的盲目崇拜，根据生产生活的需要制
定天文历法，指导民众使用。仿效天道制定巩固部落联盟统一体的典章
制度。《尚书·尧典》翔实记录了尧命羲、和两氏观天象而制定历法，
派他们去四方指导人们根据历法进行农耕渔猎生产的事迹。这说明在尧
时期，部落联盟中有专门司掌天文知识的巫，而尧的功绩在于不只是让
这些巫祭祀天神，而是让他们运用自己的天文知识制定天文历法，用于
指导人们的生产生活。人由盲目的自然天神崇拜到自主地把天象规律应
用于自己的社会生产生活，这是人类文明史上的一大突破。所以孔子说
他的功勋实在是太崇高了，把人由天神的奴仆转变为自觉法天的主人，
反映了"子不语怪力乱神"而重人的思想。尧的则天不止于此，他还仿
效天制定了礼仪典章制度，让部落联盟的事务处理有章可循，让人走出
精神的荒蛮，接受礼仪的熏陶，蒙昧的部族成员因此焕发出文采，这是
人由蛮昧走向文明、由地域群体走向有序的社会群体的反映。《尚书·
尧典》记载了尧禅位于贤能德厚的舜的过程，反映了尧的禅让制度。
"畴咨若时登庸"③，强调了部落联盟首领顺应天帝的重要性和尧则天的
处事与治理原则，参天道而行人事，把天上的宇宙秩序与人世的社会秩
序统一起来。根据推举制，尧让各部族首领推举贤德之人，从中呈现出
推举不避亲也不唯亲的德与辨察推举候选人才的能。根据能与德的情况，
尧选择了能够忍辱而齐家的舜作为考察对象，并把部落联盟首领之位禅
让给他。

从《尚书·尧典》和《论语》等对尧的记载中可总结出，尧的圣王

① 杨伯峻译注《论语译注》，中华书局，2009，第 82 页。
② 杨伯峻译注《论语译注》，中华书局，2009，第 185 页。
③ 李民、王健撰《尚书译注》，上海古籍出版社，2004，第 7 页。

人格主要由德与能构成。在记载文本中，尧人格中的德先于能，这是儒家书写者受自己主观思想影响来重构尧的事迹而致。其实，从伦理思想史生发的历史社会情境角度可知，在尧时期，作为首领得到部落联盟成员支持和厚爱的关键是才能，能够让部落联盟所有人获得期望的生产和生活，安定的生活和持续的物质供应与精神的发展，让内部各部族首领尽职尽能、和睦相处。所以，尧的光辉美德是建立在他的才能所创造的功勋之上的。当然，缺乏良德的才能有可能走向反面，所以，尧的圣王人格中能与德的关系不是德支配能，而是互相支撑。但是从记载中，我们只知道尧的德与能是他则天的结果，至于是如何修养和习得的，不见记载，这就导致尧的圣王人格是天赋的假象。尧的人格并不是完满的，也有缺陷，主要体现在教子无方。他的儿子丹朱面似开明通达，但尧深知丹朱"嚚讼"，言不忠信又好争辩。记载者试图通过此来突出尧任贤不唯亲甚或有"大义灭亲"意味的圣王人格，让记载者意想不到的是，这种手法同时暴露了尧的人格缺陷，违背了父圣子贤的伦理思想逻辑。

二　舜帝的人格

尧禅位于舜，先秦典籍记载的两人关系表明舜是尧部落联盟中虞部族中的一个人，他的父亲是尧的乐官。舜之所以被尧选中是因为他的孝亲与友悌，能够在父不义、母不慈、弟不恭，处处与自己为难甚至要谋害自己的情况下与他们相处，尽自己所能去孝亲和友悌，他以个人的忍辱负重避免了家庭伦理悲剧。在尧的考察中，舜表现出不贪恋美色，始终如一地坚持优良德行的非凡人格。《尚书·舜典》说他是以德获位，"浚哲文明，温恭允塞，玄德升闻，乃命以位"。① 舜有类似与尧的美德与智慧，与尧不同的是，他的美德是自身修养获得的，美德与智慧是在被考察期间表现出来的。相对于尧，舜的事迹中有更多的虚构成分，是儒家构建出的更为符合儒家思想的圣王。舜的圣王人格也是由德和能构

① 李民、王健撰《尚书译注》，上海古籍出版社，2004，第12页。

成的，不过他的德主要是齐家的家庭伦理道德，"慎徽五典，五典克从"。五典又称"五教"，是教诲人的家庭伦理道德的五种典范，即"父义、母慈、兄友、弟恭、子孝"。①这当然是后世对他的美化，当时不存在系统的后世五教，这是把后世伦理道德规范的创制归功于舜，或把舜作为理想化遵守典范的代表。这种托古宣教和美化有着一定的社会基础，反映了原始社会末期社会基本单位正由氏族向家庭转变，家庭观念萌芽，父母兄弟等家庭伦理关系逐渐产生，但不像后世那么亲爱，父母对于子女，弟弟对于哥哥等还存在一定的对立，这是由当时低下的物质生活水平和文明早期不成熟的家庭观念造成的。在部落联盟内，以各个部族为基本单位，部族内的家庭观念不如氏族的同族观念强烈。在低下的物质生活水平限制下，氏族内部尤其是家庭成员存在着生死机会的竞争，他们之间的关系不可能如后世那么亲密。文明社会初期，家庭成员间还没有清晰的血缘关系认知，但在处理内部事务和关系中，首领可能朦胧地认识到家庭伦理规范的意义，所以树立了舜这样的模范。依据传说并从当时构成部落联盟的部族看，舜属于虞氏部族。他可能属于他父亲虞氏部族内的一个分支，后母和弟弟象可能属于另外的分支。他们之间的关系其实是部族内不同分支之间的关系，他们之间虽然有着一定的血缘关系，但更多的是利益对立关系，所以才出现父母和弟弟对他不合乎人情的做法。舜的非凡之处在于他能够忍辱负重，以德和能处理好这些关系，使部族能够和谐稳定，这也许正是尧选中他做部落首领继承人的原因。

舜的能主要体现为善于处理内外政务、通晓外事礼仪与天文地理。尧舜时期，部落联盟之间既有和平的交往，也有血腥的战争。所以他既掌握了和平交往的礼仪，也制定了惩治其他部落进犯的残酷刑罚。这反映了作为部落联盟首领的舜的真实的一面，惩治违背部落联盟规则的人和进犯的其他部落，用强硬甚或残酷的手段巩固自己的地位。他的功勋是在尧的基础上发展和完善了历法、典章和礼乐，说明发展物质生产和精神生产，制定管理制度是部落首领的首要任务。他继承了尧的知人善

---

① 杨伯峻编著《春秋左传注》，中华书局，1981，第 638 页。

任准则，能够根据部落联盟中成员的特长选任贤能，使其担任具体的职务，让部落联盟内部各部族担负起部落联盟的发展任务，而且制定了百官考察制度，裁撤庸官，提拔贤明。据载，舜的创举在于设立纳言官，阻止谗言恶行。谗言恶行是后世儒家和墨家都极力反对的不道德行为，这可能是后世儒者把自家主张托古到构建的前世圣王人格之中的结果，但也不排除，舜时的部落联盟内部各部族之间和各公职人员之间有着相互谗毁的行为，为了巩固部落联盟的统一性和稳定性，需要去伪存真，来证实各部族首领之间的言行，所以设置专事人员，避免谗言恶行导致的不利后果。

相对于尧，舜的圣王人格有所发展。舜的圣王人格中的德与能都十分突出，具有继承性和发展性的特点。他的人格是在处理家庭、部族、部落联盟各种事务，促进部落联盟发展的各项措施中形成的，这反映了人格的修养与养成离不开社会实践，即使是超凡脱俗的圣王人格也是如此。与尧类似的是《尚书·舜典》等先秦时期有关舜的书写者为了突出舜在家庭伦理规范中的模范作用，而塑造了不义的父亲、不慈的母亲和不友的弟弟，但这也损害了舜的完美圣王形象，造成了他的圣王人格缺憾。舜恪守五典的行为与德性并没有彻底感化父母和弟弟，虽然他修身成就了自己，但没能成就家人。也就是说虽然舜忍辱齐家，但没有实现齐家，虽然成为功勋卓著、德达天地的部落联盟首领，但没能治理好家庭。这可能是部落联盟首领为了整体利益而不为自己部族理解的史实的反映，更反映了在部族治理中单靠道德感化和人格力量是不足的，所以，舜制定了刑罚。

舜时，部落联盟的礼乐典章制度日趋完备，内部政务和各类事情管理有章可循，但在威胁部落联盟生存发展的重大自然灾害面前还是没有足够的应对举措。根据推举，舜任命夏部落的首领禹做司空去治理水患。禹在治水中表现出尽职尽责、无私奉献和因势利导的德与能。凭借治水的功绩，禹成为舜禅让的被考察人，得以继承首领之位。尧选中舜是因为舜的德，舜选中禹则是因为禹的能。无论是神话、历史传说还是古史记载都含有一个基本不变的信息——禹治水成功。禹治水说明史前时期的大洪水持续了相当长的时间，各个部族和联盟都曾与洪水做过顽强的斗争，但只有夏禹治水成功了。

三　大禹的人格

禹治水成功并非偶然，其背后有着必然的因素。传说和记载反映了禹所在的夏部落是一个善于治水的部族，其首领夏禹掌握了一定的治水方法，不然夏禹不会被各部落首领们推举去治水，舜也不会命他治水。夏禹的父亲鲧就被推荐去治水，尽管尽职尽力，但因为采用的方法不当，治水无功反而威胁到其他部落的生存，被流放或杀害于羽山。子承父业，夏禹从父亲鲧身上获得了治水的经验，这些经验是长期以来人们治理洪水经验的总结。夏禹能够接受命令去治水体现了他的担当和勇气，尽管有可能面临着与父亲鲧一样的命运，但为了部落联盟的利益，他还是义无反顾地领命去治水。禹不是静态地用获得的经验治水，而是反思治水失败之处。他在治水过程中掌握了天文地理知识，根据地形和洪水的性质采用了疏导的方式，获得治水的成功。但他不止于治水，在洪水退去又平土，为人们从事农耕渔猎生产奠定了基础。禹治水成功是他运用自己的天文地理知识才能的结果，也体现了他的德。禹能够率领部族长时间与洪水斗争，以身作则，舍弃家庭，不辞辛劳；禹带领部族治理洪水期间不会是一帆风顺的，大家能够长时期跟随和信任他，表明他具有凝聚部族的人格影响力。禹是治水的代表人物，但他自己的智慧和能力是有限的，能够听取建议，集合众人的力量，研究出治水的方法才是获得治水成功的关键。所以，治水体现了禹的才智和品格，反思教训、学习和掌握天文地理知识、研究洪水性质、掌握规律、勇于担当、不畏牺牲、善听建议、为民谋福等构成他人格中的能与德。禹凭借治水平土的功绩而成为部落联盟首领说明当时治理洪水的重大意义。洪水威胁着部落联盟成员的生命，制约着社会生产，恐吓着人们的精神世界，禹治水成功不仅是战胜洪水，而且使人们战胜了对重大自然灾害的恐惧心理，极大地提高了人的自主性和自信心。部落联盟的重要活动就是以农业为主的社会生产，这是部落联盟的命脉所在，禹治水平土保障了部落联盟社会生产的持续发展。因此禹凭借治水平土的功绩得到部落联盟的认可与拥护，成为首领继承人。

《尚书·大禹谟》记载了禹的其他事迹，其间也多是赞誉之词，把后世美好人格特质集于禹一身，有些值得重视。"曰若稽古，大禹曰文命，敷于四海，祗承于帝。"① 禹对天帝十分恭敬，秉承了尧以来的"则天"治理原则。禹时期的部落联盟首领则天，还没有完全走出天神的支配，既尊天也通天，既是巫又是部落联盟首领，掌握着族权、政权和神权，从天命而行政事。这既是禹时期中国文明发展的阶段性特征，也是禹在治水平土过程中领悟和总结出的行事原则，能得到部族的信任和认可。由天及人，"后克艰厥后，臣克艰厥臣，政乃乂，黎民敏德"。② 当然，禹不会提出这样的德治主张，但反映了在舜选贤任能与考察百官的影响下，禹等部落首领已经朦胧地认识到首领职责与部族民众的关系，这成为后世儒墨君子思想中"为政以德，上行下效"主张的思想源泉。部落联盟首领和各部族首领在长期治理过程中，也逐渐总结出一些为政经验，"'惠迪吉，从逆凶，惟影响。'……於！帝念哉！德惟善政，政在养民。水、火、金、木、土、谷惟修；正德、利用、厚生惟和，九功惟叙，九叙惟歌。戒之用休，董之用威，劝之以九歌，俾勿坏"③，善道、恶道和德治是后世的总结，以禹为代表的首领已经认识到部落及其联盟该如何顺利地发展，则天和顺从部族的意愿则吉利，否则就会有凶险。除了内部事务，在处理与其他部落联盟的关系上也突破了流血杀人的征伐，采用了比较柔和的方式，"三旬，苗民逆命。益赞于禹曰：'惟德动天，无远弗届。满招损，谦受益，时乃天道。帝初于历山，往于田，日号泣于旻天，于父母，负罪引慝。祗载见瞽瞍，夔夔斋慄。瞽亦允若。至诚感神，矧兹有苗？'禹拜昌言曰：'俞！'班师振旅，帝乃诞敷文德，

---

① 李民、王健撰《尚书译注》，上海古籍出版社，2004，第26页。
② 李民、王健撰《尚书译注》，上海古籍出版社，2004，第26页。
③ 李民、王健撰《尚书译注》，上海古籍出版社，2004，第26页。

舞干羽于两阶。七旬，有苗格"。① 禹远征三苗的研究成果很多，在这里只是说明禹是否采用了"以德怀远"的策略。禹率众远征三苗的原因或是扩大控制范围，或是三苗有犯，或不进贡，不会是如《尚书·大禹谟》所说的意识形态上的政治、文化观念与尧舜禹的部落相左。禹率众并不能武力征服三苗，在这种情况下采用了柔和的方式与三苗来往。禹在武力不能解决的情况下不得不采用其他的方式，但在其他的方式中不排除含有"以德怀远"意味的措施。

禹为儒墨尤其是墨家所推崇，尚功利的墨家推崇其治水平土的功勋。禹的圣王人格以能为主，其次是德。不仅是禹的功盖过其德，而且是禹结束了禅让制，他儿子夏启继承了他的职位，推举制基础上的禅让制变成了父子相传的世袭制，由公天下变成了家天下。舜禅让于禹的真实性至今仍是一个需要研究的问题，尧舜禹的记载透露出那个时期的部落联盟开始向国家转型，部落联盟内的权力逐渐集中到首领身上，部落联盟内部已经开始分化，私有制产生，具有原始民主性质的推举制及其禅让制在财产和权力面前趋于瓦解。禹的儿子夏启开启的世袭制是历史社会发展的结果，并非禹之过。但在父慈子孝的观念下，子的"不义"，父也难辞其咎，所以同尧与丹朱一样，禹的德就此也蒙上了影响其辉光后世的阴影。

四　商汤的人格

禹之后，"祖述尧舜，宪章文武"的儒者记载的圣王出现了历史断层，数百年才出一位，正如孟子所言"由尧舜至于汤，五百有余岁；若禹、皋陶，则见而知之。若汤，则闻而知之由汤至于文王，五百有余岁，若伊尹、莱朱，则见而知之；若文王，则闻而知之"。② 夏没有出现令儒家认同的圣王，直到夏末商初商汤的出现。同样商汤之后，直到商末周

---

① 李民、王健撰《尚书译注》，上海古籍出版社，2004，第 34 页。
② 杨伯峻译注《孟子译注》，中华书局，2010，第 320 页。

初才出现了周文王、周武王两位圣王。商汤、周文王与周武王具有一定的共性，都是以小邦替代了大国，都在新旧政权交替之际推翻腐朽残暴的末王而建立新的政权。他们的功绩是替天行道，废除逆天虐民的暴君，树立天的权威，救民于水火。他们能够带领弱小的邦国战胜强大王国的关键是拥有良好的德性，以自己敬天爱民、无私勤政的德赢得天助人和。

汤的美德和事迹主要见于《尚书》中的《仲虺之诰》《伊训》《汤诰》等篇。此后的记载也多与此有重合，或是在此基础上的延展。"天乃锡王勇智，表正万邦，缵禹旧服。兹率厥典，奉若天命"①，汤以继承圣王禹的事业和典章制度为志，就此具有了圣王的特质。汤部是夏的属邦，受夏文化的影响。汤认为夏桀摒弃了禹的事业，违背了禹的典章制度，是背夏违天的罪人，他率邦伐桀是奉天命兴夏而不是灭夏，是为了继承和发展夏禹的功业，以兴圣王之业为己任。汤能够实现自己的志向依靠的是他的德与能。"惟王不迩声色，不殖货利……改过不吝；克宽克仁，彰信兆民。……以礼制心……尔有善，朕弗敢蔽；罪当朕躬，弗敢自赦……'敢有恒舞于宫、酣歌于室，时谓巫风。敢有殉于货色、恒于游畋，时谓淫风。敢有侮圣言、逆忠直、远耆德、比顽童，时谓乱风，惟兹三风十愆，卿士有一于身，家必丧；邦君有一于身，国必亡……'"② 根据这些记载，商汤的人格主要体现在克己修身，不近声色，不好钱财，善于改过自新，宽容仁爱，诚实守信，遵循礼制，严己宽人，反对享乐、财色、田猎、亵渎圣言、不思悔改、远贤德近愚昧等言行。商汤的德性记载和描述与夏桀形成鲜明对比，夏桀是集当时所有劣性恶行于一身，而商汤则是集所有良性善行于一身，两者的记载是书写者根据自己的主观好恶进行的丑化和美化，所以夏桀可能没有如此的残暴昏庸，商汤也可能没有如此的仁爱贤明。这是仲虺、伊尹及其他人为树立新的君王——商汤——的形象而采用贬旧颂新书写手法的结果。但商汤被儒墨尊为圣王并非毫无根据，他一定有着非凡的德性与才能。

---

① 李民、王健撰《尚书译注》，上海古籍出版社，2004，第110页。
② 李民、王健撰《尚书译注》，上海古籍出版社，2004，第111~123页。

商汤时期的夏是由各个方国组成的部落联盟性政权,各个方国与夏王的关系不似后世的君臣关系,在首领治理领导下有一定的独立性。各个方国和夏政权之间互有攻伐,在这种弱肉强食的形势下,方国努力发展自己的势力,其间首领的能力是关键因素。商能够从亳地的小国逐渐发展为能够推翻夏桀的强国,商汤功不可没。他能够借鉴其他方国首领的治理经验和利用夏桀在德性上的缺陷来提高自己的品德。夏经过长期的发展,首领的权力更加集中,私有制进一步发展,出现了利用权力贪恋酒色财物、耽于享乐又不愿听取建言的首领。这种品德行为既不为部族认可,也加重了部族的负担,引起民怨,为了一己私欲而无限加重部族负担的首领会造成内部的激烈矛盾。商汤吸取这些教训,修身养德,所以他不近声色,不好钱财,善于改过自新,宽厚待民。为了商部族的发展壮大,自己以身作则并反对首领追求享乐、财色、田猎以及不思悔改等言行。

商汤能够以德修己,并且以能治理商部族,使之发展迅速,力量逐步强大。"德懋懋官,功懋懋赏;用人惟己……以义制事……肇修人纪,从谏弗咈,先民时若;居上克明,为下克忠……敷求哲人,俾辅于尔后嗣,制官刑,儆于有位。"①商汤任官扬德,奖赏战功;善于借用属下的智慧;遵循道义来处理政事;建立人伦纲纪;能够辨伪存真,吸纳良好的建言和前人的见解;明察部属的言行是否忠诚;招纳选拔贤能才士,制定警告惩罚所属头领的刑罚。仲虺和伊尹等对商汤才能的记载有夸大美化的倾向,但并非凭空勾画。作为商部族的首领,商汤继承了父辈治理部族方国的能力。继任后,他在治理和发展商部族的过程中通过学习、积累和吸收借鉴,提升了自己的为政才能。透过以上描述可知商汤具有知人善任、制定政则、知晓人伦、思辨进言、考察部属、识别贤才等能力。

商汤人格中的德与能相较于尧舜等先王是有落差的,为了贯彻自己的意图和部族发展的需要,商汤并非总是以德治国。《汤誓》的记载表明在需要发动战争时,他对其他部族也残酷无情。他通过战争兼并其他

---

① 李民、王健撰《尚书译注》,上海古籍出版社,2004,第 111~123 页。

方国，壮大力量，推翻夏桀统治而成就了自己。虽然商汤以继承禹的事业为志而成为圣王，但在儒墨思想中，他的德与功既不及前世的尧舜，也比不上后世的周文王、周武王。

五　周文王与周武王的人格

周文王是孔子等先秦儒家代表人物最为推崇的圣王，这不只是孔子本人的主观倾向，还源自周人的圣王观。周人不同于殷人的普遍念祖，而是有选择地追念先祖，文献和出土器物铭文都反映出周文王是周人最为崇敬的先祖和圣王。先秦时期，周文王的圣王事迹和赞颂篇章散见于各类文献中。根据王国维的两重证据法，出土文献中的铭文、竹简、帛书等新发现的证据与纸上文献的记载可相互解释印证。在孔子之前，比较可信的有关周文王的记载集中于《尚书》和《诗经》中。后世子孙通过诰文、命章和雅颂等唱诗来追思和颂扬周文王的美德与才能。

周文王的德主要表现为尚德爱民，承祖训和受天命。周文王作为殷商属邦的首领，能够预见殷商走向衰败的事实，也见证了纣王的暴虐昏庸。他不认同更不附和纣王的施政治国举措，而是结合殷商圣明君主的圣明之处进行对比反思，认识到小国发展壮大和大国衰败都与首领的德行密切相关，因此他吸取殷商兴盛与衰败的经验教训，重视和崇尚德教，"克明德慎罚，不敢侮鳏寡"。[①] 明德的周文王内觉到德对于自己和周邦的重要性，而自发地用德约束自己和治理邦国，把自己身上的德明示于百姓。这种德是仁爱，与刑罚相对，治理国家有美德也要有刑罚，二者一是爱善，一是惩恶，其功用就是教民向善。慎用刑罚就是把刑罚限制于惩恶的范畴，防止刑罚适用不当造成纵恶止善的反面恶果。他不仅自己慎用刑罚，也反对商纣王滥用酷刑来满足自己私欲的行径，用洛西之地换得纣王省用炮烙酷刑的善果，这也彰显了文王爱人的美德。他爱人不以内外强弱为限制，对外不凌弱，鳏寡代表着弱势和无所依靠者，他

---

① 李民、王健撰《尚书译注》，上海古籍出版社，2004，第 257 页。

不去欺侮他们；对内爱护亲善孤苦无依的人，"怀保小民，惠鲜鳏寡"。①
他的这种爱人美德具体地体现为不辞劳苦地让百姓安定和谐，让小国安
定和谐。在周邦，"文王卑服即康功田功。……自朝至于日中昃，不遑
暇食，用咸和万民"。② 他安于从事劳动人民从事的开通道路、耕种田地
等辛苦的体力劳动，而且为了百姓的安定和谐，从早持续到晚，甚至无
暇吃饭休息。作为首领的文王可能自小在先王的教导下学习过开路种田
等劳动技能，也可能是他继位后向劳动人民虚心学习，一起劳动。这虽
然有夸大的嫌疑，但反映了周文王美德之中有向劳动人民学习的成分。
"虞芮质厥成，文王蹶厥生"③，文王以自己的德政感化了虞芮两国的首
领，从根本上平息了两国之间的争讼。这是周人美化先王而持有的观点。
但史家对此并不认可，他们认为这是周文王兴周灭殷的策略，争得虞芮
两国的依附，获得两国的战略要地，采取的是明行善德、暗取要地的策
略。文王有实力夺取但没通过战争夺取，而是以德获取，体现了他不恃
强凌弱而是以德化人的美德，在德与力的选择上他选择了前者。史家以
客观史实为据，以主观目的为要，指出周文王的真实意图，但同时也从
主观意识和客观结果上反映了周文王的美德。周文王主观上的直接目的
是以德化解虞芮两国争讼，客观上两国首领也受到了周文王德政治国的
感化，因此史家的观点并不能否定周文王在此事件中的德性。周文王爱
民之德除了从物质上让百姓过上安定的生活，精神上过上和谐的生活外，
而且还从情感上敬民，以敬畏之心去教化百姓。"乃由裕民，惟文王之
敬忌，乃裕民"④，周成王警告康叔，只有像周文王那样怀着敬畏之心去
教化民众才能实现教化。其敬民之德可能产生于周邦的兴盛所需和对殷
商的衰败之鉴。周文王要兴周，他必须借助民众的力量。商纣王虽然十
分强大，但他暴虐而失却民心，导致商的衰落，这两点引起周文王对民
的力量的敬畏，因此他怀着敬畏之心去治理国家，教化百姓。正因为如

---

① 李民、王健撰《尚书译注》，上海古籍出版社，2004，第 315 页。
② 李民、王健撰《尚书译注》，上海古籍出版社，2004，第 315 页。
③ 程俊英译注《诗经译注》，上海古籍出版社，2014，第 371 页。
④ 李民、王健撰《尚书译注》，上海古籍出版社，2004，第 264 页。

此，他十分慎重地对待民众对他的批评，"厥或告之曰：'小人怨汝詈汝！'则皇自敬德。厥愆，曰：'朕之愆允若时。'不啻不敢含怒"①，听到民众的怨恨之言不仅不敢发怒，而且要及时反思自己的德性，检视自己的错误。能够做到这一点，不仅是出于敬畏民众，而且是出于自我克制的美好修养。无论是出于天帝的启示，还是对民的敬畏，文王能够做到戒骄戒躁，对百姓和颜悦色，不仅吃苦耐劳而且不敢享乐，更可贵的是作为商代末期的邦国君主，他乐于听民怨言，进而反省自己。这些不只是民众和上帝等外部力量的影响，更是文王克制自我，修持自我的结果。

与商纣王违背祖训和天命形成鲜明对比，周文王恭谨地秉承祖训，恭敬地承受天命并竭力完成大命，体现了周文王尊祖敬大的美德。《尚书》和《诗经》中周的史诗都体现出周文王的先祖具有爱民、睦邻、勤劳、平易、敬天等美好品格。所以，周文王的爱民敬民之情，温雅慈爱、平易近人之仪态，勤恳谨慎之为政和敬畏上帝等美德是对先祖美德的继承和发展。"文王卑服即康功田功"，"惠于宗公，神罔时怨，神罔时恫"②，文王孝祖以礼齐家，让先祖安心，恭敬地祭祀宗庙让先祖安魂，在为政上谨遵祖训，发扬先祖的基业。遵祖训、行祖德而兴周是他尊祖中的最大孝德。周文王敬天，一是因自己的美德和治国才能而获天命，"丕显文武，克慎明德，昭升于上，敷闻在下，惟时上帝，集厥命于文王"，"昔君文武丕平富，不务咎，底至齐，信用昭明于天下。则亦有熊罴之士，不二心之臣，保义王家，用端命于上帝"③，因而要感谢上帝的信任与恩赐。二是天命难以琢磨，且任务艰巨，要以敬畏之心去承接和完成，"天难忱斯，不易维王。天位殷适，使不挟四方"④，以殷商为例，获得天命又被剥夺，上帝的天命难以把握，所以国王难当，要有敬畏之心和忧患意识，才有可能完成使命。"皇天上帝，改厥元子兹大国殷之

---

① 李民、王健撰《尚书译注》，上海古籍出版社，2004，第319页。
② 程俊英译注《诗经译注》，上海古籍出版社，2014，第378页。
③ 李民、王健撰《尚书译注》，上海古籍出版社，2004，第412页、第381页。
④ 程俊英译注《诗经译注》，上海古籍出版社，2014，第367页。

命，惟王受命，无疆惟休，亦无疆惟恤"①，文王承受天命，认识到美好与忧患共存且成正比，所以对天十分敬畏。敬天的另一原因是上帝启示他应修持美好的德性，"帝谓文王，无然畔援，无然歆羡，诞先登于岸。……帝谓文王，予怀明德，不大声以色，不长夏以革"。②上帝启示周文王要戒除暴虐、狂妄、疾言与厉色，不要羡慕他人，要自我强大，要遵祖训依旧章，并且启示他上帝赞赏美德，厌恶劣行。上帝不仅赐他天命，还引导他如何完成天命，周文王对天的敬是由感激而生的尊敬。

周文王完成了兴周灭商的前期准备，既是由于德政和德化，也是出于他的才能。他的才能既包括与他的德紧密相连的自我修养和学习能力，也包括治理国家和处理与殷商大国关系的能力。作为周邦的首领，周文王不是安于享乐，而是善于学习和提高修养，从中培养和提高自己的执政能力。没有民主和法制限制的首领君王主要依靠自我克制和修养来战胜私欲。周文王谨遵祖训，屈尊从事劳作而不敢有嬉戏田猎的念头。谨遵是在学习领悟的基础上的遵循，而不是盲目地以此为则。他能够控制情绪，戒除暴躁和疾言厉色，始终保持文雅和善的仪态，这需要超常的自我克制和修养能力。"惠于宗公，神罔时怨，神罔时恫。……至于兄弟，以御于家邦。雝雝在宫，肃肃在庙"③，他以礼敬祖、敬天和对待妻子与兄弟，说明他学习和掌握了这方面的礼。"厥诰毖庶邦庶士越少正、御事朝夕曰：祀兹酒。惟天降命，肇我民，惟元祀。天降威，我民用大乱丧德，亦罔非酒惟行，越小大邦用丧，亦罔非酒惟辜。……文王诰教小子有正有事，无彝酒。越庶国，饮惟祀，德将无醉"④，他学习和掌握了酒礼，制定《酒诰》告诫臣民子孙，只有祭祀才用酒，饮酒会造成失德乱行，有违天命，饮酒要合德，这些告诫是他学习酒礼与总结殷商饮酒造成不利后果经验的结果。

---

① 李民、王健撰《尚书译注》，上海古籍出版社，2004，第 288 页。
② 程俊英译注《诗经译注》，上海古籍出版社，2014，第 381 页。
③ 程俊英译注《诗经译注》，上海古籍出版社，2014，第 378 页。
④ 李民、王健撰《尚书译注》，上海古籍出版社，2004，第 270 页。

　　周武王颂扬父王"文武维后。燕及皇天，克昌厥后"①，他的文治武功上闻于天，下福泽子孙。周文王的文治武功体现了他杰出的治国才能，主要体现在培养和招纳人才，任用人才，考察官吏，放权引导，以身作则，公正信义，警惕隐患，注重细节等方面。"周王寿考，遐不作人？追琢其章，金玉其相"②，周文王在位时间很长，史载周文王在位五十年，"西伯盖即位五十年"。③ 在位期间，他培养造就了众多的人才，他自己追求品格完美，在人才培养上也着力培养人才的完美品格，"肆成人有德，小子有造。古之人无致，誉髦斯士"。④ 周文王诲人不倦，在他的培养下，周邦人才济济，在其人才观的影响下，周邦的少年很多可以培养成品德高尚的人才。周文王不知疲倦地培育具备美德的人才在客观上是带领周邦发展壮大的需要，在主观上是他认识到了培养人才的重要性。人才培养为的是治国有才，周文王同舜和禹等圣王一样，知人善任。任用当用的人，在掌握人才的才能和特长的基础上任用和授予职权。任用人才不仅要用才更要用其德，"以克俊有德"，他任用品德好的人才。这也是周文王培养人才过程中着力培养他们完美品格的原因，为的是今后能够任用才俊德美的人。这不仅为周邦的兴盛奠定了人才基础，也深刻影响后世德才兼备的人才观。这种人才选用观既能够让他们人尽其才，又能够让他们才尽其用，避免出现庸官与污吏，"文王罔攸兼于庶言，庶狱庶慎，惟有司之牧夫是训用违。庶狱庶慎，文王罔敢知于兹。……立政，立事、牧夫、准人，则克宅之，克由绎之，兹乃俾乂，国则罔有"。⑤ 在此前提下，周文王对官吏只是以首领身份统率引导，而避免不必要的干涉。周文王在任人与管理上的通达明智不仅招纳吸引了大量贤才，"伯夷、叔齐在孤竹，闻西伯善养老，盍往归之。太颠、闳夭、散宜

---

①　程俊英译注《诗经译注》，上海古籍出版社，2014，第 474 页。
②　程俊英译注《诗经译注》，上海古籍出版社，2014，第 374 页。
③　司马迁：《史记》卷四，中华书局，1959，第 119 页。
④　程俊英译注《诗经译注》，上海古籍出版社，2014，第 378 页。
⑤　李民、王健撰《尚书译注》，上海古籍出版社，2004，第 352～354 页。

生、鬻子、辛甲大夫之徒皆往归之"①，而且这些人才以仕周为幸，"思皇多士，生此王国"。② 周文王敬贤用才让人才产生了发自内心的归属感和自豪感，这种内心的情感促成了他们自觉地忠君尽职的为政观，所以"小大之臣，咸怀忠良"③，呈现了君惠臣忠的君臣关系，"则亦有熊罴之士，不二心之臣，保义王家"。④ 国家因此走向强盛，更具有吸引力，"虞芮质厥成，文王蹶厥生。予曰有疏附，予曰有先后，予曰有奔奏，予曰有御侮"。⑤ 其实，周文王达成这种治国局面还有更深层的原因，一是他能够致力做到公平适当，信义昭明，"底至齐，信用昭明于天下"⑥，公平是法律追求的基本价值，也是施政的原则，为政以正，在处理政事中不偏袒任何一方，双方利益都得到维护。在周文王时期，当然难以做到近代社会意义上的公平，他只是以适当为准则，让下属臣民感到公平，意识到君王不徇私情。他讲信义，以信为道，能够言行一致，臣民因此信任周文王。二是忧患意识，防微杜渐，"不显亦临，无射亦保"⑦，在忧患意识驱动下，周文王察明鉴隐，帮助臣属避免失误。

周文王的美德和治国才能成就了他的文治武功，福泽子孙后代。他的文治武功，主要是兴周灭商。周人认为文王这样做不是逆臣贼子的叛君行为，而是承受天命，代殷商治理天下。上帝把殷商的天命转赐给周，是因为殷商暴虐民人，违背天德。文王的美德上闻于天，"丕显文武，克慎明德，昭升于上，敷闻在下，惟时上帝，集厥命于文王"⑧，所以赐予他天命。文王治理的周邦，猛士和文臣都忠心报国，造福民人，"则亦有熊罴之士，不二心之臣，保义王家，用端命于上帝"。⑨ 所以，文王的美德与才能使他得到了天命，也能够使他完成天命。天命难以捉摸，

① 司马迁：《史记》卷四，中华书局，1959，第 116 页。
② 程俊英译注《诗经译注》，上海古籍出版社，2014，第 364 页。
③ 李民、王健撰《尚书译注》，上海古籍出版社，2004，第 395 页。
④ 李民、王健撰《尚书译注》，上海古籍出版社，2004，第 381 页。
⑤ 程俊英译注《诗经译注》，上海古籍出版社，2014，第 371 页。
⑥ 李民、王健撰《尚书译注》，上海古籍出版社，2004，第 381 页。
⑦ 程俊英译注《诗经译注》，上海古籍出版社，2014，第 378 页。
⑧ 李民、王健撰《尚书译注》，上海古籍出版社，2004，第 412 页。
⑨ 李民、王健撰《尚书译注》，上海古籍出版社，2004，第 381 页。

也不可体察，其实这是周人美化文武二王灭商的借口，但当时的民人相信天命，周文王也相信天命，所以他的美德与才能是出于天命的获得与完成的责任意识。

周文王圣王人格中的德与能上配天德，下佑子孙，周人十分崇尚他的功德。他死后，神灵在天，在上帝身边，也下到人界福泽后世，"文王陟降，在帝左右"。① 其实周文王的文治武功中不只是感化怀远的德，也有血腥的武力。他攻伐了犬戎、密须、耆国、邘等国，"明年，伐犬戎。明年，伐密须。明年，败耆国。……明年，伐邘。明年，伐崇侯虎"。② 司马迁以史家的"董狐笔"精神颠覆了周文王的圣王形象，如果这是史家带有批判意识的记载的话，《诗经》中虽多是周人对周文王的颂扬，但其中也有周文王对诸侯国用兵的记载，"密人不恭，敢距大邦，侵阮徂共。王赫斯怒，爰整其旅，以按徂旅。以笃于周祜，以对于天下……帝谓文王，询尔仇方，同尔弟兄；以尔钩援，与尔临冲，以伐崇墉。临冲闲闲，崇墉言言。执讯连连，攸馘安安。是类是祃，是致是附，四方以无侮。临冲茀茀，崇墉仡仡。是伐是肆，是绝是忽，四方以无拂"。③ 诗中的文王不像《尚书》记载的那样受上帝启示，戒除暴虐和疾言厉色，他闻听密人的不恭，勃然大怒，率兵征讨。这是周文王保家卫国，抵御侵犯的战争。他联合其他诸侯国讨伐崇国则是假天命发起的主动战争，战事惨烈。这首追述周文王的史诗比司马迁的史料更为真实和有说服力。周文王的圣王人格及其圣王形象是周人塑造的，他的圣王人格不是完美的，也有诉诸武力的因素。儒墨两家有选择地宣扬周文王的圣王人格，在为自己的学说思想提供支撑中把周文王人格中不利于其圣王形象的因素剔除了。

周文王在位五十年，受天命又致力于完成天命，但遗憾的是，他的天命因病而止。他的儿子武王姬发继承王位，完成了他的嘱托，实现了

---

① 程俊英译注《诗经译注》，上海古籍出版社，2014，第 364 页。
② 司马迁：《史记》卷四，中华书局，1959，第 118 页。
③ 程俊英译注《诗经译注》，上海古籍出版社，2014，第 381 页。

兴周灭商，代商治理天下的大业。武王继承了王位，也继承文王的文治武功，他的功绩在于继承和发扬文王的德与能，完成他未竟的使命。因此，在儒墨的思想中，文武并称，但武王的圣王人格不如文王影响大。文王虽然没有完成灭商大业，但完成了准备工作，武王只是在时机成熟的时候，水到渠成地完成使命。武王通过牧野之战，推翻了殷商的统治，此次战争双方都付出了巨大的代价，史载"血流漂杵"。这在反对战争的儒墨两家看来不是理想的选择，所以孔子在论及武王的乐曲时指出，"子谓韶，'尽美矣，又尽善也。'谓武，'尽美矣，未尽善也'。"①

周武王的人格形象是威武刚强，他最大的功绩是"克商"。《诗经·周颂》中的《执竞》和《武》歌颂了威武刚强的武王，称颂他灭商的功绩举世无双，"执竞武王，无竞维烈"②，"於皇武王，无竞维烈。……胜殷遏刘，耆定尔功"。③ 武王能够完成克商大业不只是威武刚强，还需要足够的韬略智慧。"孟津观兵"既是武王韬略智慧的展现，也是他人格中上敬天命的德的体现。完成克商大业是武王的能，克商结束了商纣王的残暴统治，救民众于水火，安定四方是武王的厚德。之所以把武王克商歌颂为举世无双的功绩就在于此。所以，武王人格的特征是以能成德，以才能智慧成就了他安定天下的厚德。对周文王和周武王的称颂是周人的传统思想理念，其范式是文武连称，武随文后，如"以予小子扬文武烈"④，"文武受命，召公维翰"⑤ 等。《尚书》《诗经》等孔子之前的文献对周武王人格中的"德"与"能"着墨不多，一方面是武王继承了文王的圣王人格，无须重复；另一方面是武王以武力征伐展现才能和实现厚德，与文王的圣王人格有差距。所以，虽然先秦儒墨也称颂文武，但更为赞颂文王的圣王人格。

---

① 杨伯峻译注《论语译注》，中华书局，2009，第 33 页。
② 程俊英译注《诗经译注》，上海古籍出版社，2014，第 465 页。
③ 程俊英译注《诗经译注》，上海古籍出版社，2014，第 477 页。
④ 李民、王健撰《尚书译注》，上海古籍出版社，2004，第 299 页。
⑤ 程俊英译注《诗经译注》，上海古籍出版社，2014，第 443 页。

结　语

　　先秦儒墨反思当世的道德伦理问题，尤其是政治伦理，从自家思想出发构建人的理想人格，形成了君子思想。在为君子人格修养树立典范和理想参照的过程中，不约而同地选择了上古的尧、舜、禹、商汤、周文王和周武王父子，大力弘扬他们的圣王人格。出于支撑自家思想观点的需要，在先秦儒墨典籍中有选择地记载其理想中的圣王人格，既有不切实际的过度赞美和宗教色彩的神异内容，也对他们人格中有悖于圣王人格的内容进行了删除。梳理先秦儒墨典籍中圣王人格的记载，透过其中的华彩辞章，剥除蒙罩其上的神秘遮蔽，结合当时的社会历史情境，能够探析出儒墨所尊崇圣王人格中的共性——"以德亲民，以能安民"。尽管先秦儒墨君子思想在君子人格构建上侧重点不同，但都包含德与能的内在要求。美化理想意在重构现实，先秦儒墨崇尚圣王人格试图以此感化周王和诸侯，培养现实的君子，借此实现自家建构的理想社会图景。

Close to the People with Morality and Pacify the People with Ability: On the Holy King's Personality in the Thought of Confucian and Mohist Gentlemen in the Pre-Qin Period

Li Mingchen

Abstract: Both the Confucian and Mohist in the pre-Qin Dynasty advocated the cultivation of personality and advocated the cultivation of the personality of gentlemen. Although the emphasis is different, benevolent Confucianism worships virtue, and utilitarian Mohist emphasizes ability, but the personality cultivation of gentlemen of the two families includes the requirements of virtue and ability. In the process of seeking the ideal reference for the personality of their own gentlemen, the pre-Qin Confucian and Mohist consciously chose Yao, Shun, Yu, Shang Tang, Zhou Wen Wang, and Zhou Wu Wang, and praised their personality as the personality of the Holy King. Sorting out the records of the Holy King's personality in the pre-Qin Confucian and Mohist classics, through the gorgeous praises, weed out the magical color in it, and can explore the commonness of the Holy King's personality—Unify the People with morality and comfort people with ability. The pre-Qin Confucianism and Mohist thoughts extol the virtues and abilities of the Holy King's personality, not only hope that the kings of Zhou and the princes will cherish the Holy King personality of loving the people and comforting the people, but also try to cultivate gentlemen who can love the people and comfort the people, so as to realize their own concept of Holy King politics.

Keywords: Holy King; Personality; Morality and Ability; Pre-Qin; the Confucianists; the Mohist

About the Authors: Li Mingchen (1976 –), Ph. D. , associate professor, School of Food Science and Technology, Wuhan Business College, head of Wuhan Vegetarian Institute. Research interests and specialties: food ethics, the history of Chinese ethical thoughts. E-mail: limingchen2007 @ 163. com.

清中叶以降经世文编体中
"学术"类目之演变

摘　要：乾隆时陆燿所纂《切问斋文钞》以"学术"为首，所选文章都切关人心和世风。道光年间贺长龄、魏源编《皇朝经世文编》继承了《切问斋文钞》以"学术"为首的做法，并明确提出了以"学术"为纲。其后，各种续编之作继起，而"学术"类目地位则不断变化，从"居首"到逐渐被置后，有的编目甚至直接取消了"学术"名目。考察清中叶以降经世文编体中"学术"类目的变化，可见学术与世风之演变。

关键词：清中叶　经世文编　"学术"类目

自乾隆时陆燿编纂《切问斋文钞》始，中经道光朝魏源、贺长龄之《皇朝经世文编》，到光绪年间，以"经世文续编"或"新编"为题的经世文编体著作不断涌现，竟达20余种。1903年，《国民日日报》刊载了一篇名为《近四十年世风之变态》的文章，其中将"经世文续编之世风"列为近四十年来六种世风中的一类。①以"经世文编"的续编作为"世风"，足见其时"经世文续编"的影响之大。考究各类经世文编体类

* 雷平（1979— ），博士，湖北大学历史文化学院教授，兼任副院长，主要从事中国学术文化史研究，电子邮箱：leileiping@163.com。

① 《近四十年世风之变态》，载张枬、王忍之编《辛亥革命前十年间时论选集》第1卷（下册），生活·读书·新知三联书店，1960，第741页。

目的演变，可以发现一特别值得关注的现象，即 "学术" 类目地位在不断地变化，从 "居首" 到逐渐被置后，有的编目甚至直接取消了 "学术" 名目。考察清中叶以降经世文编体中 "学术" 类目的变化，对于把握晚清以降学术与世风的演变具有重要意义。

一　《切问斋文钞》以 "学术" 为首

经世文编体著述的起源可以上溯至晚明的《明经世文编》。此书由陈子龙、徐孚远、宋徵璧等人编纂而成， "取其关于军国济于时用者，上自洪武，迄于今皇帝改元，辑为经世一编"。在体例上采取 "文从其人，人从其代" 的设置。① 陆燿继《明经世文编》而起，扛起 "经世" 之作大旗。乾隆四十一年（1776），时任山东按察使的陆燿将 10 余年来搜集到的本朝诸儒有裨经世之文辑为一编，题为《切问斋文钞》。全书凡三十卷，分十二门。 "学术" 三卷、 "风俗" 五卷、 "教家" 二卷、 "服官" 一卷、 "选举" 三卷、 "财赋" 四卷、 "荒政" 二卷、 "保甲" 一卷、 "兵制" 一卷、 "刑法" 一卷、 "时宪" 一卷、 "河防" 六卷。其中， "学术" 类在所有类目中居首。要理解《切问斋文钞》如此架构的原因，首先必须了解编撰者陆燿的思想。

陆燿， "生平不立讲学名，而精析义理，洞达事物，读书一归于实用"。②冯浩评论他： "君学优品端，精析理义，详究前人言行、政绩，故事理通达，无盘错之难。性淡泊，操持谨确，义利之辨断如也。处事衷诸道，不意为同异，所见既审，莫可摇夺。"③其为人恪守礼仪，在母亲去世后，曾专门向其师长请教丧礼。④陆燿一生为官清廉， "钱树棠先生

---

① 《明经世文编·方贡岳序》，中华书局，1962，第 6 页。
② 《吴江县志》，《切问斋集》卷首引，光绪十八年（1892）江苏书局刻本。
③ 冯浩：《湖南巡抚陆君燿墓志铭》，钱仪吉编《碑传集》卷七十三，中华书局，1993，第 2084 ~ 2085 页。
④ 陆燿：《上冯师问丧礼书》，贺长龄、魏源等编《清经世文编》卷六十二，中华书局，1992，第 1561 页。

尝为余述陆公朗夫之事云：公巡抚湖南，初至任所，盐商进白金三万两，问其故，商人曰：'此旧规也。先进此金，后当以时继进。'公不受，并绝其再进。商人曰：'大人不受，则此金无所归矣。'公命以其数平盐贾，贾为之低"。① 其仕宦生涯中，任职地方官时期较长，故有丰富的基层政务经验，这种贴近民生、与现实接触比较密切的经历也可以视为陆燿编纂《切问斋文钞》的重要缘由。

《切问斋文钞》将"学术"置首卷，共收录五十一篇文章，黄克武先生对这些文章有统计：就作者籍贯而言，遍布南北十二省；就作者生卒年代而言，生于1610～1640年的作者最多；就科举功名而言，进士出身者为二十位，举人和诸生出身者合计七位，以布衣而应博学鸿词者二人，无功名者四人；就仕宦经历而言，出任官职者有二十二人，未出仕者有十一人。②

《切问斋文钞》第一卷有文章十七篇，从张尔岐的《辨志》开始，结束于田兰芳的《唐幼章句释感应篇序》，包括陆陇其的《思辨录序》、陆奎勋的《与王绘先论学书》，大体讨论的是学人立志问题。立志于人而言具有重要的指导性意义，陆燿以《辨志》为首，显然不是随意而为。《切问斋文钞》以张尔岐《辨志》为卷首，有深刻的意味。该文有论：

> 言为世法，动为世表……故志乎道义，未有入于货利者也；志乎货利，未有幸而为道义者也。志乎道义，则每进而上……学者一日之志，天下治乱之原……志在道义，未有不得乎道义者也，穷与达均得焉。志在货利，未必货利之果得也，而道义已坐失矣。人苟审乎内与外之分。必得与不必得之数，亦可以定所志哉。"③

---

① 张士元：《书陆中丞遗事》，钱仪吉编《碑传集》卷七十三，中华书局，1993，第2086页。
② 黄克武教授曾著文论《切问斋文钞》的学术立场，对陆燿的理学背景有深刻的揭示，参见黄克武《理学与经世——清初〈切问斋文钞〉学术立场之分析》，台湾《中研院近代史研究所集刊》1987年第16期。
③ 张尔岐：《辨志》，《切问斋文钞》卷一，据同治八年（1869）河南布政使杨国桢刊本。后凡引该版本仅注卷数。

《切问斋文钞》第二卷有十九篇文章，包括汤斌的《重修苏州府儒学碑记》、沈德潜的《书院课士疏》、陆世仪的《苏学景贤录序》、田兰芳的《路先生墓碑》，大体所论均为教育问题。

《切问斋文钞》第三卷实际有十五篇文章，另外潘相和李渭清的文章有目而实无其文，包括王钺的《六经论》、沈起元的《题水西书屋藏书目录后》等文章，大体所讨论的是读书方法和应读书目问题。

"学术"三卷所选文章都切关人心和世风。这实际也是陆燿所理解的"学术"之内涵。

陆燿所在的时代，程朱理学为正学。但陆氏出于用世的目的，力主摒弃门户之争，如卷一所选李光地《朱陆析疑》一文，称：

> 夫陆氏之论躬行，必先于明理，其言穷理，必深思力索以造于昭然而不可昧，确然而不可移，此固与朱子知行之学同归，而其心悟身安，言论亲切，虽朱子亦且感动震矜而为之左次，然则朱陆之道岂如一南一北之背而驰哉。①

其间表露的也是陆燿的学术立场。陆燿为人主实，反对虚悬空谈。其与戴震的书信中说：

> 夫理悬于虚，事征于实，虚者易冒，实者难欺。唯言理而著之于事，证之以迹，空虚无实之谈，庶不得而妄托西山大学衍义，此其宗乎。至于朱陆朱王之辨，近世尤多聚讼，其所讼者，皆在毫釐影响之间，若尽举朱子之行社仓、复水利、蠲税银与象山之孝友于家、惠爱于民，阳明之经济事功彪炳史册，以为理学真儒之左契，则矍相之圃，刱有存者矣。②

他同时声称"切于今者，莫如顾昆山行己有耻、田篑山利之一字蚀

---

① 李光地：《朱陆析疑》，《切问斋文钞》卷一。
② 陆燿：《复戴东原言理欲书》，《四库未收书辑刊》拾辑·第十九册，北京出版社，2000，第 312～313 页。

人最深，二语为废疾膏肓之药石，沉迷大寐之晨钟，而不贵言性言命、存天理、遏人欲之虚谈"。这样的学术立场深刻影响了陆燿所编纂的《切问斋文钞》。在《切问斋文钞》的选文标准上，陆燿坚持实用的原则：

> 闭户而谈天道，高座而说明心，学案语录之书日出而不穷，异同宗旨之辨相攻而不已，高明者堕入禅宗，笃实者窘于应务，此又何为者也。至如驰骛词章，揣摩应举，因循卑陋，又不待言。方将由文以见道，而乃耗费精神，为此不急，道不终晦矣乎？故以今人之文言古人所已言与其所不必言，不若以今人所欲言与其必当言者以著之文。①

陆燿的理学立场也使他对考据之学提出批评，"说经之文，惟切于婚丧诸礼，可遵行者，始为采录。若于经似有发明而于事不免迂远，即各有专集行世，此可从异，一切论史论文以诗词字画之类并从舍坍"。②故《切问斋文钞》基本不选考据之作。

二　《皇朝经世文编》以"学术为纲"

道光五年（1825），江苏布政使贺长龄倡议编纂经世之书，并延魏源入幕主其事。魏源代贺氏作《皇朝经世文编叙》及拟定《皇朝经世文编·五例》，用近两年时间编就，并于道光七年（1827）正式刊刻。

《皇朝经世文编》继承了《切问斋文钞》以"学术"为首的做法，并明确提出了以"学术"为纲。

《皇朝经世文编·五例》之一有云：

> 书各有旨归，道存乎实用。志在措正施行，何取纡途广径。既

---

① 《切问斋文钞·自序》。
② 《切问斋文钞·例言》。

经世以表全编，则学术乃其纲领，凡高之过深、微卑之溺糟粕者皆所勿取矣。时务莫切于当代，万事莫备于六官，而朝廷为出治之原，君相乃群职之总。先之治体一门，用以纲维庶政。①

《皇朝经世文编》明确提出以"学术"为纲，且将"学术"进一步细分为"原学""儒行""法语""广论""文学""师友"六大类。魏源于《皇朝经世文编》叙文中论"学术"之重要云：

君、公、卿、士、庶人推本今世前世道器之洿隆所由然，以自治、外治，知违从、知伍参变化之谓学。学为师长、学为臣、学为士庶者也。②

从内容上看，"原学"可谓"学术"的纲领，所论皆关涉人心、明道。在编者看来，这是成人乃至经世的根本之所在。"原学"首篇仍然是张尔岐的《辨志》，"志乎道义，未有入于货利者也"。③ 其后为余廷灿的《民贵》一文，宣扬"贵士正所以贵民也"。那么，读书之士以何者为学？陈迁鹤说：

读书之士，喜虚名而不务实功，使素历徒勇之人，得攘袂奋臂于其间，此儒术之衰也。④

他指出"性命之学与经济之学，合之则一贯，分之若两途。有平居高言性命，临事茫无措手者，彼徒求空虚之理，而于当世之事未尝亲历而明试之。经济之不行，所为性命者，但等诸枯禅无用。……时务者何也？一时之务也，萧曹之规不能行之于房杜，楚汉之策不必施之于王窦。智士与时推移，愚人泥不知变。夫其能与时移者留心于经世，而讲求之道详也；夫其泥而违时者自用乃师心，而讲求之道阙也。……夫士欲任

---

① 《皇朝经世文编·五例》，贺长龄、魏源等编《清经世文编》卷首，中华书局，1992，第 2 页。
② 《皇朝经世文·编叙》，贺长龄、魏源等编《清经世文编》卷首，中华书局，1992，第 1 页。
③ 张尔岐：《辨志》，贺长龄、魏源等编《清经世文编》卷一，中华书局，1992，第 39 页。
④ 陈迁鹤：《储功篇上》，贺长龄、魏源等编《清经世文编》卷一，中华书局，1992，第 40 页。

天下，必自勤访问始"。①

　　其后，唐甄《恃功》则标榜："故夫但明己性，无救于世，可为学人，不可为大人；可为一职官，不可为天下官。"② 张尔岐《中庸论》一文论"礼之统论约束"。③ 汪缙《准孟》三篇辨析"义"、"仁"与"利"之关系，即要为政以"仁"，在此前提下亦不可废"利"。施闰章《安福修学记》有云："天下之盛衰，人才之得失，皆视其学之兴废。"④ 王昶之《经义制事异同论》认为：

　　　　古无经术治术之分也，必衷诸道。道者，所以制天下之事，裁其过，引其不及，循循然使民共由于道中。故礼乐者，道之器也；兵刑者，道之断也；食货者，道之资也。……故古之经术、治术无别也。……然则学者之为业也，惟就其质以择所事事焉，而六经中所有言其事者，悉反复考证，以端厥本，使异日出之皆为有用材，庶经术与治术合大道，其不分同异也夫。⑤

　　"原学"中还录有顾炎武《通今》《与友人论学书》、潘耒《日知录序》、朱珪《学古录序》等文，大体皆为主"经世""实用"之文。

　　"学术"第二为"儒行"，基本上论述的是汉学、宋学问题。阮元《国史儒林传序》主张"故两汉名教得儒经之功，宋明讲学得师道之益，皆于周孔之道得其分合，未可偏讥而互诮也"。程晋芳《正学论一》云：

　　　　海内儒家，昌言汉学者几四十年矣。其大旨谓唐以前书，皆寸珠尺璧，无一不可贵，由唐以推之汉，由汉以溯之周秦，而九经、

---

① 陈迁鹤：《储功篇下》，贺长龄、魏源等编《清经世文编》卷一，中华书局，1992，第41页、第42页。
② 唐甄：《性功》，贺长龄、魏源等编《清经世文编》卷一，中华书局，1992，第43页。
③ 张尔岐：《中庸论》，贺长龄、魏源等编《清经世文编》卷一，中华书局，1992，第44页。
④ 施闰章：《安福修学记》，贺长龄、魏源等编《清经世文编》卷一，中华书局，1992，第58页。
⑤ 王昶：《经义制事异同论》，贺长龄、魏源等编《清经世文编》卷一，中华书局，1992，第59页。

《史》、《汉》注疏为之根本，宋以后可置勿论也。呜呼！为宋学者，未尝弃汉唐也，为汉学者，独可弃宋元以降乎？然而学士大夫相率而趋，同涂合辙，莫有异者。①

他认为考据学者厌弃宋学的原因有二，"曰天也、人也"：

自明中叶以后，士人高谈性命，古书束高阁，饱蠹蝉，其所教人应读之书，往往载在文集，真所谓乡塾小儒，抱兔园册子者，足令人喷饭也。物极则反，宜乎！今之儒者，得唐以前片言只字，不问其理道如何，而皆宝而录之，讨求而纂述之，此非往复之道乎？若夫人心之巧，则又有暗与事合者。唐以前书，今存者不多，升高而呼，建瓴而泻水，曰：'我所学者，古也。'致功既易，又足以动人。若更浸淫于宋以来七百年之书，浩乎若涉海之靡涯，难以究竟矣。是以群居坐论，必《尔雅》、《说文》、《玉篇》、《广韵》诸书之相砺角也，必康成之遗言，服虔、贾逵末绪之相讨论也，古则古矣，不知学问之道，果遂止于是乎？又其甚者，因考据字义，而旁及于金石文字。夫金石文字之足以资助史学者，不过订日月，校职官，证琐事，而于制度云为安危治乱之端，则其所系者至小。……劳心终日，惟外之求，而茫然不知身心之所在，试之以事而颠顿失措，临之以恐惧患难而失所操持，由其玩物丧志在平时，故了无肆应曲当之具。以此为儒，果足为程朱供洒扫役乎？②

程晋芳"以经史为归，期适用而已"，以此为衡量，他认为"国朝以来有三儒焉，曰：汤文正斌，陆清献陇其，杨文定名时。清献之立朝治人，可以无憾，所微惜者，攻陆王太过，犹坠讲学习气也。若潜庵，宾实，则昭昭乎与日月并行"。同时，又"有三学焉，曰：处士顾亭林炎武，黄黎（梨）洲宗羲，大学士李安溪光地"。③程晋芳从实用的角度

① 程晋芳：《正学论一》,贺长龄、魏源等编《清经世文编》卷二, 中华书局, 1992, 第 66 页。
② 程晋芳：《正学论一》,贺长龄、魏源等编《清经世文编》卷二, 中华书局, 1992, 第 66 页。
③ 程晋芳：《正学论二》,贺长龄、魏源等编《清经世文编》卷二, 中华书局, 1992, 第 67 页。

对黄宗羲、顾炎武分别提出批评：

> 亭林、黎洲，博极群书，其于古今治乱兴废得失之数，皆融贯于胸中，因笔之于书，以为世世法。然亭林生于明末，目击宽弛之弊，思以严厉矫之，说近申韩，几不自觉，使其术行，必有硗确不安处，幸而不试。故人宝其言，而要之不可尽废，在审所用之而已。黎洲于出处进退大端，言之可谓确矣。而其主意，以为不封建、不井田，则世不可以治，此则迂生习见，不宜出于学人之口。乌有经天纬地之才而不能达权通变者乎。①

程晋芳极力为程朱之学辩护，不满颜氏对程朱学的批评，对其践履观念则不太留意。卷二段玉裁《朱子小学跋》：

> 归里而后，人事纷糅，所读之书，又喜言训故考核，寻其枝叶，略其根本，老大无成，追悔已晚。盖自乡无善俗，世乏良材，利欲纷挈，异言喧豗，而朱子集旧闻，觉来裔，本之以立教，实之以明伦敬身，广之以嘉言善行，二千年贤圣之可法者，胥于是乎在。……或又谓汉人之言"小学"，谓"六书"耳，非朱子所云也，此言又悖。夫言各有当，汉人之"小学"，一艺也。朱子之《小学》，蒙养之全功也。②

此段文字系段氏晚年所为，尊崇程朱之学，追悔早年信奉训诂学之过。论者多以此为据，认为段氏晚年转向程朱之学，即由"训诂"转至"义理"。

卷三为"法语"，所选皆为经世之言论，即所谓"法语"，如顾炎武之《说经》《立言》《杂言》，李光地之《中庸余论》等，大抵讲的是立身行事，阎若璩的《潜邱记》则是论"以禹贡治河、以洪范察变、以春秋断狱"之经世。

卷四"广论"所论范围较广，邵大业《思过图序》、汪缙《示程在

---

① 程晋芳：《正学论二》，贺长龄、魏源等编《清经世文编》卷二，中华书局，1992，第67页。
② 段玉裁：《朱子小学跋》，贺长龄、魏源等编《清经世文编》卷二，中华书局，1992，第74页。

仁》、赵青藜《变化气质论示弟》、刘开《贵齿论》、全祖望《是亦楼记》关注的是养身、修性问题,方苞《原人》、张铨《天人篇》等讨论的是天人关系问题。

卷五"文学"主要收录论述读书之法的文章,如顾炎武的《钞书自序》告诫学人不可轻易著述,王鸣盛的《论泥古之弊》强调为学必须尚通,卢文弨的《与从子掌丝书》主张读书要求通:"知今不知古,俗儒之陋也;知古不知今,迂儒之痴也。"

卷六"师友",大体为讨论师友之道,如夏之蓉的《师说》、刘开的《问说》、顾炎武的《广师》等,皆在论述交友之道及问师求教之方。

从内容上分析,"学术"六卷内容围绕人之修养及"经世"的观念而展开,此部分内容与所谓六部之行政性事务相比,无疑具有形上特征。《皇朝经世文编》以"原学"等六部为"学术"之内容,表明编者所理解的"学术"从本质上是一种德性修养之说,虽言实用,但更多的是从价值层面立论,而较少从技术的层次展开思路。

《皇朝经世文编》所表达的"学术"可以概括为以下几种观点。

其一,学须有用于世。卷首第一篇《辨志》即要求学者首先要"立志",而所立之志在于"功在生民,业隆匡济"。书中所录顾炎武《通今》《与友人论学书》诸篇无不以致用为尚。卷二彭士望《读书简要说序》说:"天下之治乱系于学术,未有学术不素具,而足以有为于天下者也。……读书无古今经史稗杂,而皆一本于实用。"① 同卷,张杓《日知录跋》赞扬顾炎武说:"要之,先生之才体用兼备,固不屑屑以考订见长,而亦不徒以经生自命也。"② 皆以实用为归。

其二,学须有本,而本即在程朱之学。卷一所录程晋芳《正学论》三篇即明显偏向宋儒,认为宋儒不偏废传注,而汉学家却肆意诋毁宋儒;姚鼐《赠钱献之序》则说宋儒"乃得圣人之旨"③;反之,对汉学则表示

---

① 彭士望:《读书简要说序》,贺长龄、魏源等编《清经世文编》卷二,中华书局,1992,第81 页。

② 张杓:《日知录跋》,贺长龄、魏源等编《清经世文编》卷二,中华书局,1992,第82 页。

③ 姚鼐:《赠钱献之序》,贺长龄、魏源等编《清经世文编》卷二,中华书局,1992,第69 页。

不满，卷二所录张海珊《记收书目录后》有云：

> 国初诸儒，颇亦称盛，而竹垞西河之徒，辄挟其泛滥之所得，集矢于紫阳。谈爻辰，推卦气，而《大易》寡过之旨晦。守《毛序》，摈三家，而诗人逆志之义乖，专小学于六书训故，而以圣门孝弟谨信之成法为不足讲，归《学》、《庸》于《小戴》，而以知本复性之实学为不必求。自时厥后。谈经训者，遂分汉宋门户，盖浸淫至今日，而其祸烈矣。①

同卷，戴祖启《答衍善问经学书》曰：

> 今之经学，非古之经学也。学经必暗诵五经之正文，潜玩功令所立之注训，旁及诸家，渐有心得，反之身心，体究亲切，措之民物，实可施行。一言而获终身之益，一句而寻无穷之味。日就月将，心醉神化。夫然，故观其容貌，则冲和静重，可望而知也。察其气质，则温良恭俭，可乐而玩也。稽其行事，则中正平易，可述而知也。诵其文词，则渊懿朴茂，可爱而传也。施之天下国家，则明通公溥，不习而无不利也。功烈于是乎出，忠孝廉耻于是乎生，文章于是乎根深而柢固，古之学经者如此。今之经学则不然。六经之本文不必上口，诸家之义训无所动心，所习者《尔雅》、《说文》之业，所证者山经地志之书，相逐以名，相高以声，相辨以无穷，其实身心不待此而治也，天下国家不待此而理也。及其英华既竭，精力消耗，珠本无有，椟亦见还，则茫然与不学之人同耳！②

茅星来《近思录集注后序》有论曰："尝窃论之：马郑贾孔之说经，譬则百货之所聚也。程朱诸先生之说经，譬则操权度以平百货之长短轻

---

① 张海珊：《记收书目录后》，贺长龄、魏源等编《清经世文编》卷二，中华书局，1992，第75页。

② 戴祖启：《答衍善问经学书》，贺长龄、魏源等编《清经世文编》卷二，中华书局，1992，第77页。

重者也。微权度则货之长短轻重不见，而非百货所聚，则虽有权度亦无所用之矣，备著汉唐诸家之说，以见程朱诸先生学之有本，俾彼空疏寡学者，无得以借口焉。"① 全编以程朱为尚的标准显露无遗。

三　续经世文编对"学术"类目的修订与调整

《皇朝经世文编》之后，各种续编继起，早期的续编之作大多继承了贺《编》的编纂体例。

饶玉成的《皇朝经世文续编》"一循贺氏之旧"。在体例上，完全继承了贺《编》，以"学术"置首，分原学、儒行、法语、广论、文学、师友，共六类。管窥居士的《皇朝经世文续编》也继承了贺《编》体例，"学术"类目设置与贺《编》一致。

葛士濬所编《皇朝经世文续编》在贺《编》"学术"六类条目之外，增加了"算学"。葛氏于《皇朝经世文续编》例言中论"算学"之重要云：

> 贺《编》学术"文学"类，于经子史学大纲暨诸儒论文，采取略备，而仍不及算学。殆《例言》所谓"务非当急，人难尽通"者欤？然天文乐律，实古圣治法之本原，而制器测地尤近今经纶之要务，非可以一艺目之，况其致用尚不止此。阙而莫载，遗憾实多。②

由于葛士濬自己"未习畴人术"，特请供职于江南机器制造总局翻译馆的葛道殷负责：

> 蒙未习畴人术，不能妄有选辑。吾宗湘乡心水氏（即葛道殷）从事此学二十余年，别辑各篇，辱以见贻，析为三卷，附列文学类，

① 茅星来：《近思录集注后序》，贺长龄、魏源等编《清经世文编》卷二，中华书局，1992，第 71 页。
② 葛士濬：《皇朝经世文续编·例言》，沈云龙主编《近代中国史料丛刊》第七十五辑，台北文海出版社影印本，1972，第 3 页。

备学者观览焉。①

葛《编》"学术"部分增加"算学"三卷，附入"文学"类。

盛康辑《皇朝经世文续编》也对贺《编》"学术"类进行了调整，其《例言》曰：

> 贺《编》门目详略得宜，既续其书，应沿其例。惟法制损益与时变通，有未可比同者，如"学术"之冠以"圣学"，所以端出治之本。②

盛《编》之"总目"中关于"门目间有增损"的"每目之下""详述异恉见"，其中关于"圣学"有云：

> 帝王之学，与儒生异，原编讲义诸篇录入"政本"目中，所以端主极宏治道也。本朝家法，典学为重。圣祖天亶聪明，教育万世，列圣稽古右文，学术之盛，度越前轨。文宗登极，诏复康熙故事，举行日讲事宜，继自今两朝养正礼重师儒，启沃进规，徽言咸告。爰敬辑是卷，录入"学术"，用冠全编。聿昭缉熙之业，俾占毕之士，知学无二致，憬然于经世之本务焉。③

盛《编》将原贺《编》卷一"学术"门下"政本"类经筵讲章独编一目，题曰"圣学"，共收录倭仁、曾国藩等人文章八篇，即倭仁的《启心金鉴》《请进日讲疏》，曾国藩的《条陈日讲事宜疏》、礼部的《遵旨会议日讲事宜并陈管见疏》、朱潮的《敬抒末议培养圣学疏》、祁寯藻的《呈进书籍疏》、毓庆宫王大臣的《吁恳暂缓归政以懋圣学疏》，所录皆是帝王之学。

求是斋主人所辑《时务经世文编初集》虽然保留"学术"类，但是

---

① 葛士濬：《皇朝经世文续编·例言》，沈云龙主编《近代中国史料丛刊》第七十五辑，台北文海出版社影印本，1972，第3页。
② 盛康：《皇朝经世文续编·例言》，沈云龙主编《近代中国史料丛刊》第八十四辑，台北文海出版社影印，1972，第10页。
③ 盛康：《皇朝经世文续编·总目》，沈云龙主编《近代中国史料丛刊》第八十四辑，台北文海出版社影印，1972，第83页。

将其置"富强"一目后，其内容则为"妇学""育才""西书""西法"，这显然与贺《编》偏重于德性之学的"学术"有了较大的差别，西学的色彩十分浓厚。

陈忠倚在所辑《皇朝经世文三编》中直接对贺《编》提出批评：

> 贺《编》目录有"儒行"，"宗法""礼论""昏礼""丧礼""服制""祭礼"诸门，葛《编》因之。大略非陈义甚高，与古为徒之文不能收入，而于富强之术毫无补益。兹编凡此类文字，虽佳不选，且并其目而删之，庶免为实事求是之贤豪所窃笑。①

《皇朝经世文三编》较贺《编》在"学术"一目中删除"儒行""师友"二部，"原学"分为上、下，"广论"分为上、中、下三部分，在"广论下"附"医学"。另增加"测算""格致""化学"，其中，"测算"分上、中、下，"格致"分上、下。

从内容上看，《皇朝经世文三编》虽保留了贺《编》名义的条目，但内容却有较大差异。如"原学上"所录文章为：恭亲王的《奏请开设同文馆疏》、盛宣怀的《拟设天津中西学堂请奏明立案禀》、王文韶的《奏开设天津中西学堂疏》、孙家鼐的《议复开办京师大学堂折》《奏官书局开办章程疏》、熊亦奇《京师创立大学堂条议》、姚文栋的《学堂条议八则》、张之洞的《上海强学会序》、康有为的《上海强学会后序》、西人李佳白的《上中朝政府书》，这些内容与传统的经史之学已经有较大的差异，体现了时代风气的转移，表明这一时期，国人心目中的"学术"之内涵已经发生了较大变化。

求自强斋主人所辑录的《皇朝经济文编》在"学术"部分增加"格致""译书""医学""通论"目；减少"广论"目。同时，增加"西政"纲，设置"学术""国政""疆域""史略""学校""矿务""商务""埠政""船政""钱币""税则""交涉附约章""游历""军政"

---

① 陈忠倚：《皇朝经世文三编·例言》，沈云龙主编《近代中国史料丛刊》第七十六辑，台北文海出版社影印，1972，第 1 页。

"刑律""工艺""铁路""电线""制造""器械""通论"目。

何良栋的《皇朝经世文四编》将"学术"置于"治体"之后，下分20目："原学"10篇；"法语"5篇；"儒行"5篇；"师友"3篇；"书籍"5篇；"译著"6篇；"通论"4篇；"格致"7篇；"算学"7篇；"测绘"2篇；"天学"6篇；"地学"2篇；"声学"5篇；"光学"3篇；"电学"4篇；"化学"4篇；"重学"1篇；"汽学"3篇；"身学"2篇；"医学"3篇。其内容中保留了自贺《编》开始的"原学""法语""儒行""师友"，但更多的却是西学知识门类。

麦仲华之《皇朝经世文新编》完全打破贺《编》以来"以学术为纲领，以六政为构架"的体例，不再设立总门类，直接代以具体子目，面目一新。全书分"通论""君德""官制""法律""学校""国用""农政""矿政""工艺""商政""币制""税则""邮运""兵政""交涉""外史""会党""民政""教宗""学术""杂纂"21门。可见，"学术"名目虽然仍然保留，但却已经非常边缘化。

从内容上看，麦仲华之《皇朝经世文新编》也偏向"西学"（见表1）。

表1　《皇朝经世文新编》部分涉"学术"内容汇总

	篇名	作者
学术上	《日本学术志序》	黄遵宪
	《算学报四则》	黄庆澄
	《学算笔谈序》《总论算法之理》《识数之法》《论加减乘除开方之用》《论看题之法》《论驳题之法》《论观书之法》《论学算之法》《论比例之用》	华蘅芳
	《除不学之害（中国除害议二）》	徐勤
	《蒙古声类表序》	龚自珍
	《日本天文志序》	黄遵宪
	《天学新理》	美人慳利士比威廉
	《上会典馆测绘舆图书》	邹代钧
	《格致浅理》	阙名
	《质点配成万物说》	阙名
	《养生论》	美人阙名

续表

	篇名	作者
学术下	《记压气行车》	美人哈浦
	《论臭腐神奇》	美人阙名
	《论土性宜详》	美人阙名
	《论脑》	美人晏地臣
	《论脑质》	美人阙名
	《盐质大用说》	英人阙名
	《卫生新法》	美人阙名
	《微虫医学新法考》	美人阙名
	《电浪新法》	英人阙名
	《论光学植物》	美人阙名
	《植物新法》	英人阙名
	《梦里精说》	美人缅拿
	《纬书言天并有轮回之说考》《命说》	曹泰
	《大易道德经说微》	曹硕

表1所谓的“学术”实际上更多的是“西学”知识，包括算学、天文学、格致学（物理学）、卫生学、植物学等，显然多是自然科学意义上的概念。传统的汉宋学、史学竟然在“学术”中缺位，足见这一时期国人价值观念的重大转向。

光绪时无名氏编的《最新经世文编》共计130卷，总分“政学”“兵学”“计学”“农学”“商学”“工学”“文学”“理化”“教育”“美学”10门，共61目，基本上都属于新学或西学的范畴。

结　语

清中叶以降是中国由传统向现代全面转型的重要时期，在这一过程中，政治、经济、社会各层面均发生重大变化，而作为这一转折重要表征的“学术”，也相应发生了改变。在时代变幻的风潮中，经世文编作为一种文体也在发生着变化。从《切问斋文钞》开始确立的以"学术为首"、以六部事务为编选原则的纂修方式，在经世文编体的确立过程中发挥了重要示范作用。但由于时代的不断发展，这种体例渐渐不能容纳"经世"学的需要，各种新的类目，如"洋务""交涉"等陆续出现在各种续编之作中，至麦仲华编纂《皇朝经世文新编》时，开始完全打破贺长龄、魏源所确立的体例。新的架构体现了新的认知形态，表明士人知识结构的转型。

在《切问斋文钞》《皇朝经世文编》中，"学术"居首，在内容上以传统的经史之学为主，注重修身养性的德性之学，在名义上则分为"原学""儒行""法语""广师"等。从葛士濬的续编之作在"学术"内加入"算学"开始，"学术"的内涵不断扩展，地位也不断地边缘化，各种新的西学、西政内容不断被融摄进"学术"的范畴，渐渐地，在"学术"类目中，经史之学，尤其是修身养性之学逐步被淡化乃至淡出，这正是一个价值崩解和重构时代的体现。

The Evolution of "Academic" Category in Applied Compilation after the Middle of Qing Dynasty

Lei Ping

Abstract：*Qie Wen Zhai Wen Chao*, compiled by Lu Yao during the reign of Emperor Qianlong, was headed by "academic", and the selected articles were all related to individual's values and social atmosphere. In the reign of Daoguang, He Changling and Wei Yuan inherited the practice of "academic studies" in *Qie Wen Zhai Wen Chao*, and put forward the view of "academic studies as the main point". Subsequently, a variety of sequels followed, and the status of the "academic" category gradually dropped, and some catalogs even directly cancelled the "academic" category. The study of the change of "academic" in literary writing in the middle of Qing Dynasty shows the evolution of academic and general mood of society.

Keywords: the Middle of Qing Dynasty; Applied Compilation; "Academic" Category

About the Authors: Lei Ping (1979 -), Ph. D. , the professor and vice-dean of the Faculty of History and Culture, Hubei University. Mainly engaged in the research of Chinese academic and cultural history. E-mail: leileiping@ 163. com.

应当重视社会道德教化认同

胡雨溪 　江　畅*

摘　要：道德教化认同是指社会所进行的道德教化得到社会成员个体的认同，是社会个体将社会道德教化的内容转化为个人的道德素质的过程及其结果。社会道德教化能否得到社会成员的认同直接关系着道德教化的成败，而道德教化的成败直接决定着一个社会的道德状况，并直接关系到社会是否有序、和谐，因而对社会成员是否幸福有着根本性的影响。从我国目前的情况看，社会道德教化面临着被拒斥、被阳奉阴违地认同、被错误道德观带偏价值取向以及道德人格不健康等问题，亟须解决。为了增强道德教化的实效性，需要增强公民修身以成人的道德教化意识，倡导通过自觉提高自身修养的方式将道德教化转化为道德自我认同，将道德教化的认同度作为检验道德教化实效的标准，着眼于认同进行道德教化，营造道德教化得到普遍认同的社会道德环境。

关键词：道德教化　道德认同　认知　修养

道德教化是社会对其成员实施的有组织的道德影响活动，既包括学校道德教育，也包括社会通过各种途径（如大众传媒、思想政治教育工作、文艺作品、普及读物等）对社会成员施加的道德影响等。道德教化

---

* 胡雨溪（1996—），湖北大学 2018 级哲学硕士，电子邮箱：1056937211@ qq. com；江畅（1957—），哲学博士，湖北大学哲学学院教授，教育部长江学者特聘教授，电子邮箱：jc1957@ hubu. edu. cn。

不仅关乎某一个国家的伦理道德命运，还关乎人类命运共同体与每一个人的发展。道德教化要落到实处，必须使其得到被教化者的认同，因此必须高度重视道德教化认同的问题。长期以来，我国非常重视对学生和公众的思想政治教育，其中包括道德教育，也采取了许多道德教化的措施，取得了相当大的成效。但是，人们普遍对我国的道德状况不满意。产生这种情况的原因很复杂，但有一点是可以肯定的，即我们进行的道德教育和教化在被教育者、被教化者中的认同度还不够高，因而没有入脑入心。在我国大力弘扬优秀传统文化、加强公民道德建设的今天，更需重视和谨慎对待道德教化的认同问题。基于这种时代需要，本文从理论上论证道德教化认同的重要性，并在分析这方面存在的问题及其原因的基础上寻求解决问题的路径。

一　道德教化认同的必要性和可能条件

社会道德教化的目的是要使社会成员接受社会所施加的道德影响，使社会倡导的道德转化人们的道德意识、道德观念、道德理想、道德信念、道德追求、道德情感、道德品质，并落实到道德行为上，概而言之，即转化为人们的道德素质。社会教化要达到这一目的就必须使社会成员在对社会道德认知的基础上实现对它的认同。社会道德教化能否得到社会成员的认同直接关系着道德教化的成败，而道德教化的成败直接决定着一个社会的道德状况，并直接关系到社会是否有序、和谐，因而对社会成员是否幸福有着根本性的影响。因此，道德教化认同不仅牵系个人价值的实现，还决定着个体作为社会存在对社会的普遍幸福的重大责任。道德教化能够得以认同需要道德个体的认识、情感、意志、行为等一系列活动参与其中，从总体上可以归结为道德个体的有效认知和道德个体的心理基础两大要求。这是道德教化被认同的基本条件。

道德教化认同是社会个体将社会道德教化的内容转化为个人的道德素质的过程及其结果。道德教化认同的过程是个体将社会道德教化所传达的道德内容转化为自己的道德意识、道德观念、道德理想、道德信念、

道德追求，进而转化为自己的道德品质、道德人格、道德情感，并最终
落实到各种行为活动之中的过程。没有这个认同的过程，社会道德教化
的内容对于社会个体来说就仅仅是一种外在于自己的东西，他们即使服
从社会道德要求也不可能做到"慎独"，更不可能达到"从心所欲不逾
矩"的道德境界。

　　道德教化认同的价值在于，它是社会的道德要求与个人的道德素质
连接的桥梁。康德的道德形而上学认为，人作为有限理性的存在，都自
在地作为目的本身存在着，他不单纯是这个或那个意志所随意使用的工
具，在他的一切行为中，不论对于自己还是对其他有理性的东西，任何
时候都必须当作目的。① 道德教化应始终以具有理性人格的道德本身为
教化对象，尊重以人为目的的人格的尊严与理性存在，使人通过道德认
同形成自我道德人格。所以道德教化需要以得到认同为前提，保障个体
以实践理性的自由意志产生道德行为。实践理性的自由意志可以体现在
人作为先验的被尊重的道德人格上，通过道德认同达到道德教化与人的
自由意志的统一，出于纯粹的道德认同而发挥自由意志产生道德行为，
即人是自在的目的。道德教化认同代表着个体由自我意识生发地对道德
教化的认知，经过多重心理机制的整合判断，最终得到道德个体最真实
自我的情感与理性的认可、赞成、吸收，从而为道德行为的产生种下生
命力顽强的种子。这种道德行为的产生不是因为外界的强行要求，也不
是缺乏自我意识的机械执行，更不是只为了更好地融入社会而产生的类
似"配合"外界要求的表面行为，而是作为人的个体在真实自我状态下
出于道德素质特别是道德品质、道德情感的道德行为，是在道德的知、
情、意相一致的和谐状态下产生的行为。这种道德行为具有强有力的精
神支撑，是任何其他道德都无法撼动的、归属于道德素质的行为。

　　为了能够由自觉至自发地控制人自然本性可能导致的影响社会秩序
和个人更好生存发展的消极后果，社会必须通过道德教化来完成个人的
这样一个从道德自觉到道德自发的过程。道德教化认同旨在让个体认识

① 〔德〕康德：《道德形而上学原理》，苗力田译，上海人民出版社，1986。

到自己的深层自然需求与社会规则之间的矛盾，以道德的方式审视和满足个体的自然需求，以达到个体自身、个体与社会、个体与个体的和谐以及个体与自然的和谐。只有通过道德教化认同，人们才可能通过道德的自我濡化而避免出于自然本性行事，而以社会可接受的方式行事，并成为社会所期待的具有道德素质的人，也使自己的人格始终保持一致。

道德教化认同的前提是认知。道德认知是人们对社会中存在的各种不同种类的道德现象和道德文本的认知，其中最重要的是社会通过道德教化给人们提供的内容。道德认知的结果是在个人的大脑中形成道德方面的知识，而这种知识是道德认同的前提和基础。如果没有道德认知，道德认同则无法进行道德判断，也无认知信息可供接受和理解，当然也就无从发生和形成。道德教化认同以及由其产生的道德行为一方面需要通过道德认知形成个人的道德知识体系，另一方面需要这种体系与认同者本身的道德需要相契合。道德认知所形成的个人道德知识体系就是道德教化认同的对象，如不能形成这种体系，道德教化的认同就是无源之水，根本不可能发生。当然，道德认知与道德知识体系的形成、道德知识体系的形成与道德教化的认同通常是同一个过程。人们在进行道德认知的过程中就在形成道德知识体系，也就形成了道德教化认同的过程。如果道德认知不能形成道德知识体系，或者形成了道德知识体系而与个人的道德需求不相一致，不仅难以形成对道德知识体系的认同，甚至会因为对其反感而走向个人道德的二重化，即道德认知与道德追求的分裂或背道而驰。中国传统社会出现的"伪君子"现象就是由此发生的。

在心理学研究领域，也有很多学者研究证明道德教化认同需要道德认知。"布拉西（Blasi）认为，一定的道德认知能力是形成道德认同的必要条件。"[①] "道德认知、自我认同、道德行动机会是影响道德认同形成的直接的、相对可塑的、相对可控的三个因素，也是人格和社会结构影响道德认同的中介，而且三者与道德认同存在交互因果关系。"[②] 道德

---

① 曾晓强：《国外道德认同研究进展》，《心理研究》2011 年第 4 期，第 20 ~ 25 页。
② 曾晓强：《国外道德认同研究进展》，《心理研究》2011 年第 4 期，第 20 ~ 25 页。

认知直接牵制着道德认同的形成与发展。道德行动虽然影响道德认同的形成，但道德认知一定程度上也决定着道德行为的存在与缺失。如果没有道德认知，道德个体最多只会出于本能做出某种类似于道德行为的行动。在道德认知心理学家科尔伯格（Kohlberg）看来，道德认知是对道德行为的产生起决定性作用的因素，可以为道德行为的产生提供动机，尤其是当道德认知发展到一定程度以后，作为道德认同的运行模式之一的道德判断可以直接引发道德行为。这是道德认同发生作用的一种直接方式。因此，道德教化认同无论是从哲学角度还是从心理学角度都需要道德认知，这已经成为一个颠扑不破的真理。

道德教化认同不仅要从伦理学角度进行研究，还需要从心理学角度把握道德个体心理机制及认同规律。全面解读道德教化认同的形成路径，找准有效切入点，高效贯彻和准确落实道德教化，才能使道德教化达成真正的认同。

道德教化认同的心理基础首先是自我认同的形成与发展。先秦儒家认为，天有化万物之德，人道来源于天道，所以人性源自天性，正如《中庸》中所讲"天命之谓性"。人性的基点相同，所以人性中的自我生来就具有一定的同一性。但自我的真正形成与发展却不是由某一个定点时刻决定的，而是始终在生命的过程中发生着，不断产生有机的变化。人从出生开始就作为一个"此在"的存在，而自我认同的形成就是这个存在通过与世间万物产生联系，不断实现把自己"抛出"和"抛入"的过程。这个过程随着个人存在时间的延长，次数不断变多，自我认同的形成和发展也将直接导致个体的自我存在感不断增强。自我认同的形成和发展在一定程度上还直接受个体生长的环境影响。个体在不同的环境下存在，他们与外界产生的交互内容、交互形式甚至个体自身的思想方式等都会有巨大的差异。

道德教化认同是在道德教化的基础上，道德与自我的有机结合，是他律走向自律的过程，也是道德自我意识通过一些条件引介生成自律意识的过程。道德教化的认同起源于道德教化的认知向道德自我的主动探求，决定于道德自我对道德教化内容的主动思考，终结于道德自我对道德认知的判断与抉择。道德教化的认同需要在一个开放、求知、包容性强的心态下进行认知和发展，认知的目的也可能是出于某种他律动机或本能需要，而认知又包括接受和收纳。接受之后要继续走向认同就需要情感判断主动思考，由思考调动以往认知，将以往认知与当前认知进行对比以发现不同，再到理解不同，进行整合，最后实现认同。这时，经过了认同的个体就会因为发现了自我存在与外界的共通处而产生一种愉悦感，个体的存在感也由此增强。这是良好的心理基础需要为道德教化认同成功打下的前站。

二　道德教化认同面临的问题

随着现当代自然科学的迅速发展以及社会的变革，过去的道德教化权威性遇到挑战，传统社会道德教化的保障体系面临危机。道德自由似乎在当代全球化飞速发展及多元化价值体系共存的状态下得到了实现，但接踵而来的是差异性的碰撞和冲突。在仍处于社会转型期的当代中国，传统的道德教化认同对外力的依赖已不再适用于个体自主性不断增强的今天，外在威慑力失去了神圣性更加意味着道德教化需要个人认同，如此才能增强社会与民族的凝聚力。然而，从我国目前的情况看，社会教化面临着被拒斥、被阳奉阴违地认同、被错误道德观带偏价值取向以及道德人格不健康等问题。要解决这些问题，我们首先必须认清并深入分析这些问题。

道德教化长期以来并未把关注点聚焦到认同上来，或者说没有以道德教化的认同度为标准来检视道德教化的效益，导致道德教化的价值得不到实现。人们生活在与道德教化构建的理想世界完全不同的现实之中，因而对道德教化产生怀疑，甚至拒斥道德教化。在社会变革的宏观背景下，道德教化的内容失去了原有的权威性，传统的道德文化不断被消解。处于社会转型期的人们发现传统文化中的道德体系已不再适用，加之随着时代的快速发展人们不断受到西方文化的冲击，追求自由的个体越来越多，导致两种道德行为范式产生碰撞。社会成员的所见所遇皆不同于所持信念的理想状态，于是各自转向为追求实实在在的个人利益，使自己的利益最大化。于是，只为自我不为他人的道德虚无现象迅速泛滥，道德教化的地位逐渐趋于虚设。

道德教化被拒斥的重要原因之一为道德教化的内容不被理解和认同。昔日道德教化之所以能成功，在于"为政以德，则不动而化、不言而信、无为而成。所守者至简而能御烦，所处者至静而能制动，所务者至寡而能服众"。① 能达到这样的效果，重在道德教化内容能够被群众认同和深深信服。此外，道德教化实施的方式也是其受拒斥的重要原因，道德教化的方式需摒弃单一灌输的惯性动作，同时，社会道德教化的实施主体是道德教化者。在现代社会，道德教化者不只是教师，还有很多其他的主体，如国家、企业、各种组织和社团等。道德教化与其他许多知识能力教育不同，道德教化者的社会责任决定了他们（无论是个人，还是其他的主体）必须率先垂范，做出表率，成为道德教化认同的标杆和榜样。倘若社会的道德教化者普遍不具备较高的道德素质，那么他们的言谈举止就会与教化的内容（尤其是"高大上"的内容）形成强烈反差。失去了深厚意蕴的教化内容使一些受教化者在被要求硬性接受的教化情境下味同嚼蜡。如此一来，道德教化的内容乃至整个道德教化都难以被人主动接受。

道德教化认同还面临着口是心非的表面认同的问题。由于中国当下尚处于从传统社会向现代社会的转型期，传统道德在当下已经不再完全适用，适应新时代的新道德尚未完全形成，也尚未普遍深入人心。中国古代传统优良道德在当代市场经济的利益最大化原则的冲击下，被逐渐解构。市场原则、资本逻辑在一定程度上消解了人们原有的道德认同，而人们对新的道德认同又没有形成。个体道德行为不再受到有效的约束，这给行为主体留下了相当大的空间和自由。与此同时，市场经济的利益最大化原则潜移默化地影响着人们的生活方式和价值观。在这种情况下，人们原有的道德控制机制失灵，而新的道德控制机制没有建立起来，人

---

① 朱熹撰《四书章句集注》，中华书局，2011，第55页。

们受自然本性的驱使而自发地按利益最大化原则行事，其表现就是唯利是图，不择手段。我国现阶段正致力于道德建设，倡导新道德并采取诸多措施对道德表现优秀的人们进行宣传和奖励。这种宣传和奖励在那些遵循利益最大化原则的人看来是有利可图的事情，也就成为他们追逐的对象。虽然他们的行为唯利是图、不择手段，但他们会伪装起来，表现得非常符合社会的道德要求。于是，就出现了对社会道德口是心非的表面认同。

在我国，无论是道德体系，还是道德教化体系都指向社会更和谐，人民更幸福，社会风气更加清朗的目标。这就必须从全局视角来综合考虑社会道德的均衡发展，所以道德要求只能是概括的、普遍的、崇高的和具有社会整体性的。可是，与道德教化相关的不仅是群体中每一个个体的精神信仰，而且是每一个个体的具体生活情境，所以要使道德要求渗透于人们的日常生活中。社会生活是多元的，人与人、人与物的联系是千变万化的，道德选择发生在每时每刻，在无法预知的每一个情境中道德判断和道德选择都会存在。道德教化做不到为每一个场景给出标准答案，这样一来，人们在日常的生活情景中都必须自主做出道德选择。在这种情况下，人们实际做出的道德选择以及产生的道德行为就可能与他所认同或接受的道德教育内容不一致，因此，口是心非的道德认同就发生了。当然，这种口是心非问题的发生主要是社会道德教化本身的局限导致的，但这也告诉我们道德教化不能仅仅停留在一般化的道德知识传授上，而是要给人们提供更多的实际情景的训练。

口是心非的表面认同的问题非常复杂，要想解决这种问题，还是需要重视道德教化认同本身，从行为主体的内心进行道德"根治"。行为主体在进行任何道德判断和选择时，其意图正确，就会纯善，就不会导致太过偏离道德要求的行为产生。黑格尔曾经讲过："意志只对最初的后果负责，因为只有这最初的后果是包含在它的故意之中。"① 这里说的"故意"指的是意图和动机，所体现的是意志。按康德的看法，只有善

① 〔德〕黑格尔：《法哲学原理》，范扬译，商务印书馆，1961，第 120 页。

良意志才是绝对善的。康德的这种看法虽然很极端，但他看到了意志对于人的行为的决定性意义。因此，要解决口是心非的表面认同，道德教化者和教化接受者都要努力解决意志善良问题，也就是要解决意志的道德化问题。意志道德化了，就不会发生口是心非的表面认同问题。

改革开放以后，我国出现了价值观和道德观多元化的格局，各种道德观都有人信奉，有人试图用自己信奉的道德观影响他人，对他人进行教化，以使他人信奉自己的道德观。在这种情况下，一些道德上不成熟的青少年以及一些不愿意认同主流道德观的成年人受到非主流道德观的影响而认同非主流道德观。在非主流道德观中，有些是过时的、陈旧的，还有的是完全错误的。例如，极端利己主义的道德观曾一度在我国社会流行，极端享乐主义道德观仍然大有市场。当人们认同了这些错误的道德观时，他们的行为就会偏离社会主流道德要求。信奉这些道德观的人为了得到社会的认可，必然会在表面上表现得非常认同主流道德观。于是，口是心非的道德教化认同就发生了。当人们信奉的道德观各不相同时，主流道德教化的认同就无法实现。如何有效应对道德观多元化的挑战是当前加强主流道德教化认同必须认真解决的问题。

现世的物欲满足与娱乐消遣使道德个体沉浸其中，道德人格物化已经越来越普遍。道德个体表面上是道德人格的主人，实际上却成为物欲的奴隶。不少人将精神文明搁置一旁，对超物质化理性不予理会，沉溺于生活享乐，不再关心个人价值与生活的意义，对于道德文化和精神文明浅尝辄止，以虚无化的态度去对待社会价值体系及道德规范。道德教化在这样的道德人格面前就会丧失力量，其认同变得虚无缥缈。个人如果不去思考道德对于自身生命的价值，一味地以物质的尺度衡量生活世界，那么道德人格永远也无法从这种物欲中解放出来。在市场经济条件下，道德人格摆脱了封建专制主义，却又马上被置于物欲的支配之下。市场经济激励道德个体在商业化的市场里自由地追求自身利益，却完全看不到背后牺牲的自我价值及道德人格。同时，这也意味着道德个体在面对社会其他个体时会用物化的眼光去对待，人与人之间的交往也被物化，物化的方式在某种程度上也就意味着无所不用其极，道德人格也就失去了人性意义。于是，人们看待事物的方式变得现实、浮夸而显得愚昧可笑，诚如马克思曾经讽刺的："这个人值一万英镑，就是说，他拥有这样一笔钱。谁有钱，谁就'值得尊敬'，就属于'上等人'，就'有势力'，而且在他那个圈子里在各个方面都是领头的。"①　这样物化了的道德人格就像弗洛姆所说的，是富足中极度的贫瘠与无聊。②　道德人格被扭曲，道德个体只追求功利，失去的却是对价值世界与崇高精神的追求，道德教化的努力也只能付诸东流。人类作为区别于其他物种的理性存在，在这种物化生活中也逐渐失去了人性的尊严，道德人格沦落为只追求肉体本能需要的动物性人格。这必定会导致道德人格和精神世界的空虚感不断增强，道德个体从而只剩下空洞的灵魂和虚无的精神世界。

三　产生道德教化认同问题的原因分析

基于前文对道德教化认同所面临的问题的研究，总结问题出现的具体背景可以得出从当代道德教化针对的关注点和社会变革的背景以及道德教化的内容和道德教化者的德性追求等各个方面辐射出的道德教化认同的问题需要立足于道德教化的本质来解决的结论；在自由民主冲破封建的牢笼时必然会产生一定的不可控裂缝，为了矫治道德个体的原始欲望及其修养问题，需要以道德个体的认知局限为基点，强调认知和认同对于国家主流意识形态的稳定作用分别应当扮演的角色以正确且高效的引导国民与社会的全面发展；更要以社会环境对道德个体内心与行为习惯、规范的双重辅佐为重心增强道德教化认同对道德个体个人意志与真实良心的效用。

大部分群众误认为接受了道德教育就等同于接受了道德教化，不必再另外接受道德教化，从而拒斥道德教化，因此逐渐忽视了"化"的过程。这是我国目前道德教化得不到普遍认同的一个重要原因。道德教育

---

①　《马克思恩格斯全集》第 2 卷，人民出版社，1965，第 566 页。

②　博凡：《现代人的贫困》，《读书》1993 年第 6 期。

属于道德教化，但道德教化比道德教育的含义更为丰富。它不仅注重道德知识的传授，更注重道德品质和道德行为习惯的养成，而且它采取的途径和方式多种多样，尤其注重情绪的感染和日常生活的熏陶。道德教育主要是学校的责任，而道德教化是全社会包括学校的共同责任。教化的核心理念在于通过教育的引导与召唤尽可能发展完善的个体人格，以追求更高的普遍性，通过不断地教化使教化内容内化成为具有普遍伦理道德的社会共同体。教育是手段，教化是激发内在意识的某种动能。在加达默尔的研究中我们也可以看到，他所提到的审美教化思想意在"对话"，教化区别于教育的重点在于，教化并不是要通过某种手段取得道德准则抑或普遍性的知识，而是通过对判断力的塑造使个体拥有自我开悟的能力。①

　　道德教育是通过教育的方式将人类谋求更好生存的智慧传授于人们，通过道德教育使人们正确认识道德及道德对于好生活的意义，掌握如何成为道德之人的路径和方法。② 简而言之，道德教育是让人们认识和理解道德，并加以范导。道德教育与教育结果不具有必然联系，其结果由受教育者主导。而道德教化除了包含道德教育以外，更强调道德修养的过程，目的在于通过教化使被教化者修养成为道德之人，重视"成人"的过程，包含个体对道德智慧的吸收和养成。教化的本质具有必然结果导向的属性，"化"意为化而为之，如果未被教化则不能被称为"教化"，所以道德教化的结果由教化的认同过程主导。

　　把道德教育与道德教化相混淆是缺乏道德教化意识的体现，我国目前的道德教育重视对道德内容的认识，而忽视对道德内容的认同。在许多教育者的心目中，受教者知道了道德内容道德教育的目的就达到了。正是这种误区导致社会只重视道德教育，不重视道德教化，只重视道德知识，不重视道德认同的问题。于是道德教化止于道德认知，得到了表

① 〔德〕汉斯－格奥尔格·加达默尔：《真理与方法——哲学诠释学的基本特征》（上卷），洪汉鼎译，上海译文出版社，2004。
② 江畅：《全面理解道德和道德教育》，《中国德育》2017年第1期，第11~14页。

面上和口头上的了解，未达成真正内化了的认同。在黑格尔的《精神现象学》中，他细致解释了在感性确定性到知性的时期，我们开始对事物有所认知，通过一种自我意识与外在现实的相互否定进一步认识理性并开始将客体和外在现实的否定态度转为肯定态度，由此精神为了获得自身的现实性而开始异化，而后异化的精神向绝对精神进行复归，这种自身异化了的精神被黑格尔称为教化。①

现代道德教育已形成一种由道德认知结果来决定受教育者的道德认同结果的错误惯性，将道德教化止步于将认知视为认同的浅层表象，导致道德教化模式越来越局限和褊狭。个体在不具备主观意愿的模式下被强制要求接受机械化的道德教育难免产生逆反心理，这使道德教化更加举步维艰。道德认知是道德教化活动的起点，道德认同是道德教化活动产生道德行为前的最后一步。道德认同在道德认知之外还有道德情感活动和道德意志活动等。道德教化不能省略其中任何一个环节。道德认同是道德个体通过内化和整合，并通过反思使道德认知与原有思想达成统一整体的过程。但道德认知仅止于认识和知道，对认知内容可能保持不同的态度和意见，认知不等于道德个体内心的思维理解与情感接受，更不等于道德行为实施的动机，与道德行为没有必然联系。道德教化的结果停留在认知层面直接导致了社会个体道德实践水平的低下，道德教化者理应正确认识道德认知和道德认同，加深对道德教化的理解，意识到道德认同与道德认知的不同，重视道德认同的意义才能真正实现道德教化，才能避免道德教育的失效。

道德教化还要求相应的环境。"萨特说：'人是自己造就的；他不是做现成的；他通过自己的道德选择造就自己，而且他不能不作出一种道德选择，这就是环境对他的压力。'如果说个体的人是环境的产物，那么作为个体人人格关键因素和主要体现的品质更是深受环境的影响。"②道德个体在道德教化的认同环节必然会受到环境的影响，所以道德教化

① 〔德〕黑格尔：《精神现象学》（上卷），贺麟、王玖兴译，上海人民出版社，2013。
② 江畅：《德性论》，人民出版社，2011，第 539 页。

环境的营造也是认同形成的必要条件。个体在社会中被环境潜移默化地影响着，环境悄无声息地对个体的观念和活动发挥着作用。如果将道德教化融入人们生活的方方面面，可以大幅度提高个体的道德认知水平和养成道德习惯，为道德教化的认同提供良好的铺垫。道德教化的环境影响因素可以分为物质文化层面和精神文化层面，物质文化层面的因素通过个体各种感官的中介直接使道德个体形成道德印象或记忆，精神文化层面的因素主要影响道德个体的道德情感和意识。

道德个体的人格是否足够完善，是否具有相对成熟的心理机制，取决于个体所在的环境之中共有的道德教化信仰和理念，道德个体对道德教化的认同取决于他所在环境对于道德个体人格道德养分的供给是否充足。道德个体对于道德教化的认同结果体现在个体的性格、精神、品质等方面，道德意识一旦经过认同就会迅速浸染道德个体的一言一行甚至相貌神态。中国古人云："染于苍则苍，染于黄则黄。所入者变，其色亦变；五入必而己则为五色矣。故染不可不慎也。"[①] 法国唯物主义哲学家爱尔维修更是明确提出"人是环境的产物"。人生于环境之中，与外界产生的交互使得人格得以发展，人的精神和理念无时无刻不被环境塑造和影响着。同时，人的活动也改变着环境，被改变的环境又进一步影响人自身。无论是道德习俗、行为习惯、群体社交模式还是周边建筑的标语、礼仪、音乐等都在不知不觉中影响着道德个体的道德人格。正如爱尔维修所说："我们在人与人之间所见到的精神上的差异，是由于他们所处的不同的环境，由于他们所受的不同的教育所致。"[②] 环境对人的影响是悄无声息的，甚至每一个物品的摆放位置都在对道德个体进行潜移默化的信息传递。环境的营造状况决定着道德个体可能会被影响的程度。道德教化可以在环境的作用下对道德个体的教化思想进行层层渗透，使道德教化的内容逐渐在人脑中积累直至被同化，产生自然认同。

再者，基于一定环境的道德教化，其内容和方式通常受制于环境中

---

① 孙诒让：《诸子集成》（4），上海书店出版社，1986。
② 北京大学哲学系外国哲学史教研室编译《十八世纪法国哲学》，商务印书馆，1963。

道德个体的可接受程度，是道德个体习惯和熟悉的。处于一种环境之中的道德个体每时每刻都在利用身体的各个感官熟悉这个空间，道德个体也会为了更舒服坦然地存在于一个环境中而自觉自愿地去了解环境中对他而言陌生的元素。对于那些陌生元素，道德个体会不断地产生好奇心和疑惑感，试图去解读和理解它。所以环境给予道德个体的道德教化是最易于被认同的。

四　促进道德教化认同的主要路径

要治理我国目前的道德问题，加强道德教化，促进道德教化的普遍社会认同是一个关键性的环节。为了提高道德教化的实效性，必须着眼于认同进行道德教化，激发道德修养的自觉性，把认同度作为检验道德教化实效的标准，并努力改善社会道德风尚。

认同进行道德教化意味着应着重考虑道德教化如何更容易受教化者认同。首先，需要强调道德教化的权威性，树立道德典范并发挥其示范作用，唤起国民强烈的民族自豪感及大爱精神。这些权威性的典型可以是社会公认的道德模范，如在抗击新冠肺炎疫情中做出杰出贡献的功勋模范人物。

其次，需要关注道德教化对道德个体情感上的浸染。西周时期，周公率先利用血缘亲情的情感优势感化人心，将亲情纽带延伸到社会关系中，以维护政治关系。后来，孔子同样强调百善孝为先，以亲情为基调让人们首先感受到情感的生发，由情感体会领悟道德教化内容，全面搭建起人道主义情怀。先秦儒家在进行道德教化时还大力推崇礼与乐的结合，注重用乐陶冶情操、涵养性情以培养道德人格，从内在情感生发中推动人的高级理性与感性的交互，从而感知人的理性存在价值，并辅以道德教化的认同。古代道德教化的成功离不开道德教化方式中的情感唤起，情感是最容易牵引出道德个体的自我意识的机制，也是最能引起主观意愿思考和忧虑的诱因。关注道德教化在道德个体中引起的情感共鸣可以使被教化者从自发的情感中意识到自我对道德教化的需求与渴望，好的情感可以唤醒人们心中的善念。这一路径将道德个体直接带入了道德教化认同的阶段。

持续关注社会环境中公平状态的稳定性。道德教化要着眼于认同进行道德教化还有至关重要的一点，即社会的公平性。社会主流道德教化涵盖整个社会，因而必然无法关注到道德个体的差异性和特殊性，这是道德教化具体语境极易产生不公平现象的原因。由于社会是一个庞大的整体，不公平的漏洞不可避免，但若漏洞成为普遍现象，管理者和维权者置若罔闻，那么不公平的问题就会严重危害到社会的整个体系。一切权威都不再被视为权威，社会将乱成一团，无法治理。倘若不注重不公平现象的处理，不公平因素就会引起道德个体心态无法平衡，长此以往，道德人格也会一直处于一个负面、压抑的心境下，极易形成人格异化。

中国古代历来就有修身以成人的道德教化意识，特别是先秦儒家的道德教化尤为看重道德修养，主张通过自觉提高自身修养的方式将道德教化转化为道德自我认同。中国古代传统文化还在多个层面上启发个体道德修养的自觉性。在社会层面上，通过官方教化的形式培养道德个体自觉遵守道德教化内容的能力。例如祭祀活动、官学和书院的兴举等。在生活环境层面上，通过乡土制度和民间立约的方式增加道德个体对各种道德相关事物和社会的认可度，运用利益公平分化的形式提高公民信服度，也增强了官方的权威性。在家族层面上，通过家规、家训等方式形成和传承家风，培养道德个体的个人归属感和责任意识。无论是自觉遵守的惯性，还是社会认可度，以及个人归属感或责任意识，这些因素都增强了道德个体进行道德修养的自觉性。只有启发了道德修养的自觉性，道德教化认同才能得以实现。加达默尔曾指出："教化后来与修养概念最紧密地联系在一起，并且首先意指人类发展自己的天赋和能力的特有方式。"[1] 他对康德到黑格尔教化的词源变化做出阐释，教化的本质是通过实践性教化或理论性教化，使人放弃自身直接的欲望和需求，将

---

[1] 〔德〕汉斯－格奥尔格·加达默尔：《真理与方法——哲学诠释学的基本特征》（上卷），洪汉鼎译，上海译文出版社，2004。

其理性修养转化为对伦理共同体中的普遍性以及共通感的追求，我们可以将此理解为道德认同。

从伦理学角度来看，启发道德修养的自觉性关乎"人应当过什么样的生活"① 的问题。这个问题是古希腊著名的哲学家苏格拉底最早提出的。解决道德教化认同的问题，就是要启发个体自觉进行道德修养，给予道德个体自觉进行道德修养的动机，并最终回到最根本的问题上来，即道德个体需要和想要成为什么样的人，道德个体需要和想要过哪一种生活。问题的实质归根结底是人生的目的和意义问题。道德教化所要解决的就是人生的目的和意义如何更好地实现的问题。所以在道德教化认同的道路上，培养道德个体道德修养的自觉性需要让道德个体明白自觉进行道德修养是实现人的终极意义的主要途径。

启发道德修养的自觉性需要关注人的本质，关注人的主体性和人的意识与意志自由。马克思认为，人之所以为人且区别于其他动物的最根本特征在于，人具有"自由的有意识的活动"，并且人具有其作为主体的主观自觉能动性。人在道德的实践活动中以他所特有的思想意识和主观能动性调节他的行为，这充分体现了人的主体性。在进行道德实践时，道德个体的主体性使道德个体自觉产生思想意识，思想意识使道德个体与外界客体建立意识层面的联系。同时，人具有社会属性，人与人在社会交往中产生道德活动时能够自觉意识到道德个体与个体之间的共性，并在不断交往过程中发觉个体之间的共通之处。道德个体与个体之间互相平等，只有实现共同的利益平衡和互相尊重才能更好地实现道德个体的充分自由，也有益于社会道德个体之间的相互交往。这样一来，社会活动中的交互就给予了道德个体拥有道德自觉的契机，使道德个体在与其他道德个体交互时意识到他人同样也会维护自我权益。

当代道德教化的一个主要问题在于忽视了道德教化认同，道德教化始终达不到它应有的效果。促进道德教化认同，需要更新道德教化的内

① 〔古希腊〕柏拉图：《高尔吉亚篇》，载《柏拉图全集》第 1 卷，王晓朝译，人民出版社，2002。

容，改进道德教化的方式，也需要用道德教化的认同度作为检验道德教化实效的标准。虽然道德教化认同的结果会产生道德行为，但道德行为的产生却并不一定意味着个体产生了道德教化认同，因为道德行为有可能是道德个体"隐式"的做法，这样的个体达不到"慎隐"的要求，但可以暂时做出道德行为。这种现象导致了道德教化者无从查出道德教化的问题所在，以至于无法针对道德教化做出进一步的改善，道德教化的实效也就得不到提升。此外，道德教化的认知也可以直接导致道德行为，但无论是纸上谈兵的认知还是空有其表的行为，都无法长久有效地保证道德教化的效应。所以，一定要着眼于能够认同进行道德教化，将认同度作为检验道德教化实效的唯一标准。

儒家的道德教化之所以在中国传统社会产生了深远影响，原因就在于儒家道德教化无论是从情感上、心理上还是行动上都极为重视被教化者的认同度，这使得道德教化深入人心。儒家思想从最初就以家族血缘、人伦关系为情感出发点寻求认同，将道德与人伦联系在一起肯定认同的意义，将人伦情感与道德教化加以整合强调认同的重要性，为后来其道德思想的传播打下了坚实的基础。后来道德教化又以情感伦理为主线，建立了家国一体的道德伦理思想，并以此为牵系建构国家的宗法礼制。道德个体的情感就这样一直主导着个体对道德规范的道德认同，这种认同使得中国人的家国情怀和民族精神尤为强烈。"中国人把生物复制式的延续和文化传承式的延续合二为一，只有民族的血脉和文化的血脉一致，才能作为'认同'的基础，换句话说，只有在这一链条中生存，才算是中国人。"① 中国人以人伦血脉的根系感作为亲系认同和社会成员的身份认同的基础，情感和文化认同也已经成为中国人骨子里的精神。所以，认同度是最值得道德教化充分关注的核心。对于道德行为这一最终体现来说，真正的判断标准必须由"根据道德行为结果做出判断"转移成"以认同度作为道德教化实效的标准"。在急剧变化的当代信息化社会，道德教化的认同度如得不到改善，躲藏于"隐微"的伪君子就会越

---

① 葛兆光：《中国思想史》第1卷，复旦大学出版社，2001，第24页。

来越多，导致社会风气不正，即使有很多的道德认同者也无法在社会生存中得到公平对待，那么，久而久之君子也会变小人，道德教化的认同之路则将越来越艰难。

改善社会道德风尚是促进道德教化认同的必然要求。改善社会道德风尚需要构建道德教化得到普遍认同的社会道德环境。产业技术的飞速发展和网络市场的竞争加剧，促进网络条件不断优化，门槛也越来越低。而这又进一步提升了网络的用途的多样性和作用效能，网络甚至像空气一样存在于道德个体的日常生活之中。在当前，要在提倡道德个体思想自由的同时对网络平台、大众媒体的道德环境进行充分净化和改善。当今社会已经进入一个互联网信息时代，新媒体大众传播的方式及其广泛性是一把双刃剑，道德教化可以很好地对其加以利用，但若不注重道德风尚的改善，也会瞬间使社会道德教化崩盘。依据当下的形势，网络舆论的力量是巨大的，所以抓住网络信息平台的特征与有效路径对有效内容进行宣传与普及是推进社会道德风尚健康发展的最佳选择，也是最能使道德教化得到大众认同的有效途径。

培育社会道德风尚要消除个体对道德的偏见和误会，澄清大众对道德教化的错误认知。长期以来，我国公众对道德和道德教化存在一些误解，把道德理解为自我牺牲，把道德教化看作空洞的说教。这些误解的产生有其客观原因，改革开放以来，我国社会主流道德观发生了很大的变化。道德在今天不再被理解为自我牺牲，而被理解为社会全面进步、个人全面发展和自我实现的根本要求，是人民过上更加美好生活的基础和保障。

We should Attach Importance to
Social Moral Enlightenment Identification

Hu Yuxi　Jiang Chang

Abstract：Moral enlightenment identification refers to the process and result in which the moral enlightenment carried out by the society is recognized by individual members of the society, and the social individual transforms the content of social moral enlightenment into personal moral quality. The society has always made efforts to make its moral requirements communicated to the individual, but in the contemporary era of free thinking and pluralistic values, such efforts need to be realized especially through individual identification. Whether social moral enlightenment can be recognized by social members is directly related to the success or failure of moral enlightenment, and the success or failure of moral enlightenment directly determines the moral status of a society and is directly related to the order and harmony of the society, so it has a fundamental impact on the happiness of social members. In view of the current situation of our country, social moral education is faced with such problems as being rejected or being accepted seemingly and rejected, being guided by the wrong moral view and unhealthy moral personality, which need to be solved urgently. To strengthen the actual effect of moral indoctrination, some measures should be took: citizens' moral cultivation and education should be strengthened, then advocate the citizens consciously improve their self-cultivation in morality to moral self-identity. The standard of the identification will be regarded as the effect of moral enlightenment. It is the identification of moral education which should be focused, and the ideal social moral environment is a society with moral education obtain widespread identification, which is a society we aim to construct.

Keywords: Moral Enlightenment; Moral Identification; Cognition; Cultivation

About the Authors: Hu Yuxi (1996 –), master of 2018, School of Philosophy, Hubei University. E-mail: 1056937211@ qq. com . Jiang Chang (1957 –), Ph. D. , professor, School of Philosophy, Hubei University. Distinguished professor of Changjiang Scholars of the Ministry of Education. E-mail: jc1957@ hubu. edu. cn.

基层文化治理中的公共空间媒介化研究

——以社区档案馆为例

刘　晗　聂远征*

摘　要： 公共空间的媒介化从本质上体现了空间与传播之间的互动关系，空间转向思维不仅突破了对传统传播活动的认知，也使得空间被重新认识为一种媒介形式。公共空间成为基层文化治理中的重要组成部分，社区档案馆等公共空间在文化赋权的基础上，通过物理空间形态和精神空间形态的改造升级，生成具有人文特质、记忆特质和交流特质的媒介化实践特征，为基层公共空间的拓展提供新思维、新路径。基于文化治理的档案馆空间建设，需要文化治理主体融入传播思维，通过主体建设、资源建设和技术建设，构建人文媒介空间、记忆媒介空间、交流媒介空间，开创基层文化治理的新格局。

关键词： 文化治理　公共空间　媒介化　社区档案馆

在国家治理现代化的视域之下，我国基层文化治理逐渐成为推动国家治理体系和治理能力现代化的基本着力点。党的十九届五中全会特别强调了"国家治理效能提升"需要提高"基层治理水平"，以及"提高

* 刘晗（1982—　），湖北大学新闻传播学院副教授，主要从事媒介记忆、文化产业等方面研究，电子邮箱：liuhan@hubu.edu.cn；聂远征（1978—　），湖北大学新闻传播学院教授，中华文化发展湖北省协同创新中心研究员，主要从事城市传播、媒介发展史等方面研究，电子邮箱：20050029@hubu.edu.cn。

国家文化软实力"需要统筹推进文化建设及其布局。在基层文化治理的过程中,社区档案馆等公共空间作为连接社区公众以及社区内外的空间场域,不仅为社区公众提供记忆共建共享的场所,也成为社区公共文化沟通、生发热点话题的交流场域,具备了传递信息、沟通情感、记忆存储、教育宣传等媒介之责,成为具有媒介性质或曰"媒介化"的公共领域。

公共空间的媒介化从本质上体现了空间与传播之间的互动关系。这一对具有哲理意义的概念关联最早由加拿大学者英尼斯在《传播的偏倚》一书中所论及,他指出传播媒介不仅具有"时间偏倚"的属性,同时也具有"空间偏倚"的属性,空间所具有的社会关系的表征赋予其媒介的性质。受其影响,麦克卢汉在著名的"地球村"概念中也描述了电子媒介所引起的"时空收缩"状态,论述了媒介与空间之间的互动关系。"拟剧理论"进一步对这一关系范畴所带来的人的行为改变以及新的空间情境构造进行了研究,此后,由这一新的关系视角引发的对于空间实践的媒介化探讨和传播活动中的空间审视相关议题越来越成为传播学界一种新的研究旨趣。

这种具有"空间转向"意义的思维变革突破了对传统传播活动的认知,传播媒介不再局限于负载文字、图像等信息的功能性媒介,而从"信息的中介体"转向"万物互联的中介体"。① 国内学者也逐渐将实体空间看作一种传播媒介,不断深化对于"空间媒介化"的探讨,并主要呈现出两种思考维度,其一探讨空间本体本身及其所呈现的社会关系所具有的媒介属性,其二探讨空间与媒介的互动关系,尤其是在新媒体发展推动下实体空间与虚拟空间的融合特征。② 随着媒介融合化程度的不断增强,"空间"所具有的媒介化意义越来越得到重视和挖掘,涵盖实体空间和虚拟空间的空间概念构成了传播框架中的一个重要面向。正是

---

① 聂远征:《共同体视域下社区媒体融合发展与社区治理》,《湖北大学学报》(哲学社会科学版)2020年第4期。
② 高兴:《公共文化空间的空间媒介化传播实践探析——以武汉昙华林为例》,硕士学位论文,华中师范大学,2020,第8~11页。

在这一背景下，公共空间的媒介化在基层社区已开始体现，包括传统意义上更具有行政属性的档案馆等公共空间也逐渐更具有交流性、文化性和服务性，社区档案馆从建立起就突破了以往单向度的信息保存容器的功能，而转变为一种具有互动性、可沟通、可生发的传播媒介，对社区关系和社区主体行为构建、社区文化治理具有重要作用。

一　基于文化治理的档案馆空间研究的理论基础和实践前提

空间理论的研究可以追溯至 20 世纪的六七十年代，战后世界的各种城市危机引发人们对空间问题的思考，对空间的认知从"中立的容纳社会行动的容器"，到列斐伏尔的"空间的生产"、福柯的"另类空间"、哈维的"时空压缩"、卡斯特的"流动空间"、索亚的"第三空间"[①] 和哈贝马斯的"公共空间"等，都体现了人们对现世生活日常和生存环境的反思。将空间理论引入公共空间实践，赋予档案馆"社会公共空间""公共文化空间""信息共享空间""休闲娱乐空间"等更为多元的空间内涵与活力阐释[②]，为档案馆作为文化主体参与文化治理提供了更具合法性与更具可操作性的理论依据。

1. 基于文化治理的档案馆空间研究基础

对基于文化治理主题的相关文献进行梳理，中国知网上关于档案空间的研究最早是 2002 年郭红解发表的《档案馆的"公共空间"》[③]，后郭红解、黄项飞、张芳霖与王辉、周林兴、丁云芝等先后从不同视角对档案馆空间问题进行了研究，侧重从文化性、休闲性等方面对公共空间的文化建设、空间拓展、空间发展阻碍与对策等问题进行了持续性的探讨，不断拓展了档案馆空间研究的深度与广度。

---

① 王凯元：《论 20 世纪六七十年代社会理论的空间转向》，《重庆科技学院学报》（社会科学版）2010 年第 9 期。

② 苏君华、李莎：《基于第三空间理论的档案馆空间认知研究》，《档案管理》2016 年第 4 期。

③ 郭红解：《档案馆的"公共空间"》，《中国档案》2002 年第 5 期。

随着信息技术的发展和新媒体技术的广泛应用，档案馆所面临的内外部环境进一步变革，档案馆空间延展到数字领域，形成一种范围更为广泛、形式更为多元、交流更为深刻的新型空间形态，有力地推动着国家公共数字文化服务体系的建设与完善，因此，对档案馆数字空间、虚拟空间的探索也成为档案馆空间研究的重要视角。苏君华、李莎针对如何构建档案馆第三空间揬出了网络品牌策略①，倪晓春倡导构建开放自由的信息共享服务平台②，王培三认为要通过档案馆虚拟公共文化空间的构建来提供网络公共文化服务③，王维蛟在硕士论文中专章论述了档案馆数字空间的再造④，李晶伟、夏海超探讨了社群信息学空间理论与档案工作空间拓展之间的内在联系。⑤

中国档案馆空间研究至今已有二十年时间，追溯这一发展历史可以看出，档案馆空间研究初始就与档案馆的公共属性和文化功能紧密相连。随着我国国家治理体系现代化越来越强调社会文化治理的功能，档案馆空间研究的内涵与深度也亟待提高。现有研究多从内部要素或外部环境的分析视角探讨档案馆空间建设的途径，但对档案馆空间的媒介属性、精神文化拓展层面的研究还未涉及，不仅需要继续深化对于档案馆这一公共空间的理论认知，还需要从媒介化实践的视角探求这一特殊空间形成再造的路径。

2. 文化治理中的档案馆空间媒介化实践

国外档案馆公共文化空间的建设实践相对较早，发展至今档案馆建筑内不仅有保管档案的库房，提供业务办理和利用服务的办公区、服务区，还有对外开放交流的展厅、礼堂、多功能厅，以及接待厅、休闲娱乐区等，充分体现了对公众需求与利益的重视，拓展了档案馆与公众之

① 苏君华、李莎：《基于第三空间理论的档案馆空间认知研究》，《档案管理》2016 年第 4 期。
② 倪晓春：《关于综合档案馆公共文化空间建设的思考》，《档案学通讯》2015 年第 2 期。
③ 王培三：《档案馆构建公共文化空间的有效方式》，《北京档案》2013 年第 1 期。
④ 王维蛟：《档案馆空间再造研究》，硕士学位论文，黑龙江大学，2018，第 50 页。
⑤ 李晶伟、夏海超：《基于社群信息学空间视角的档案工作空间拓展》，《档案建设》2017 年第 8 期。

间的交流互动。例如，美国国家档案馆根据馆藏特点和实际需求，将公众较为关注的美国第一部宪法、《独立宣言》和《人权法案》档案仿真副本陈列于该馆圆形大厅；开设了永久展厅"公共保险库"，展出包括文件、图纸、照片、影音剪辑等在内的 1000 多件档案；麦高恩剧院开辟了专门的对外交流席位，向公众定期开设专题讲座、学习研讨会、影片交流会等；波音学习中心常年为各类家庭、师生群体提供手工作坊活动、行动学习实验室。① 英国公共档案馆内不仅设有展览大厅和休闲文化区，还在展厅的显著位置设置了大型电子屏幕，通过大屏滚动播报形式展示馆内珍品；此外，档案馆还与新闻媒体时刻保持联系，对场馆依托各种特色馆藏资源定期举办的公共活动进行报道与传播。捷克档案馆借鉴图书馆、博物馆等空间设计理念，在馆内不仅开设有研讨室、自习室等学习交流区域，还设计了管弦乐队表演等演示区域。

国内档案馆公共文化空间的拓展相对较为缓慢，不仅晚于国外档案馆的场馆空间建设，相较于国内图书馆、博物馆等其他公共文化空间建设来说，也显得过于迟缓，这与我国档案馆传统的辅政形象和机关工作的性质不无关系。不过随着文化治理的逐步推进，档案界对档案馆公共文化属性的认同和公共文化服务意识的提升，我国各级档案馆也逐渐开始了档案馆公共空间的构建，近两年的展厅展览活动逐步开展起来，部分地区档案馆的空间建设走在了前列。如上海浦东新区档案馆与上海市科技馆、源深体育中心，形成文体综合社会公共服务带，展示上海城市发展的历史景观和原始记录；辽宁省档案馆新馆与辽宁省博物馆、科技馆、图书馆组成辽宁文化建筑群，举行特色文化资源展览，传递人类记忆及进行社会传承；深圳市档案馆与方志馆合建，在公共文化空间的建筑、资源和服务上有所创新；广州市档案馆新馆利用新科技互动体验项目，使公众仿佛置身于历史记忆的长廊之中；青岛市档案馆提出知识性、趣味性、互动性的智慧档案馆建设目标。

---

① 黄霄羽、杨青青：《美国国家档案馆公共文化服务机制探析及启示》，《档案学研究》2018年第 6 期。

不仅公共文化空间在档案馆布局中所占的位置越来越重要，基层文化治理中社区档案馆的空间实践也逐渐开展起来。随着社区档案馆的逐步建立，一方面通过"公民档案员"等公众参与机制拓宽了社区公众参与记忆建构的渠道，赋予社区公众讲述个人故事和保留历史记忆的权利；另一方面利用互联网等现代信息技术，建立起体制内外主体之间的畅联沟通平台。基干国外实践成果，社区的公众参与式管理可分为"社群独立保管""主流档案馆主导""社群成员主导"三种社群档案管理模式。① 如澳大利亚的原住民档案项目就是通过与原住民社区合作，赋予社区成员在线管理的权限，实现知识管理、文化保护和社区归档的目标。② 我国北京文化遗产保护中心的"勐马档案"项目也利用了社区共建的机制，帮助云南孟连县勐马寨傣族村民自发保护、传承本民族文化遗产。傣族村民在文化机构和专家的引导下，回忆、讲述、记录自己村落的文化传统，包括记录本民族语言文字、民间文学、历法知识等，传承各种节庆习俗、饮食生产活动，推广佛事活动，出版系列书籍，形成了以傣族村民为主体的传统文化保护传承建言机制，借助对这些回忆的整理和傣族居民的"集体智慧"，形成了富有地域和民族特色的文化产业。近年来受新冠肺炎疫情的影响，我国城市居民对档案收集和保管的需求也迅速提升，不少城市社区档案馆悄然兴起，武汉市第一家社区档案馆建立在洪山区茶港社区，馆内目前已收藏并开放了 2020 年抗疫时期的相关原始记录，包括社区干部、下沉干部拍摄的 23 段短视频、6973 张照片，居民购物小票 265 张、疫情实物 75 件，真实记录了当时抗疫的实景。

此外，网络虚拟社区也已成为不少社区公众传播与交流文化的重要场域。网络社区可谓最能体现新媒体补偿机制的一种载体，其可以弥补现实社区功能的不足，帮助现代社会中分散各地的居民实现重新聚合。

---

① 陈海玉、赵冉、彭金花：《公众参与少数民族档案文献资源建设的行动分析模型》，《档案学研究》2020 年第 5 期。

② 黄霄羽、陈可彦：《论社群档案工作参与模式》，《档案学通讯》2017 年第 5 期。

一方面，网络社区有助于重建居民口头传播文化，通过对一些口头传播文化，如歌曲演唱、乐器演奏、舞蹈表演、传统习俗、民间技艺的"记录与保存、扩散与传播、学习与传承"，拓展民间非物质文化遗产的传播渠道；另一方面，通过自下而上的网络社区互动，与政府自上而下的文化政策实施形成合力，帮助政府与社区意见领袖、文化传承人、社区组织、民间艺术家之间形成良好沟通机制和积极的行动力，从而营建出全社会关注民间文化、保护传承民间记忆的基层文化治理生态。

二 基层文化治理中媒介化的社区
档案馆空间实体研究

社区档案馆是基层文化治理中利用公共文化空间服务于社区公众，调动社区主体进行公共文化建设的空间实体。在基层文化治理中，它以满足社区公众档案文化需求为目标，公众可以自由地参与空间中的档案文化产品展示和文化交流活动，这赋予了社区档案馆成为向公众提供均等档案文化服务的一种媒介形态。在数字化时代，社区公众获取档案信息及服务的方式发生着改变，档案馆的实体空间进一步延伸至虚拟形态的数字空间，与实体档案馆空间并存，构成档案馆空间的两种基本形态，共同提供社区公共文化服务。

1. 两种基本的媒介空间形态

档案馆空间依据空间的内涵与属性，可以划分为实体空间和数字空间两种基本的媒介空间形态。基于公共文化服务的档案馆实体空间的改造，即物理空间或地理空间的改造，包括建筑格局和空间内外环境氛围的营造，即在改造档案馆原有空间格局的基础上加之以绿化、阅读、休闲、互动等场所环境的辅饰，从而使档案馆的实体空间更具有休闲性、审美性和交流性。数字空间，即"以档案信息为主体的虚拟数字形态空间"[①]，数字空间的形成是数字变革所带来的技术和管理模式更新，使得

---

① 王维蛟：《档案馆空间再造研究》，硕士学位论文，黑龙江大学，2018，第 5 页。

档案信息与档案载体相分离的结果。目前，我国档案馆整体上正在开展数字档案馆的建设，集聚数字档案资源，形成从实体空间向数字空间的转型。档案馆普遍采用计算机归档、检索及查询，提供在线阅读、远程咨询利用、用户自助式咨询传递等服务，此外，还借助网络媒介进行档案文化活动的宣传，提供网络在线教育、在线展示等多元化服务，不断拓展着档案文化传播的范围。无论是实体空间还是数字空间，从精神层面上来说，档案馆公共文化空间所包含的范畴不仅是物理意义上肉眼可见、身体可感的"空间形态"，而且包含了档案馆空间实体在内的更为深刻的社会学、传播学意义上的"媒介场域"。[①] 换言之，档案馆可以空间为媒，形成与公众之间深层互动和联系的精神纽带。这种精神世界一方面代表了档案馆作为公共文化传播机构自身蕴含的文化内涵；另一方面代表了用户利用档案和参与档案文化活动时所获得的精神的愉悦、满足。这就需要档案馆充分挖掘空间内涵，拓展空间服务，利用特色馆藏资源、特色服务形式、特色布景环境、特色场所形式等塑造独特的媒介空间和文化品牌。

2. 多元并存的媒介空间特质

基于文化治理的档案馆空间，具有基本的公共属性和文化属性。它应该作为开放、平等、自由对话的公共"环境"、"场所"和"交流平台"，通过多种媒介形式以达到满足公众对档案文化的需求，实现档案文化传播的作用[②]，由此构成的档案馆媒介空间具有人文性、记忆性、交流性等多元并存的空间特质。

档案馆媒介空间具有鲜明的人文特质。滕春娥认为，档案馆馆藏资源的天然属性和特征，使其具有文化性、公益性、均等性、开放性等文化特质[③]；周林兴等提出重新审视档案馆公共文化服务的价值底蕴，充

① 丁云芝：《我国综合档案馆公共文化空间建设研究》，硕士学位论文，安徽大学，2018，第7页。
② 张兴：《"文化空间"视域下的图书馆空间研究述评》，《山东图书馆学刊》2017年第2期。
③ 滕春娥：《基于公共文化服务的档案馆文化空间建设研究》，《牡丹江教育学院学报》2017年第12期。

分发挥其公共文化空间的价值①；王培三指出档案馆构建公共文化空间，是体现档案馆社会性、公共性、公益性、文化性、开放性、现代性的途径和形式之一②；丁宁则指出保障公众文化权利、增强民族和国家的文化凝聚力，是档案馆必须关注的两个方面。③ 基于上述认识，社区档案馆作为传递社区文化的一种媒介形态，其人文特质主要表现在三个层面。首先，档案馆有责任保障社区公民的文化需求，有义务依托馆藏资源提供各种形式的学习交流展示活动，提高社区公民的文化素养和文化自信；其次，档案馆应向全体社区公民免费开放，倡导公民共建资源共享资源，在开放允许范围内根据公众意见满足其多样的个性化需求；最后，档案馆应以专业又有趣味的文化产品和服务吸引社区公众的广泛参与，使档案馆真正成为社区居民精神栖居之所，成为推动社区家庭家教家风建设，以及传承中华文化、传递国家精神的重要场所。

档案馆媒介空间具有独特的记忆特质。从记忆观的视角来说，档案就是记忆，档案馆是记忆的中心和传承者。④ 早在 20 世纪 90 年代，档案馆就开始了保存人类记忆的项目。进入 21 世纪以后，记忆工程项目在全球范围内逐步拓展，世界各国公共文化机构联合开展了数字资源整合运动，包括档案馆、博物馆、图书馆等记忆机构在内的各种资源整合项目都是针对社会公众共享人类文化和知识的重要记忆实践。⑤ 档案馆成为记忆建构的空间场域，是社会记忆最为集中和安全的汇聚之地、创造之地、传承之地。在后保管模式之下，随着档案工作者的角色转型，档案馆也逐渐从"档案保管场所"演变为"记忆实践的空间"。这一空间印证着法国历史学家皮埃尔·诺拉提出的"记忆之场"，无论是"蕴含记

---

① 周林兴、何卓立、苏龙高娃：《档案馆公共文化空间的 SWOT 分析及优化策略》，《档案学通讯》2014 年第 5 期。

② 王培三：《档案馆构建公共文化空间的有效方式》，《北京档案》2013 年第 1 期。

③ 丁宁：《我国档案馆公共文化服务发展述评》，《档案》2015 年第 10 期。

④ 欧文斯、李音：《档案馆：记忆的中心和传承者》，《中国档案》2011 年第 4 期。

⑤ 唐义：《文化部和国家档案局合作：加强公共数字文化资源整合力度的迫切需求》，《图书情报知识》2016 年第 4 期。

忆的场所"，还是"具有纪念性的地点"或"功能性的物件"①，都是集体记忆中最广泛、最真实、最安全的记忆之源。同时，根据阿莱德·阿斯曼关于记忆的两种分类，记忆有着功能记忆和存储记忆之分，"功能记忆是具有价值塑造与表达身份认同的记忆"；与之相对应，存储记忆是"无人栖居"之所和"记忆的记忆"，它包含着集体意识和集体无意识的各种"残片"，提供对功能记忆进行补充校正的多角度资料。档案馆正好拥有这两种记忆支持功能，既是功能记忆建构的主要场所，又负责记忆资源的安全存储，"抵御着日常记忆中的遗忘或是有意识的隐藏"。它具备名副其实的"记忆机构"之名，与其他同类型的文化机构或社会组织一样，以自身充足的资源服务于社会记忆的功能校正和群体认同。② 在我国，部分档案馆通过馆藏特色资源的展示，凸显了档案馆的记忆特质。如我国辽宁档案馆举办的"清代皇室档案展""中国档案珍品巡回展"等系统地展示了中国历史千年兴衰罔替、风云变幻的恢宏历程，使公众沉浸在这一具有深度历史感受的记忆空间。未来社区档案馆应以更加积极的姿态和更加突出的记忆特质参与到社区公共文化资源的整合与建设中来。

国内关于档案馆空间交流性的专门研究较少，相比来说国外对档案馆的建设与研究更突出与公众之间的互动和联系。从国内外档案馆的实践可以看出，档案馆空间的设计越来越重视公众的体验、参与和互动，档案馆功能空间构建不仅颠覆了传统的"三段式"——保存空间、加工空间、利用空间——的设计，而且更注重档案馆空间的交互式体验，总体功能上也呈现出多元多义性。随着互联网和多媒体技术给空间设计带来的巨大变革，空间环境作为技术和艺术的综合体现，集合了多种感知媒介，将交互性渗透于空间的本质之中，营造出新型的智慧媒介空间。这种交流性在档案馆的数字空间表现得更为明显，通过在线档案信息平

---

① 丁华东：《记忆场理论与档案记忆研究的学术思考》，《浙江档案》2019 年第 7 期。
② 冯惠玲：《数字记忆：文化记忆的数字宫殿》，《中国图书馆学报》2020 年第 3 期。

台，公众可以自由地阅览、休闲，表达自己的想法和要求。① 尤其是近年来社交媒体技术的应用，为社区公众与档案馆之间提供了更多交流的途径。美国国家档案馆已经在 13 种社交媒体平台上开设了一百多个项目，另外，还开设了两个专门体现其社交媒体战略核心理念的社会媒体应用平台、板块，即 Our Archives Wiki 和 Citizen Archivist Dashboard；加拿大档案馆也开始大量运用社交媒体，包括 Facebook、Twitter、You-Tube、Flickr 和 Blogs 等热门媒介；英国的 Online Social Media Archive 项目，也是社交媒体运用的一个典范。② 社交媒体应用的经验适用于基层文化治理，尤其对于社区档案馆空间而言，利用社交网络进行互动更有利于保护社区公众隐私，更有利于档案馆公共空间成为真正交流互动的社区媒介。

三 基层文化治理中档案馆空间媒介化拓展研究

如果将空间仅仅作为一种承载物体的容器，大于物体体积的空间拓展就显得毫无意义。然而空间一旦与人发生关联，成为空间之于人的媒介载体，两者就会相互创造与影响，用户不仅能获得空间所传递的信息内容和空间表达的文化意义，还能将自身的审美思想和文化观念通过对空间的感受动态地传递出去。档案馆空间即是如此，从物质层面而言，公众与档案馆空间的交互会不断促进档案馆空间结构、布局和功能的改进，从精神层面而言则会大大拓展档案馆空间的文化疆域。以人为介质营造民主和谐的人文媒介空间，以资源为介质构建真实立体的记忆媒介空间，以技术为介质拓展深层互动的交流媒介空间，从不同维度共建拓展空间的物质领域和精神领域，使公共文化媒介空间名副其实。

---

① 张芳霖、王辉：《公共档案馆文化空间的构筑——基于休闲学和公共空间论的思考》，《档案学通讯》2009 年第 1 期。
② 苏君华、李莎：《基于第三空间理论的档案馆空间认知研究》，《档案管理》2016 年第 4 期。

1. 主体维度——营造民主和谐的人文媒介空间

人文精神是中国传统文化的品格，也是现代社会的主流价值。2016年9月在韩国首尔举办的第十八届国际档案大会，就是以"和谐与友谊"为指导，其精神契合了档案馆公共文化空间的构建思路。美国伊利诺伊大学社群信息学研究实验室的 eblackCU 项目，通过"添加您的声音到 cblackCU——欢迎所有的记忆和文件！"这个栏目，吸引广大公众参与信息共建，用户不仅可以查阅和访问当地非洲裔美国人的历史文化信息，还可以修改和上传自己所掌握的真实信息，协助当地档案馆实现知识共享。① 其成功的根本原因就在于，其工作和管理流程注重民主，尊重每一个个体的参与意见，从而形成了一个具有共同历史和价值观的非洲裔美国人的虚拟社群，其中档案服务者和档案用户的界限被打破，档案服务的模式得以创新，并通过社群共同体和谐运作所塑造的人文空间吸引了越来越多的参与者和优质的档案资源。

基于已有的实践，可以从以下三个层面营造社区档案馆民主和谐的人文空间。首先，吸引最广泛的社区公众参与到档案馆的公共文化空间建设中来。一方面是通过民主、开放的激励措施扩大普通用户的参与，另一方面社区档案馆工作人员也不应只局限于档案从业人员，可以借鉴以上虚拟社区的案例或采用公民志愿者机制鼓励公众到档案馆担任讲解员和助理等职务，积极吸纳社区专家、学者以及乐于参与公益服务的社会人士担任志愿者。其次，维护公众合法的档案文化权利，提供最广泛的政府公开信息，尊重档案用户的个性化需求，利用特色档案资源提供个性化产品和服务。最后，通过家庭特色档案收集等活动形成社区家庭家教家风建设的良好风气，社区公众通过交流和分享个人档案中的精神文化和知识传承，不仅获得精神的放松和愉悦，更形成开放包容、积极向上、民主平等的人文空间，营造民主和谐的社区氛围。

---

① 丁云芝：《我国综合档案馆公共文化空间建设研究》，硕士学位论文，安徽大学，2018，第7页。

2. 资源维度——构建真实立体的记忆媒介空间

档案是一种社会记忆，档案馆是"记忆的保存场所"或"记忆宫殿"。① 档案的出现延伸了人类的真实记忆，使得"火在蜡上烧成的景象"② 得以保存。在现代社会，档案馆作为真实记忆的存储空间，不仅要在档案资源上不断地增容扩量，而且要通过档案文化资源的开发，创新档案文化产品和服务的形式，构建真实立体的记忆空间。

借用高源在图书馆第三空间的构建分析中提到的信息资源划分为"静态"和"动态"两类③，档案文化产品和档案文化服务活动也可分属于静态资源和动态资源。在基层文化治理中，每一个社区公众都可以参与到社区记忆资源的建构之中，公众在这一群体智慧模式中能够很好地担当起"创造者"的角色：参与者可以根据自己的认知经历、历史经验、知识储备来补充、修改和完善现有的记忆资源，或是创建并描述一个新的记忆信息，为记忆资源的整合与开发提供更为丰富的原材料。这一充分而广泛的"创造"行为客观上为社区记忆的建构提供了多元化的视角，如添加一段文献记录或是增加一项手工技艺展示，抑或上传某段非遗活动实况，补充某段资料的不足。无论是静态资源，还是动态资源都能很好地集中集体的智慧，通过不同来源、不同利益诉求的参与者的力量为社区记忆资源的价值鉴定提供较好的参考。这种深度参与的体验活动，使社区公众能主动融入档案馆的记忆空间，利用近年来兴起的"档案馆志愿者""公众档案著录员"等创意项目④鼓励社区公众参与基层文化治理，将一定的文化自主权交给社区公众，极大地提高公众参与度。具体包括，招募社区公民志愿者进行培训，教授他们如何进行采访和记录，培养良好的写作技能，通过社交媒体账号发布他们的资源或记

---

① 丁华东：《档案记忆观的兴起及其理论影响》，《档案管理》2009 年第 1 期。

② 覃兆刿：《档案文化建设是一项"社会健脑工程"——记忆·档案·文化研究的关系视角》，《浙江档案》2011 年第 1 期。

③ 高源：《图书馆作为第三空间的构建》，《图书馆学刊》2012 年第 10 期。

④ 龙家庆、聂云霞：《数字记忆建构视域下档案文化创意服务模式探析》，《档案学通讯》2020 年第 5 期。

录；培养训练有素的专业技术人员，熟练掌握摄影、摄像、口述历史访谈和录音等技术；培育熟谙各种方言的翻译者及誊写员，使得居民原生态的语言能更好地识别与记录。

3. 技术维度——拓展深层互动的交流媒介空间

在多媒体技术、网络技术、人工智能等高新技术的快速发展下，空间环境呈现出前所未有的交互式信息流动，从种种交互空间的方案来看，高效信息循环常常表现出种种形式的技术特征。[①] 就现实空间而言，新概念智能住宅的多媒体数字设备本身能够对使用者做出反应，如能将这种交互空间的方案设计运用到档案馆空间中，将大大提升用户的体验，增强人与空间的互动交流，如在馆藏空间设置智能引导机器人，利用 3D 全息影像还原历史场景和人物，通过空间"自动化系统"调节背景、灯光、音乐等。

就档案馆数字空间而言，社交媒体技术大大拓展了用户与档案馆、用户与用户之间的交流互动。基于社区公众参与的这一角色定位，每一个参与构建社区记忆的个体在平台建设中也会担负一定的职责。首先，基于公众参与的网络自组织社区，虽然是各用户主体之间的自组织动态演化的结果，但社区公众主体凭借一定的自觉和自治，可以形成更为精细化的主题社区，并通过 Blog、Wiki、Tag 等社会性软件与技术的运用形成具有针对性的社区虚拟社群。其次，Web 2.0 平台之上的资源建设与传统的网络建设、资源管理不同，用户成为一定意义上的自媒体，拥有相当程度的个体资源建设与维护的自主权，但自媒体的价值并不是通过保有私有资源而实现，实际上其更需要通过分享贡献自己的资源，从而形成一个更具有普惠性的资源网络。最后，用户还通过参与编辑、主题分类、信息过滤和知识问答等方式实现社区记忆资源的社会性创造、组织、发现和转移，实现群体智慧的充分发挥与利用。具体而言，参与者通过媒介平台上传、共享各类社区记忆，如上传家庭或个人所收藏的抗疫物品、文献记录，展现良好家教家风的影像素材，展示文艺活动、

---

① 刘芝兰：《人与空间环境的交互性关系》，《艺术科技》2012 年第 3 期。

手工技艺的文件资料等。通过线上聚合功能的设置和使用,各种记忆项目可以快速、高效地收集相关信息,通过一种协调多人进行记忆资源建设的方式,最终形成资源的聚合。这一聚合不仅包括面向不同记忆主题的社区公众的聚合,也包括同一主题或内容下所形成的公众信息的聚合。基于上述认识,以社交媒体为代表的网络交互技术如何构建技术服务空间,以形成稳定的社区虚拟社群,并不断优化虚拟社群信息传递的方式和虚拟社群的运行状态,成为拓展深层互动的媒介交流空间的基本挑战之一。

结　语

公共空间是基层文化治理中的重要组成部分,社区档案馆作为新型的基层公共空间形式,有助于社区文化的建设,有利于邻里关系更融洽,促进社区和谐发展。随着传播技术的不断更新,档案馆空间本身不仅拓展成为一种媒介的形态,而且与社区内更多具有传播性质的介质"互嵌"融合,形成基层文化治理场域中内在运作的逻辑条件与传播机制。档案馆等公共空间在政府进一步文化赋权的基础上,通过物理空间形态和精神空间形态的改造升级,生成具有人文特质、记忆特质和交流特质的媒介化特征,能够为基层公共空间的拓展提供新思维、新路径。基于文化治理的档案馆空间建设,需要文化治理主体打破现有观念的牢笼,通过人的建设、资源的建设和技术的建设,构建人文媒介空间、记忆媒介空间、交流媒介空间,找到与社区公众紧密相关的议题,有效动员公众参与,开创基层文化治理的新格局。

Research on the Medialization of
Public Space in the Grass-roots Cultural Governance
—Taking Community Archives as an Example

Liu Han　Nie Yuanzheng

Abstract: The mediation of public space essentially reflects the interactive relationship between space and communication. The spatial transformation thinking not only breaks through the cognition of traditional communication activities, but also re-recognizes space as a form of media. Public space has become an important part of grass-roots cultural governance. On the basis of cultural empowerment, community archives and other public spaces generate media practice characteristics with humanistic characteristics, memory characteristics and communication characteristics through the transformation and upgrading of physical space form and spiritual space form, so as to provide new thinking and new path for the expansion of grass-roots public space. The space construction of archives based on cultural governance requires the subject of cultural governance to integrate communication thinking, build humanistic media space, memory media space and communication media space through subject construction, resource construction and technology construction, and create a new pattern of grass-roots cultural governance.

Keywords: Cultural Governance; Public Space; Medialization; Community Archives

About the Authors: Liu Han (1982 –), Ph. D. , associate professor, School of Journalism and Communication, Hubei University. Research interests and specialties: media memory and cultural industry. E-mail: liuhan @ hubu. edu. cn. Nie Yuanzheng (1978 –), Ph. D. , professor, School of

Journalism and Communication, Hubei University, researcher of Hubei Collaborative Innovation Center for Chinese Cultural Development. Research interests and specialties: community communication and the history of media development. E-mail: 20050029@ hubu. edu. cn.

指称固定视镜中的美与崇高[*]

〔美〕迈克尔·斯洛特^{**}著 李家莲 译

摘 要： 本文认为美的属性完全存在于各种事物中，而非依赖于我们自身和我们的反应。故，本文在排除理想观察者理论和情绪主义者或表达主义者的观点的同时，试图在指称固定视镜中分析美与崇高等美学概念以及伴随着情感的审美感受。

关键词： 指称固定　无功利　美与崇高

第一章提到了我于 2010 年在牛津大学出版社出版的《道德情感主义》对"错误"和"道德善"等道德术语的解释。那本书主要论证元伦理问题，我认为和《阴阳的哲学》一样没有必要甚至不适合在这里重述。此外，第一章还讨论了规范性的伦理问题以及阴阳产生的影响。第二章（除讨论其他问题外）讨论了阴阳对审美的影响。我没有在《道德情感主义》或《阴阳的哲学》中讨论过美学，不过，当我为本书做准备时，我（通过阅读王阳明的著作）发现我对伦理特征之阴阳属性的讨论也可用于美学概念。随后我发现，我在《道德情感主义》中使用指称固定语义研究法道德术语的做法完全可以以类似方式用于美学术语或概念，

---

* 本文译自迈克尔·斯洛特《阴阳哲学拓展》一书中的附录一。

** 迈克尔·斯洛特（1941—），美国迈阿密大学哲学系教授，主要研究道德情感主义哲学、美德伦理学、美德认识论等。本文由湖北大学哲学学院李家莲副教授译，电子邮箱：1071506070@ qq. com。

即美和崇高。不过，由于阴和阳与伦理或审美指称固定并无直接关系，我认为最好在此讨论该问题。在介绍指称固定语义学之前，让我先笼统地谈谈美的概念。

首先，是否有可能区分美、美学或艺术价值。伟大的艺术作品可能在美学上被高度重视但却不被认为美（《格尔尼卡》美吗？沃霍尔的《金宝汤罐》美吗？），美只是一种美学价值，尽管从历史影响和直接吸引力的视角来说，它是非常重要的价值，甚至可以说是核心价值。但一些最伟大的艺术作品（不仅包括《格尔尼卡》，还有戈雅的战争画）欣赏起来会令人痛苦，这也是我们认为它们不美的主要原因（我想到叶芝说过"一种可怕的美诞生了"）。从历史角度言之，讨论自然美或艺术美的作家总是将美与愉悦——沉思或体验被感知为美的事物时产生的那种愉悦——联系在一起。我可以给您提供很多参考，不过，重点显然是，我希望我们只讨论并考察它的哲学内涵，或者，更确切地说，如何在哲学上解释它。进一步说，同样显而易见的是，在体验我们认为丑的事物时，我们会感到痛苦或不舒服，不过我在下文将主要讨论美和快乐（米建国曾向我指出，悲伤的音乐也可以是美的，不过我倾向于认为，至少以我的经验来说，这种音乐会以《格尔尼卡》所不能的方式给我们带来快乐）。

关于伴随审美的这种快乐或其起源，要说的还有很多。康德和其他很多人都指出过，审美快乐中有一种无功利的东西。我在第二章曾说过，当一个人看到美的风景时，之所以感到快乐，不是因为想到如何使用它或从中获利——例如，把它变成高尔夫球场或高档公寓，在某种程度上，是因为我们真正聚焦于风景之美，这里的风景除了被欣赏外，不能被视为任何其他东西的手段。这种快乐内在于那种体验本身。土地开发商可能会说"那是一份美的财产"，并因这种想法而产生快乐，但这并没有在美学上将土地视为美（尽管开发商也会以这种方式看待它）。我们都知道，开发商心中的美不是该术语最普通和最核心的那种含义。这一切何以会有助于我们对美，也即普遍且核心意义上的概念"美"进行语义分析？

　　"反应依赖"或"理想观察者"美学理论为我们提供了该问题的潜在答案。休谟的《论趣味的标准》以及更多近代作家都将美看作能给观察者带来快乐的东西。[①] 休谟的研究和语义学的关联并不明显，他从未说过"美"这个概念有如此这般的含义。不过，用反应依赖理解美的概念可以使语义明晰起来：当我们说某物为美时，我们的意思是它会给某种正常的欣赏者带来快乐。该观点类似于用反应依赖或理想观察者理论分析道德术语或属性，只不过不像后者那样强调快乐。故此，请允许我简要描述一下这种语义学研究法的标准或理想做法的内涵。

　　概言之，理想观察者理论认为，当且仅当某物给欣赏者或在知觉上与之产生了互动的无功利知情者和人类观察者带来了快乐时，才在概念或定义上真正为美。但这种分析使得美对人性而言，至少最初并不令人满意：就像足够理智且在美学上足够敏感的存在物可能不会像我们对《莎士比亚十四行诗》产生反应一样。我们是不是真的认为仅仅只有人类欣赏者才能在沉思十四行诗时发现它是美的？换句话说，难道不能说我们大多数人都会凭直觉认为，十四行诗的美意味着任何有审美能力的人，只要沉思默想过它（且理解了它），就会产生快乐？我不完全确定这一点，但值得注意的是理想观察者语义理论中属人的相对性。如果我们能找到一种可信的、不包含相对性的美学理论，那将会很有趣，也许还会更令人满意（因为这更符合一般性的观点，即亚里士多德的内在论）。

　　这种情况可以用我们对颜色的类似判断进行解释。理想观察者对颜色的划分相当标准，概言之，它认为，当且仅当物体在处于合适位置的

---

① David Hume, "Of the Standard of Taste," *Essays Moral and Political*, London: George Routledge and Sons, 1894. 关于用理想观察者元伦理学思想解释美和审美价值等概念的最新研究，请参阅 Alan Goldman, *Aesthetic Value*, Boulder, Co.: Westview Press, 2005。我们也可以说审美判断只具有表达性，且混淆了观察者身上正在发生的事和他们真正正在观察的事物。大量文献讨论过该问题，这些文献至少可以追溯到休谟——该人被视为价值属性投射论者或情感主义者（休谟在不同地方表达了相互矛盾的元伦理学思想）。不过，我认为，涉及审美判断时，我们对美最初产生的普通感觉完全具有美丑判断力，完全没有必要把普通的意见弃置一旁，除非不得已而为之，然而，很多哲学家却似乎都急于这么做。故此，我集中讨论的观点会是符合某种认知性或真理性状态的审美判断。

健康观察者眼中显现为红色时，才能客观地说其是红色。① 就像理想观察者对美的分析一样，理想观察者对颜色（术语）的分析是相对人来说而做出的断言。当我们宣称某物是红色时，这意味着我们不仅在描述这个东西（或，这个东西与四周物体之间的关系），而且意味着我们正在对它（及其客观性质）与实际或潜在的人类观察者之间的关系做出陈述。这就产生了索尔·克里普克最初指出的问题。② 克里普克指出，科学发现红色物体有一定的反射特性，它们能将只具有某种波长的光反射回我们的眼睛。我们把该反射属性称为 r。克里普克要求我们想象一个形而上学意义上可能存在的世界，在该世界中，能把不同波长的光反射回我们的眼睛的物体使人对红色产生的经验会与具有反射属性 r 的对象在真实世界里使人产生的经验一样。克里普克指出，理想观察者对像红色这样的颜色进行分析意味着反射特性不同于 r 的物体在能使人产生红色经验的一切可能世界中都会被视为红色。不过他指出，这并不是我们通常认为的颜色属性。

我们认为，如果我们在现实世界中发现红色物体反射了特定波长的光，那么，反射该波长的光的物体在任何其他可能的世界中都须被视为红色，不管它们在那个世界中会使人产生何种不同的知觉或经验。不过，如果这就是我们对颜色属性的理解，那么，理想观察者对颜色的分析就是错的，因为他们潜在地认为，只要能可靠地使人产生红色经验，缺少 r 属性的物体也可以是红色的。这不是我们对颜色的理解，故，理想观察者理论对颜色术语的分析是有问题的。

当然，鉴于我们须从经验上找出客观的红色的本质，红色物体拥有反射属性 r 的陈述是一种后验性陈述。克里普克的论证使我们认为，同样的陈述必然在所有可能世界都有效。这与我们接受的有关必然性和先天性之关联的观点相悖，不过，克里普克提供的论证认为这些概念并不

---

① 有关该研究的例证，请参阅 Colin McGinn, *The Subjective View*, Oxford: Clarendon Press, 1983。不过，该观点可以追溯到视颜色为次要属性的笛卡尔和洛克等人。

② *Naming and Necessity*, Oxford: Blackwell, 1980.

像历史认为的那样具有紧密关联。毕竟，先天性是认识论概念，它讨论的是我们如何知晓某命题为真这个问题，而必然性是形而上学概念，它讨论的是真命题为真的条件。这些观念为什么必定会共同具有可拓展性（coextensive）？

我同意克里普克对颜色术语（和其他自然类词项）的看法，认为理想观察者对颜色的分析行不通，那么，我们必定会问这会不会给理想观察者对"美"的定义带来不利影响？从历史上看，"美"和颜色术语都被视为次要属性，但克里普克告诉我们（向我们展示）颜色确实存在于有颜色的物体中，而非存在于关系——物体的本质和我们对它产生反应的行为倾向——中。如果颜色完全存在于有色物体中，难道不能基于历史类比而认为美也存在于物体中，也即，美的事物的美是其内在属性？据此言之，我们对美的沉思可以使我们认识到那种美并看到事物的美，但那种认识或引起这种认识的任何倾向并不是物体美的组成部分。

这种对美的理解类似于"美"和克里普克颜色术语之间的类比。尽管就我所知克里普克从未做过这种类比，但依然有理由认为它与克里普克为自然类颜色词项进行辩护时说过的东西相似。我们认为，具有反射属性 r 的物体（仍然）在有可能以某种方式使人产生绿色经验的世界（依然）是红色。不过，难道我们不能说莫奈的画，尽管出于某种结构性心理原因无法使人产生审美快乐，却依然是美的？我认为这种观点隐藏在我们大多数人对美的看法中，而克里普克对颜色的看法也隐藏在我们对颜色的日常思考中，因为在克里普克之前没有人说过或想象过他那种颜色观。故，我认为我们有理由试着用指称固定解释美（和崇高），下文将会这么做。

据此言之，"美"的指称由快乐的经验固定。各种物理事物或实体并不会因为人们感知它们时体验到了快乐而被视为美（谈论实体是有用的，因为音乐可以是美的）。毋宁说，我们人类作为一个群体在感知各种不同物体时所拥有或倾向于拥有的快乐感正是使我们固定"美"这一术语之指称的东西。对那个术语来说，用于固定其指称的东西就类似于价值属性——当我们沉思该知觉对象时，该对象身上的价值属性能使我们（以集体或感性组合的方式）感到快乐。不过，这种固定"美"的指称的方式和固定颜色术语之指称的方式有一个重要差异。如果我们认为红色是使人产生红色经验的物质属性，那么，具有该属性的不同实例则有某种显而易见的统一性。有些物体可能是暗红色，有些则是深红色，不过，它们都能反射一定数学范围内的光。故，从某种意义上说，它们的共同点是显而易见的（尽管我们试着向天生目盲的人解释这种说法）。

不过，美却不是这样。如果美被僵化地理解为可以共同给我们带来快乐的任何沉思对象，那么就无法发现优美的音乐和优美的风景的共同之处。共同的东西必须经受住不同感官的考验，而那正是红色这种共同的颜色不会强迫或允许我们做的事（我在这里忽略了色彩的联觉性）。进一步说，视觉意义上的美的事物不会在知觉上明显拥有某种共同之处。它们都是彩色的，但显然这不是所有事物而仅仅只是美的事物共有的东西。如果您想到了美丽的颜色和美的风景（或美的莫奈画），除了可以被感知为美，我们能说它们在知觉上还有什么其他共同点呢？颜色可做如下概括：反射某范围内的光的所有东西以及所有红色东西对大多数人来说的确有某种共同之处。不过，美的风景似乎与美的旋律没什么共同之处：对我们来说，两者都很美，都能给我们带来快乐，但从感知层面来说，二者似乎没什么共同之处，这种情况与颜色非常不同。它甚至可以使人回到理想观察者视角，并解释为什么美在知觉和颜色术语上有如此大的差异。就此而言，如果美不是一种知觉属性，那么它也许需要用不同于颜色属性的东西予以分析。美也是一种评价性属性，该事实或许给我们提供了回到理想观察者理论的理由。

不过我却要说：且慢！由于美是一种价值属性，所以不能说它的实例需在知觉上具有某种共同之处。至少也不能说作为价值属性的美与标准的道德属性截然不同。标准道德属性通常被认为具有共同之处。我在这里想说的当然不是亚里士多德，他认为特定行为的道德属性不能用共同支配正确或高贵行为的任何规则予以解释。正确的行为对亚里士多德来说共同具有高贵的属性，但这是它们唯一的共同之处，考虑到他所说的道德正确也包含异常或特殊的特征。不过，标准的功利主义的确认为道德行为拥有共同的可感要素。与一切替代物相比，它们都会带来快乐甚或更多快乐。故，我们清楚地知道，如果所有道德上的正确行为或义务性的行为除了共同拥有道德属性外，还共同拥有可以为感官所感知的某种东西。

但美却似乎不是这样，因为美似乎并不隶属于一般规则或准则。不过，表象在此可能是错的。有些美学家认为存在着支配美或美学价值的一般标准，而梦露·比尔兹利（Monroe Beardsley）也许是其中最著名的一位。[1] 据比尔兹利所言，审美价值（大概也包括美）有明确的标准：统一、复杂和强烈。这使得美学类似于罗斯（W. D. Ross）的道德理论，把履行某些表面上的义务视为使行为正确的倾向。但罗斯的观点要复杂得多，比尔兹利的方法也是如此。尽管如此，我们对这一观点已经讨论得够多了，因此，我们能以批判的眼光来思考我们的讨论，出于我将要提及的原因，我认为，如果比尔兹利的一般性标准是人们把美学理解为一般性评价规则的唯一方式，那么我们有理由拒绝用这种方法研究美的概念。

首先，也许最重要的是，有些东西虽然不符合比尔兹利提出的任何标准，但对我们来说却是美的，且能给我们带来具有审美特征的无功利快乐。柏拉图在《裴利布篇》谈到了美的色彩和声音，我想我至少对美的色彩有一些直接经验。我住在佛罗里达州一个叫迈阿密海滨村的小镇上。我们有自己的消防站，那里的消防车没有被漆成红色，而是开心果绿。我得告诉您，看到那辆消防车总会给我带很大愉悦，倒不是因为它的形状，而是因为它的颜色。在我看来，这是一种非常漂亮的颜色，尽管它并不强烈，也不花哨，甚至有些低调，而且这种颜色在视觉上也没有什么复杂性。在我看来，它并不比给我带来较少愉悦感的其他颜色更

---

[1]　*Aesthetics*：*Problems in the Philosophy of Criticism*，2nd edition，Indianapolis：Hackett Publishing，1981.

具统一性。这种情况至少让我认为比尔兹利的标准方法并没有抓住美和美的事物的最本质之处和最独特之处。

还有进一步的理由让我怀疑比尔兹利的观点。尼克·赞威尔（Nick Zangwill）在《斯坦福大学哲学百科全书》的《审美判断》中指出，如果我们承认比尔兹利的三个标准都指向审美价值，那么我们就有理由认为，反常在一种更根本的层面进入到了审美之中，因为没有法则或普遍概述可以涵盖强烈、统一乃至复杂的东西。故，普遍性的缺失似乎支配了审美判断，我们不知道哪一事实在什么层面会具有确定性。这意味着，基于美的本质以及被"美"这一术语的含义假定的本质，我们不应该期待那个术语中的指称固定可以像从所有的红色例证中挑选出知觉上的共有之物那样从所有美的例证中挑选出知觉上的共有之物（我知道不同的文化和不同的语言用不同的方式区分颜色，但我认为这不会影响当下的论证）。

故，如前文所述，用固定指称而非理想观察者的术语思考美的好处在于我们可以理解该术语的含义。然而，考虑到我们刚才对审美反常的讨论，用指称固定解释"美"，其含义与克里普克对颜色术语的解释很不一样。于后者而言，对颜色的一般判断——例如，红色物体反射波长在 a 和 b 之间的光——既具有必然性也具有后验性。但是，如果对美无法做出这种概述，那么，审美领域中的后验性和必然性就是针对一个或另一个特殊物理事物或实体的特殊判断。① 舒伯特的《未完成的交响曲》是美的，该判断不仅对这个世界而且对所有世界来说都可能是对的，不过，只有通过聆听（可能不止一次）才能知道这是一种后验判断，当然，也会有人对古典音乐完全不感兴趣且永远不会从这类作品中获得任何愉悦（他们像色盲一样从来不认为红色物体内有红色）。尽管如此，我们中间很多人的确还是从舒伯特的交响乐中获得了愉悦，而且这种愉

---

① 为了获得完全的准确性，我们需要在此考虑有关形而上本质论的某些问题。特定的美的物体，如果去除其中一小部分，就会失去它的美，但该物却会继续存在，同理，最初感受到的美也是这样。不过，正文刚刚讨论过的必要条件并不是很难做到。

悦和其他类似愉悦都可以充当对美的物体进行指称固定的基础。① 我现在想谈谈崇高概念。

有大量文献讨论过崇高（这一概念），那些文献将崇高与多种不同人类情感联系在一起，比如震惊、恐惧、害怕、愉悦、痛苦、敬畏和崇敬。我们可以浏览那些文献，把上文罗列的一种或多种情感而非其他情感和崇高感紧密联系在一起思考上述论断，不过，我们大多数人对崇高到底是什么都有自己的看法，我建议逐一考察上述词项并试图给您提供一些直觉性的理由来思考或多或少与崇高概念和经验有关的不同词项。我认为我们应该像寻找与美相伴的快乐那样寻找与崇高相伴的特殊感觉，因此，在讨论上述列表时，我的目的是删除那些不会必然或不足以产生崇高感的词项，如果我们可以的话，可以找到一些更合适的词项。

崇高必然需要惊讶，而震惊则甚于惊讶。一个人第一次遇到崇高或崇高之物时或许会感到惊讶和震惊，不过，可以肯定的是，在没有产生震惊的情况下，人们后来还会产生崇高感。恐惧可能是崇高感中的一个元素。敬畏实际上含有恐惧，我只是不知道是不是这样，如果的确如此，那么崇高感可能也含有恐惧。不过，在我看来似乎相当明显的是，如果恐惧是崇高感的必要条件，那只是因为它与敬畏交织在一起，在那种情况下，敬畏可能在整体上与崇高的感觉相一致，但恐惧最多只是其中一个必要的组成部分。害怕比恐惧更常见，如果恐惧不是敬畏的全部，害怕无疑也不是。因此，如果害怕是崇高感的必要条件，那么就不是这种感觉的充分条件，也不是我们可用来固定该概念之指称且与崇高相对应的那种感觉或感情。

快乐不可能是崇高感的全部内容，尽管它可能是它的组成部分，对

---

① 这种特殊的判断是后验判断，该观点似乎令人难以置信，或者说，像认为"虐待婴儿是错的"这一看法（仅仅）只具有后验性一样违背常识或直觉。在《道德情感主义》中，我"强化了"用以固定道德术语之指称的经验性指标，以便能给道德赋予必然性的先天真理并使其完全符合我们对道德的最初看法。不过，似乎无法基于类似理由"强化"用以固定美的指称，以便获得更多无功利的快乐体验。这就使得相关判断像克里普克对红色或水的看法那样具有必然性和后验性。

立的观点认为痛苦是崇高感的组成部分，该观点可能是对的。但痛苦和快乐似乎一定会交织在一起，故，两者都不足以表达崇高之意。如果二者结合在一起，那也是不够的，因为二者并不必然含有恐惧。我们需要的是一种能涵盖包括敬畏或崇敬在内的所有这些元素的感觉，不过，如果我们向此方向迈进，与人的感情相对应或通常涉及人的感情时，快乐、痛苦、恐惧和害怕都只是崇高感的组成部分。这实际上就使我们的列表中只剩下敬畏和崇敬了。作为固定"崇高"之指称的情感，敬畏似乎比崇敬更好，因为对于受人崇敬的事物来说，敬畏并不具有含混的指称。崇敬像尊敬一样可能含有恐惧、快乐、痛苦和害怕，谁知道呢？但是，崇高感并不要求具有很多崇敬或尊敬，因为崇高本身似乎并不会必然对某种真实的存在物比如神灵或上帝产生崇高感。这样，就只剩下敬畏了，这也是朗吉努斯在《论崇高》这本经典著作中最重视的情感。我认为敬畏在这里正好可以用于固定指称，既不太强也不太弱，与我们对崇高的感觉相对应，所以我建议使用敬畏作为固定"崇高"之指称的情感。①我们在此可以通过精确地类比我们对"美"的指称进行固定的做法来固定"崇高"的指称。这样，"崇高"一词的指称就能用"使我们在沉思知觉对象时（以集体的方式）从中感受到敬畏的价值属性"予以固定。换句话说，其指称可以用"使我们在沉思知觉对象时（以集体的方式）从中感受到敬畏的任何价值属性"予以固定。

　　与美和自然类词项一样，这可以使与崇高有关的判断（如果为真）被视为必然但却是后验性的判断。我之所以加上"如果为真"这一说法，是因为对崇高的判断不像对美的判断那样没有争议。毫无疑问，有些人会认为对美的判断仅仅只是表达感情罢了，没有对错之分，或者说，这种判断假定了一种并不存在的属性。不过，就我所知，没有人反感说

---

① 但这要小心。人们会对巴赫或爱因斯坦的思想或成就心生敬畏，但那种敬畏并不会让我们认为这些人或他们的成就是崇高的（是不是？）。不过，在这种情况下，敬畏感似乎不怎么影响与这些人或其成就有关的知觉性沉思。它不是美学意义上的敬畏，故，或许我们的指称固定须做出调整，以便崇高可以对应于以美学或知觉为基础的敬畏，从而阐释沉思或观赏（或，可能是聆听甚或品尝）某物时感受到的敬畏。

事物是美的，而有些人（我可能就是其中之一）却从来不愿意说任何东西都是"崇高"的，因为它们缺乏那种以知觉为基础的敬畏感，而敬畏感则是崇高的基础。这是否可能意味着，尽管我们进行或尝试固定指称，但那种指称固定实际上并没有凸显任何真实或可能存在的价值属性？是的，我认为的确如此，而且我认为我们对美的思考也是如此。

不过，有一个区别。我说过，我们所有人都会对美做出判断，且在从事哲学研究之前就会认为其中一些判断是正确的或准确的。如果我们认为我们用以固定"美"之指称的解释没有指明任何真正的价值属性，我们就必须放弃该观点。故，尽管我对崇高不感兴趣，但我认为我们可以有我们已经发现了用以固定"美"之指称的属性的哲学动机（保留内在看法或共识），而且那种属性完全存在于美的事物内部，而非该事物与我们自己的关系之中。此外，如果我们不确定是否要高度依赖共识，我们至少可以说，上述讨论使我们有理由认为，存在这种美的属性，它完全存在于各种事物中，而非依赖于我们自身和我们的反应。换句话说，我们对快乐的体验帮助我们识别了事物身上的美的性质，但却不是我们所描述的美的组成部分。这个较弱的结果，由于排除了理想观察者理论和情绪主义者或表达主义者的观点，似乎既有趣又有价值。我所说的一切可能最终都符合某种关于美的"错误理论"，但那可能只意味着这种错误理论在某些情况下可以与指称固定理论保持一致，我相信这是一种此前从未被讨论或（抱歉！）思考过的可能性。

不过，针对我对"美"和"崇高"之类的价值术语和伦理学（即《道德情感主义》）中对价值术语或表达给予的固定指称解释，现在还有最后一个潜在的反对意见。其认为使用价值术语的语句的首要或唯一功能或性质是表达情感的那些人可能太过分了。不过，毫无疑问，这类语句除了陈述纯粹事实外的确有某种情感或评价性含义，但当我用指称固定解释评价性语句时，我却对此只字未提。事实上，用理想观察者理论分析这种语句时，也会如此。这类理论真的能兼容评价意义或情感意义吗？若不能，难道这不是我们拒绝它们的理由吗？

不过，它或许可以，但实际上理想观察者理论和价值术语指称固定思想可以与情感含义的存在保持高度一致，只要对何谓情感含义做出某种解释。最近大量的伦理学研究都不认为情感含义是价值陈述的主要功能或后果，毋宁说，情感含义不过是某种难以察觉的东西。我自己也支持该观点。在我们某些人看来，在使用价值语言的过程中，情感含义是一种具有格莱斯隐含含义的价值语言。思考一下下述事实，即，尽管说话人说"她不在卧室就在厨房"，但这一陈述却暗示着说话人不知道哪个房间不属于该陈述之真值条件的组成部分。如果说话人知道她在哪个房间里，那么他的陈述就有可能（或可能不会，视情况而定）具有误导性，但不会完全是错的。

　　该观点也可用于评价性话语。[①] 使用肯定性表达——如"善良的F"——的价值陈述通常意味着说话人对具有善良特征的事或人持有肯定性态度，但却并不意味着原初的陈述为真。如果（不为听众所知）憎恨天主教的人说"乔安娜是一个善良的天主教徒"，则会被认为在对乔安娜表达一种肯定性态度。但即使这种隐含含义具有误导性，已经做出的陈述也可以为真：乔安娜可能是虔诚的人，遵循天主教教会的所有规则，信仰天主教教义等。我说过，价值陈述的这种特征是常规性的（"但"字一般隐含某种对比，但如果它在陈述中取代了"和"，则不会影响真值条件）。没有理由可以解释主张用指称固定（或理想观察者理论）解释评价性术语的人为什么不能用这种格莱斯式的研究分析那些术语。那么，评价性含义或情感含义不会影响由固定指称确立的价值陈述的真值条件。故，针对我们的研究提出的现在这种反驳并非真正有效，我不认为我们的指称固定研究或任何其他什么东西会让我们有理由抛弃"美、道德善或认知理性中存在真"这一观念。

---

① 关于对情感含义的格莱斯式研究的讨论，请参阅 Michael Slote, "Value Judgments and the Theory of Important Criteria," *Journal of Philosophy* 65, 1968, pp. 94 - 112; Stephen Finlay, "Value and Implicature," *Philosophers' Imprint* 5, 2005, pp. 1 - 20。

Reference Fixing the Beautiful and the Sublime

Michael Slote, trans.　Li Jialian

Abstract: The paper holds that the attributes of beauty exist in various objects and doesn't depend on ourselves and our reaction, in this sense, by refusing to accept ideal observer theories and emotivist / expressivist views, the paper tries to analyze the concept of beauty and sublime and aesthetic sensations accompanying with them within the context of reference-fixing theory.

Keywords: Reference-fixing; Disinterestedness; Beauty and Sublime

About the Authors: Michael Slote (1941 –), UST professor, Faculty of Philosophy, University of Miami, USA. Research on the philosophy of moral emotionalism, virtue ethics and virtue epistemology.

About the Translator: Li Jialian, associate professor, School of Philosophy, Hubei University. E-mail: 1071506070@ qq. com.

论"审美无利害"的缘起

〔美〕杰罗姆·斯托尔尼茨*著　胡梦云译

摘　要：本文为斯托尔尼茨对"审美无利害"这一概念缘起的研究，主要从两个方面展开。首先，他讨论了沙夫茨伯里与其继承者伯克、艾利森对这一概念的创造与发展。沙夫茨伯里首次把"无利害"这一概念从伦理学领域延伸到美学领域，提出了"审美无利害"，伯克和艾利森继承和吸收了沙夫茨伯里的观点，伯克运用"无利害"这一概念来解释"美"和"崇高"等其他概念，而艾利森则提出了适合审美对象的"心境"这一观点，赋予了"无利害"新的意义，在美学与非美学之间做出了更细微的区分，伯克和艾利森对"无利害"概念的发展使其达到了一个新的高度。其次，斯托尔尼茨基于艾迪生的《旁观者》论证了"无利害"在18世纪英国美学发展史上的重要影响，这种影响一方面在于它改变了美学理论的概念，另一方面则在于它改变了美学试图要去做的事情。基于此，斯托尔尼茨认为"无利害"概念是美学史上的一个重要分水岭，其影响不仅是巨大的，而且是决定性的，应当以此为基础理解现代美学理论。

关键词：审美无利害　沙夫茨伯里　艾迪生　现代美学

---

* 杰罗姆·斯托尔尼茨，美国罗切斯特大学（University of Rochester）哲学系副教授，曾在1960年出版《美学与艺术批评哲学》，主要研究领域为18世纪英国美学。本文由湖北大学哲学学院硕士生胡梦云译，湖北大学哲学学院教授、博士生导师李家莲校。

　　若不理解 "无利害性" 概念，则无法理解现代美学理论。如果拥有某种信念是现代思想的共同点，那么，现代美学理论的信念则是，一种 "无利害" 的关注方式对审美知觉来说是不可或缺的、独特的。我们在康德、叔本华、克罗齐、柏格森等人那里都看到了它，而且也在那些猛烈批判它的马克思主义者那里看到了它，他们的批判表明这种信仰已变得根深蒂固。然而，尽管如此，"无利害性" 则是一个相当新的概念。要么可以说，该概念从未在古代、中世纪和文艺复兴时期的思想中出现过，要么可以说，如果出现过，比如在托马斯的思想中，其含义也粗糙不堪且尚未得到发展。相比之下，在康德那里，他认为无利害是 "趣味判断最初的起点"（first moment of judgement of taste），据此言之，这种判断才能具有普遍有效性和 "可推断性"①，或者说，在叔本华那里，通过阐述 "纯粹的、无意志的沉思"，他创立美学并定义 "艺术" 和 "天才"，通过在阐述的顺序和逻辑顺序上把无利害性排在首位并诉诸该概念而对艺术形式进行排序。

　　然而，"无利害性" 的意义并不限于美学理论本身，还渗透到了艺术批评和对艺术、自然的日常欣赏中，该概念也改变了人们观察和判断的习惯。在我们这个时代，艺术作品和审美对象通常是 "自主的" 和 "独立的"，这是一种司空见惯的观点，我们必须如此这般理解才能赶上时代的步伐。但这并非总是一种司空见惯的观点。在西方艺术史的大部分时间里，这种说法与其说是错误的，不如说是不可理解的。在这些时期，艺术的价值是象征性的或者说是认知性的、道德性的、社会性的，与所谓艺术自身的东西毫无关系。故，驳斥这种艺术概念是 "整个艺术史上……的最大变化"。② 然而，直到现在，除了在马尔罗（Malraux）那里，它还没有得到适当且中肯的评价。

　　本文仅讨论美学理论。我想追溯 "无利害" 的起源，并在现代美学

---

① Immanuel Kant, *The Critique of Judgment*, trans. by Meeredith, Oxford University Press, 1952, p. 50.

② Arnold Hauser, *The Social History of Art*, London, 1952, I, p. 91.

理论的源头即 18 世纪的英国思想中揭示这种起源。英国人没有发明，也从来没有使用过"审美"或"美学"一词，不过，用词决定谁"创造"了美学理论却是十足的轻率之举。英国人最早曾尝试建立一门研究所有艺术的哲学学科，不仅如此，该学科还具有自主性，因为它的主题无法用任何其他学科予以解释。英国人最早把这一计划付诸行动并化为了现实。

本文试图论证，他们展开思考的动机是"无利害性"。

一

该概念的形成过程缓慢且曲折。该概念的确根植于当时在伦理和宗教领域中产生的争论，只是后来才逐渐获得了我们今天赋予它的独特美学意义。

在 18 世纪的头十年写作的沙夫茨伯里伯爵是呼吁人们关注无利害的知觉（disinterested perception）的第一位哲学家。①"利益"和"利害性"是当时的热门话题。在伦理学中，霍布斯的观点虽然未被普遍接受，但却不可被忽视。在宗教领域，人们普遍认为祈祷和宗教信仰是明智的利己主义的伎俩。沙夫茨伯里和他之前的剑桥柏拉图主义者一样②，认为这些学说既错误又邪恶。

> 毫无疑问，大多数同时代伦理作家，纷纷回应了霍布斯悖论对当时的道德情感产生的冲击，这种学说使当时的社会受到了严重惊吓，为了阻止这种学说的发展，他被迫承担了他的使命。③

"利益"是伦理概念，或，我们现在可以说是价值概念。对沙夫茨伯里及其同时代人来说，它指的是幸福的状态或真正的、长远的善。它

---

① 沿着不同途径对该问题展开更宽泛的分析，请参考杰罗姆·斯托尔尼茨的《论沙夫茨伯里勋爵在现代美学理论中的意》，该文刊登于《哲学季刊》1961 年第 11 期，第 97~113 页。

② R. L. Brett, *The Third Earl of Shaftesbury*, London, 1951, p. 32.

③ Thomas Flowler, *Shaftesbury and Hutcheson*, New York, 1883, pp. 99-100.

既可用于个人，也可用于社会。① 但沙夫茨伯里有时却不用该词指善，而用它指实现善的愿望或动机。这样，人们总是期许"私人"善而非"公共"善。故，沙夫茨伯里将其与"自我利益"交替使用。② 利己主义的这一内涵保留在"利害关系"（interested）和"利害性"（interestedness）概念中。这些概念指的是出于对主体之福祉而非"其物种和社会的善和利益"③ 或做出该行为的性格倾向的考量而产生的动机。故此，沙夫茨伯里讨论的是"利害性或自爱"。④

这似乎意味着仁爱或利他行为显然与"有利害关系的"行为相悖，故被恰当地称为"无利害的"。然而，除第一卷第67页外，沙夫茨伯里几乎不用这种方式使用"无利害"一词。若非如此，该词则不会在美学中占据一席之地。不管"审美感知者处于无利害状态中"意味着什么，其含义肯定不意味着他在致力于增进社会福利。

在沙夫茨伯里反对伦理利己主义和宗教工具主义的论战中，开始出现了"利益攸关"的反义词。他最想坚持的观点是，对奖赏的希望或对惩罚的恐惧"对美德和虔诚是致命的"⑤，同理，对虔敬也是如此。抛弃此类动机而做出的那些行为，对于纯粹基于利己主义做出的人性解读来说，均为欺骗。⑥ 不过，就此而言，"无利害"仅仅只有消极或私人含义，即，"不是出于对自我的关心"。沙夫茨伯里仍需通过解释真正的善和神圣的本质找到霍布斯哲学的替代品。

若一个人追求"对奖赏的爱（做到这点）"，则不可能高尚。不过，沙夫茨伯里接着说："一旦他对道德善产生了感情，且为自身之故而喜欢这种善，认为善和可爱存在于善自身，那么他在某种程度上就是善的

---

① *Anthony*, *Earl of Shaftesbury*, *Characteristics*, ed. by Robertson, London, 1900, I, pp.70, 87, 243, 252, 282, 315, 338.
② Ibid., pp.77, 317.
③ Ibid., p.315.
④ Ibid., p.317.
⑤ Ibid., p.275.
⑥ Ibid., pp.67, 68, 69.

和高尚的。"① 同理，沙夫茨伯里用"以无利害的方式爱上帝"反对"纯粹出于利益而为上帝（效劳）"。② 以无利害的方式爱上帝，意味着为其自身之故而爱上帝③，因为这种爱出自"对象的卓越"。④

沙夫茨伯里虽然在字里行间拒绝使用"利害性"一词，但并未敦促人们去关注自我利益之外的其他预期后果，他认为真正的道德和宗教是对内在之物的关注，故，是终极性的。它们不是工具性的，因此具有可预期性。这样就超越了自私与无私之间的全部争论。与同时代的反霍布斯主义者不同，沙夫茨伯里并未把道德正直等同于仁爱。⑤ 伦理学不是后果问题。

在很多哲学家看来，这是一种奇怪的伦理学，尽管在宗教上或许没那么奇怪。通常言之，道德具有"实践性"，为了实现某种目的，需对行为做出选择。不管沙夫茨伯里的理论奇怪与否以及可行与否（这些都不是我们要讨论的问题），沙夫茨伯里不仅放弃了后果，而且还放弃了在传统上关注一般意义上的行为。⑥ 据其所言，道德生活与其说是选择并执行自己的决定，不如说是"喜欢"或"热爱"这种"观点或看法"。⑦ 事实上，对沙夫茨伯里来说，道德高尚者与艺术爱好者无异，其区别仅在于二者认识和理解的对象不同：

> 发生在精神或道德领域中的一切与发生在作为感官对象的日常物体或普通对象身上的一切相同。一旦后者的形状、运动、颜色和比例呈现在我们眼前，必然会使我们根据其各部分的不同尺寸、排列和配置产生美或丑的感知。故，在行为和行动中……［心灵］也能发现美丑、和谐与不和谐，就像在一切音乐旋律中或感性事物的

---

① *Anthony*, *Earl of Shaftesbury*, *Characteristics*, ed. by Robertson, London, 1900, I, p. 274.
② Ibid., p. 55.
③ Ibid., p. 55.
④ Ibid., p. 56.
⑤ Ibid., pp. 253 – 286.
⑥ Thomas Flowler, *Shaftesbury and Hutcheson*, New York, 1883, p. 72.
⑦ *Anthony*, *Earl of Shaftesbury*, *Characteristics*, ed. by Robertson, London, 1900, II, p. 176.

外在形式或表现中发现和谐和不和谐一样真实。①

这种知觉能力以及产生赞同或不赞同的感觉的能力就是美德。所谓美德"自身",在沙夫茨伯里看来,"不过是对秩序和美的爱罢了"。②

沙夫茨伯里的伦理学理论故此就显得与美学理论几乎毫无差别。人们通常认为,其美学观更接近风尚,而非道德,因为"合宜"(propriety)和"恰当"(fittingness)是风尚中最突出的概念,其行为尤足轻重且不受道德制裁的约束。故此,沙夫茨伯里既讨论过"高雅的举止或礼貌"中的"优雅和得体",也讨论过我们"在对其进行审视和沉思时产生的快乐和享受"。③ 不过,他不能被指控为不假思索地从风尚过渡到了伦理学,因为他是故意为之。他说他的目标是"给道德确立与风尚相同的地基"。④ 对二者来说,至关重要的是行动的"优雅"或"和谐",更重要的是性格的"优雅"或"和谐"。这就是为什么沙夫茨伯里不肯把美德等同于仁爱的原因。过度的仁爱和过度的自我利益一样,均须受到谴责,因为它也会破坏性格的和谐。⑤

我们已经明白,"利益攸关"的意义是"实用",因为它指的是针对预期目标的行动。当沙夫茨伯里私底下用"无利害"来描述那些不着眼于未来回报而践行道德或崇拜上帝的人时,该词的所指依然是行动和行动的动机。当他将道德和宗教描述为"因其自身之故"而产生的对它们的"爱"时,该词就不再与选择和行动有关,而是关乎关心和关注的模式。这样,当一个人不考虑任何后果时,他就处于"无利害的"状态。此外,当沙夫茨伯里继续把高尚之人描述为一个致力于对风尚和道德中的美进行"审视和沉思"的旁观者时,"无利害"一词最初具有的"实用"意义则完全被知觉(perceptual)取代。该术语现在指的是一种"单

① *Anthony*, *Earl of Shaftesbury*, *Characteristics*, ed. by Robertson, London, 1900, I, p. 251.
② Ibid. , p. 279.
③ Ibid. , p. 267.
④ Ibid. , p. 257.
⑤ Ibid. , pp. 253, 286.

纯的观看和崇敬"① 的状态。就"审美"一词的词源（希腊语 aistheti-kos，意为感知、感觉）而言，"审美无利害"第一次成为恰当的表达。

如果这使人们觉得沙夫茨伯里从伦理学倒推出了该概念，那么，以这种方式进行分析将会产生误导。毫无疑问，其与利己主义的斗争是具有历史意义的，这种词也必然是非审美的。但沙夫茨伯里思想的全部动力和倾向，从一开始就在朝着审美的方向发展。作为柏拉图和普罗提诺的学生，他曾宣称，"在万物中寻找美（kalon）"。② 他把他的美学洞察力应用于伦理学，但又不限于伦理学。除道德"情感"和性格外的其他事物都可以以无利害的方式予以看待。故，我们发现，在一段沙夫茨伯里描写数学乐趣的文字中，突然出现了对仁爱的讨论。对数学对象的感知"与被造物的个人私人利益几乎毫无关系，与其对象和私人系统的任何自我善或益处无关"。③ 在这种体验中，"崇敬、喜悦或爱完全取决于外在于我们的东西"④，沙夫茨伯里接着对后来反对"审美无利害"概念的那些人给出了简洁而果断的回应，"哦，难道你不是为了享受乐趣而听音乐吗？""这种快乐一被感知就会产生反思性的乐趣，尽管这种乐趣可被视为一种自我激情或与利益有关的激情，然而，最初的满足仅仅来自对内在于事物中的真理、比例、秩序和对称性的热爱。"⑤

沙夫茨伯里对审美无利害的最详细描述出现在其晚期作品中。该文没有增加什么实质性的新东西。然而，美学在此初具雏形，因为审美知觉不再与道德和宗教美德并行，"无利害"已把与霍布斯争论——在讨论数学的文字中依然存在这种争论——过程中产生的起源置之脑后，不再使用道德性格或几何证明，而是选择了一种更常见的审美对象，即自然景色。该文的新颖之处在于，沙夫茨伯里把无利害与拥有或使用该对象的欲望对立起来。这种表述方式在后来的英国思想和现代美学中被广

---

① *Anthony*, *Earl of Shaftesbury*, *Characteristics*, ed. by Robertson, London, 1900, II, p. 270.

② Thomas Flowler, *Shaftesbury and Hutcheson*, New York, 1883, p. 44.

③ *Anthony*, *Earl of Shaftesbury*, *Characteristics*, ed. by Robertson, London, 1900, I, p. 296.

④ Ibid. , p. 296.

⑤ Ibid. , p. 296.

泛采纳。故，值得指出的是，对占有或使用的漠视只是对"审美旁观者不会把对象与超出感知行为自身的任何目的联系起来"这一更宽泛命题的推论或具体说明。"想象一下……如果你被远处的海洋之美所吸引，你就会想象如何去指挥它，就像一位伟大的海军上将驾驭大海一样，难道这种幻想不是有点荒谬吗？"①

"拥有"海洋所带来的乐趣与"静观海洋之美所自然产生的乐趣"②大不相同。沙夫茨伯里还引用了能唤起"渴望、愿望和希望"③的其他事物——土地、树木的果实和"人的外形"。这些不能"纯粹通过观看而使人满足"。

在此没有必要花太多时间去讨论（在两种意义上）追随沙夫茨伯里的两位理论家，即艾德逊和哈奇森。前者将在本文最后一节详细讨论。哈奇森关于无利害的叙述在很大程度上只是附和和呼应了沙夫茨伯里的叙述。他排除了"使用此类对象可能会带来的好处或损害的感觉"④，并单独讨论了"对财产或所有物的欲望"。⑤哈奇森还说过，在审美感知之前，不存在"与嗜欲有关的不安"。⑥他还重申了沙夫茨伯里对美的享受和由这种享受引起的非审美性的二阶意识之间的区别。哈奇森的分析只在一点上有显著不同。他把所有关注客体的知识都排除在审美之外。这种知识可能会"出于对益处的预期"⑦的欢迎，从而引起智力或认知上的愉悦，但其又完全不同于对美的享受⑧，且对这种体验没有任何影响。

---

① Anthony, *Earl of Shaftesbury*, *Characteristics*, ed. by Robertson, London, 1900, II, p. 126.

② Ibid., p. 127.

③ Ibid., p. 127.

④ Francis Hutcheson, *An Inquiry into the Original of Our Ideas of Beauty and Virtue*, 4th edition, London, 1738, p. 4.

⑤ Francis Hutcheson, *An Essay on the Nature and Conduct of the Passions and Affections*, London, 1728, p. 102.

⑥ Francis Hutcheson, *An Essay on the Nature and Conduct of the Passions and Affections*, London, 1728, p. 101.

⑦ Francis Hutcheson, *An Inquiry into the Original of Our Ideas of Beauty and Virtue*, 4th edition, London, 1738, p. 11.

⑧ Francis Hutcheson, *An Inquiry into the Original of Our Ideas of Beauty and Virtue*, 4th edition, London, 1738, pp. 4, 11.

同样，这只是对沙夫茨伯里洞见的一个发展，他认为审美趣味只存在于感知中，它终止于对象本身。由此可见，就对象和超越对象自身的因果关系和其他关系来说，审美兴趣无关紧要。然而，哈奇森所做的推论却值得注意，因为它在后来的美学理论中变得日益突出。①

沙夫茨伯里是他那个时代拥有最广泛读者的作家之一②，毫无疑问，这主要是因为，到 18 世纪中叶"无利害"已成为英国思想的主流。这一点在伯克（1757）和杰拉德（1759）的著作中都得到了体现，尽管表现方式不同。后者仅仅简要地提及过一次该概念。杰拉德讨论的是敏感性（sensibility），指的是对审美对象做出反应的能力。"满足嗜欲"和"追求利益"③ 是抑制敏感性的两种力量，不过他没有进一步展开讨论。他没有解释为什么这些活动不利于审美反应。有理由认为他不必做出解释。杰拉德（在为哲学竞赛写作的文章中）认为，即使是如此简略的讨论也可被熟悉 20 世纪早期哲学家著作的那些人理解。

伯克对待无利害的态度和杰拉德差不多。也许更具启发性的是，他用这个概念来解释其他概念并解决由其引起的辩证问题。这些其他的概念是"美"和"崇高"，如其标题所示，这是伯克主要讨论的内容。

伯克通过把美定义为"在我们身体里引起爱的那种品质"④ 而展开对美的讨论。他接着说，所谓"爱"，"指的是在沉思一切美的事物时心中产生的满足"。⑤ 这些定义是循环的，但如果说循环的范围并不十分狭隘的话，则可以减轻其过错。我们所需要的是详细阐述"爱"的含义。当伯克讨论"感情和温柔"时，他几乎没有取得什么成就，因为它们充其量只是同义词，且几乎同样含混不清。他没有分析情感自身被感知到的性质，相反，像处于同样困境中的其他哲学家和心理学家一样，伯克

① Schopenhauer, *The World as Will and Idea*, Bk. III, Second Aspect.
② R. L. Brett, *The Third Earl of Shaftesbury*, London, 1951, pp. 56, 186.
③ Alexander Gerard, *An Essay on Taste*, 2nd edition, Edinburgh, 1764, pp. 99, 105.
④ Edmund Burke, *A Philosophical Enquiry into the Origin of our Ideas of the Sublime and Beautiful*, London, 1958, p. 91.
⑤ Ibid. , p. 91.

转向了分析与情感相伴的心理状态。正是在这点上,"无利害"对他起了作用。因为伯克把爱与"驱使我们去占有某些对象的心灵的能量也即欲望或嗜欲"① 区分开来了。故,伯克含蓄地描述了一种对爱的对象的兴趣。因此,伯克是众多将占有欲视为非无利害行为典范的理论家之一。② 我们马上就会看到,他并没有简单地将两者等同起来。有了这个限定条件,并注意到上述引文中的"沉思",我们可以认为,爱是以无利害的方式感知美的对象时被感受到的快乐或满足。

在伯克的美学理论中,"无利害"显得尤为重要。他认为,微小、细腻、光滑、柔软、弯曲的事物是美的。③ 事实上,女性的身体可能是这种美最好的缩影,伯克不断地提起并生动地讨论了女性的身体。当他讨论"普通人看到娇嫩光滑的皮肤时拥有的情感"④ 或"眼光扫过脖子和乳房时所看到的那些令人迷惑的、复杂难懂的细节"时⑤,须注意的是,只有当感知者的唯一兴趣都是感知,美的对象才能被感知。

就崇高而言,威胁和颠覆知觉的力量是完全不同的。伯克认为,美和崇高无论是被视为客观属性还是被视为概念,都是"对立和矛盾的"。⑥ 崇高的事物是巨大的、崎岖的、厚重的、"黑暗和阴郁的"。⑦ 因此,它们不会引起爱或柔情,实际上,他认为,"恐惧在任何情况下都是崇高的统治原则"。⑧ 当一个事物"适合于以任何方式激发人们的痛苦和危险"时⑨,它就是可怕的。这种痛苦的情感"属于自我保护"。⑩ 因

---

① Edmund Burke, *A Philosophical Enquiry into the Origin of our Ideas of the Sublime and Beautiful*, London, 1958, p. 91.
② Ibid. , p. 135.
③ Ibid. , p. 124.
④ Ibid. , p. 108.
⑤ Ibid. , p. 115.
⑥ Ibid. , p. 125.
⑦ Ibid. , p. 124.
⑧ Ibid. , p. 58.
⑨ Ibid. , p. 39.
⑩ Ibid. , p. 38.

此，一个崇高的对象是一种被认为和感觉对观者的幸福构成威胁的对象。① 这是毫无疑问的，即一个物体是如此具有吸引力和诱惑力，以致人们会"急于占有"它，但现实中的情况恰恰是相反的。

伯克并不是第一个在崇高中发现恐惧的人。约翰·丹尼斯谈到了他看到阿尔卑斯山时所感受到的"恐惧"和"恐怖"。② 但丹尼斯没有把这种情感与非审美经验的情感区分开来。③ 相比之下，伯克则保留了现象学的洞察力，并将其纳入美学理论。他之所以能这样做，是因为不同于丹尼斯，他知道并运用了无利害的概念。

我们已经看到，这个概念只是通过反对"欲望或贪念"而隐含地出现在伯克对美的分析中。这篇文章的主旨也是如此。相关的区别体现在崇高和"单纯的可怕"④ 之间。崇高和可怕一样，"是一种属于自我保护的思想"。⑤ 伯克以这种方式指出了区别："当危险或痛苦逼近时，他们无法给予任何愉快……但在一定的距离外，经过一定的改进，它们可能是令人愉快的。"⑥ "距离"一词让现代读者想起了布洛的"心理距离"。伯克没有把"距离"描述为一种故意的意志行为，即物体"与我们的实际自我脱节"。⑦ 然而，他似乎正朝着这样一个概念努力。"愉快"是一个美学术语，因为伯克用它来定义"崇高"。⑧因此，这段话的主旨是，只有当自我关怀不会变得过度时，才能体验到崇高。

但在危险的情况下，这需要"某些修改"："如果痛苦和恐惧被缓和

---

① Edmund Burke, *A Philosophical Enquiry into the Origin of our Ideas of the Sublime and Beautiful*, London, 1958, p. 36.

② Samuel H. Monk, *The Sublime：A Study of Critical Theories in XVIII – Century England* , New York, 1935, p. 207.

③ Ibid. , p. 64.

④ Edmund Burke, *A Philosophical Enquiry into the Origin of our Ideas of the Sublime and Beautiful*, London, 1958, p. 40.

⑤ Ibid. , p. 86.

⑥ Ibid. , p. 40.

⑦ Edward Bullough, "Psychical Distance as a Factor in Art and an Aesthetic Principle," ed. by Vivas and Krieger, *The Problems of Aesthetics* , New York, 1953, p. 397.

⑧ Edmund Burke, *A Philosophical Enquiry into the Origin of our Ideas of the Sublime and Beautiful*, London, 1958, p. 51.

以至于实际上不再是有害的;如果痛苦没有变成暴力,恐惧也不熟悉目前对人的毁灭,那么这些情绪就能够产生愉悦。"① 伯克的意思不是说这个物体没有任何威胁。因为如果是这样的话,那么首先自我保护的情感就不会被唤起,我们也不会感觉到,但根据伯克所说,在面对崇高时,我们确实感觉到了什么——"在灵魂的那种状态下,所有的动作都被暂停了,并带有某种程度的恐惧"。② 此外,伯克并不认为这种经历仅仅是"虚构的"或"假装的"(make believe)。他列举了一些崇高在"现实生活"中的例子,如"蛇和有毒的动物"③,他对悲剧的有力分析削弱了"虚构"和"现实"之间的区别。④ 不过我们还是留下了一些可使用的短语,"实际上有害的和破坏性的"。

蒙克教授对"如果痛苦没有变成暴力,恐惧在当下也不会对人造成毁灭和破坏"进行了解释和润色:"也就是说,如果它可以从理论上加以考虑的话。"⑤ 如果伯克明确而有力地否认经验是理性的或理智的,我会犹豫是否要使用"理论"这个词。⑥ 尽管有这样的反对意见,但这个解释还是发人深省的。蒙克教授很可能使用"理论"来作为"实际"的对立面,意思是"超然的、没有动机的行为"。⑦ 因此,让我们说,一个危险的对象只有在"能够被无利害地看待"的情况下,才能引起愉悦。那么崇高与"单纯的可怕"之间的区别就在于,在前者的情况下,感知的趣味没有被自我保护的实际利益所篡夺。

这种解读将重点从情境的客观特征转移到感知者的态度上。他的经验是否具有美感,并不取决于其对客体的威胁有多大,而是取决于他是否继续对其进行思考。总体而言,伯克遵循常识性的假设,即只有当危

---

① Edmund Burke, *A Philosophical Enquiry into the Origin of our Ideas of the Sublime and Beautiful*, London, 1958, p. 136.

② Ibid. , p. 57.

③ Ibid. , p. 57.

④ Ibid. , pp. 47, 48.

⑤ Ibid. , p. 97.

⑥ Ibid. , p. 57.

⑦ Ibid. , pp. 161, 162.

险不是过于紧迫直接，以至于无法被忽视时，深思才可能发生。因此，他试图确定"距离"或"有害性"的适当程度，但并不是很成功。然而在其他地方，伯克让这个问题完全转向了无利害。他说，如果我们不"回避"这个对象，而是"接近"它，"沉思"它，我们就能感到愉悦。①

把崇高的体验看成无利害的，这与伯克对这种体验的感觉品质的描述是一致的——"一种带着恐惧的平静"。②自我是危险的，并且这一点众所周知。因此，自我关怀是不可避免的。然而，要做到无利害，就必须抑制任何代表自我的行为。必须作为一个旁观者，而不是一个代理人。一个人的参与是由无利害的超然（detachment）控制和调节的。只有这样，在感知一个原本只会引起"对痛苦或死亡的恐惧"③的物体时，可以感受到愉悦。

沙夫茨伯里对"无利害"的定义，在 18 世纪的英国思想中反复出现。在我所引用过的所有哲学家中，这都是一个非常重要甚至是具有战略意义的概念。然而，我们可以看到：这些哲学家中没有一个人能够就这个概念本身来讨论它。相反，他们只用它来解释其他概念。我们刚刚在伯克身上就发现了这一点，对他来说，无利害将爱与愉快的情感从非审美的对立物中激发出来。哈奇森用"无利害"来描述美的"内在感官"的运作方式④，从而将这种心灵的内在能力与其他能力区分开来。因此，无利害并不是审美经验的一个孤立的特征。它被用来表征审美的能力或在审美体验过程中引起的反应。

当我们谈到阿齐布尔德·艾利森在 18 世纪末（1790）的作品时，对比是惊人的。文章首先探讨的问题是"心境"，这是欣赏美和崇高所必需的。⑤当然，艾利森有他自己的关于审美经验能力的理论。对他来说，

---

① Edmund Burke, *A Philosophical Enquiry into the Origin of our Ideas of the Sublime and Beautiful*, London, 1958, p. 45.

② Ibid., p. 136.

③ Ibid., p. 131.

④ Francis Hutcheson, *An Inquiry into the Original of Our Ideas of Beauty and Virtue*, 4th edition, London, 1738, p. 11; Francis Hutcheson, *An Essay on the Nature and Conduct of the Passions and Affections*, London, 1728, pp. 101, 102.

⑤ Archibald Alison, *Essays on the Nature and Principles of Taste*, 4th edition, Edinburgh, 1815.

这种能力是想象力和情感。但是，他的"开场白"的全部要点是，只有当观众以某种方式安置自己时，它们才能在美学上发挥作用。因此，艾利森将我们现在称为"美学态度"的东西隔离开来并加以审视。但正如他的前辈一样，其统治思想仍然是只关注感知对象而不关注感知本身。然而，艾利森的处理方式揭示了早期思想家们所隐含的东西，"无利害"，首先指的是一种组织注意力的方式，只有在其内涵确立之后，它才能用来限定诸如"内在感官"或伯克的"爱"之类的概念。在将审美态度与审美经验的其他要素分离的同时，艾利森为以后的美学理论指明了方向。事实上，他的工作做得如此之好，以至于后来的人借用了他的美学"心境"的概念，但是他们却忽视或拒绝了他的关于想象力的联想主义理论和"趣味的情感"，而这些理论原本正是他理论的"前言"。

在讨论审美态度本身时，艾利森为我们对无利害的理解带来了新的视角。沙夫茨伯里指出，审美感知是以对象为中心的，它"完全依赖于外在于我们自身的事物"。① 因此，沙夫茨伯里和他的继任者排除了对"利益"的考虑。艾利森也效法沙夫茨伯里，把"有用的、令人愉快的、合适的或方便的对象"② 排除在美学之外。所有这些都与"欲望的满足"③ 有关。但艾利森接着指出了其他对以对象为中心的感知的那些不太明显的威胁。仅仅是没有追逐私利的动机是不够的。我们必须处于"适合审美对象的心境中"。④ "那种心境……最有利于情感的趣味……在这个状态下，我们的注意力很少被任何私人的或特殊的思想对象所占据，所以这让我们能够对眼前事物所能产生的一切印象敞开怀抱。因此，正是在空闲和失业的时候，趣味的对象才给我们最强烈的印象。"⑤ 艾利森列举了那些无视自然之美的人的例子："农夫"、"商人"

---

① Archibald Alison, *Essays on the Nature and Principles of Taste*, 4th edition, Edinburgh, 1815, p. 134.

② Ibid. , p. 19.

③ Ibid. , pp. 170 – 171.

④ Ibid. , p. 217.

⑤ Edmund Burke, *A Philosophical Enquiry into the Origin of our Ideas of the Sublime and Beautiful*, London, 1958, pp. 10 – 11.

和"哲学家"。① 前两个显然是与之利益相关的。然而，哲学家则并非如此，他只是"去推理或反省"。② 对他来说，这片林地并不是什么可以开发利用或获利的东西。但是，对艾利森来说，这个问题不仅是动机的问题，而且是注意力的问题。哲学家的反思是反美学的，这种反思使他不能对风景中的"所有印象开放"。他必须把注意力从思想的特定对象上移开，把自己"抛入"③ 风景之中。

当艾利森的前辈们想要阐明审美感知的局限性时，他们谈到了以某种清晰而明显的方式唤起了自我关怀的对象。因此，正如我们所看到的，沙夫茨伯里列举了无论是经济上还是感官上引起"强烈欲望"的事物④，伯克则讨论了"单纯的可怕"。⑤ 然而，在同样的联系下，艾利森谈到了《美第奇的维纳斯》和《贝尔维德尔的阿波罗》。在 18 世纪早期和更早的时候，这些几乎自然而然地被认为是我们现在所称的"审美对象"，然而，在艾利森看来，它们并不是天生的、无条件的"审美对象"。这个世纪是一场哥白尼式的美学革命——一个物体是美的还是崇高的取决于旁观者的经验⑥——而旁观者的经验在这里得到了最清晰的表达。只有当注意力和兴趣的某些条件得到满足时，一个物体才具有审美性。即使是那些被人们认为是美丽且具有审美性的种类，如经典的希腊雕像，也是如此。一个人"可以观察它们的尺寸，可以研究它们的比例，可以关注它们保存的特定状态、它们被发现的历史，甚至是制作它们的大理石的性质"。⑦ 但是这些雕像并不是"趣味的对象"，或者他的经验也不是审美的经验。如果他关心其中的任何一个，他最终将无法欣赏雕像的

---

① Edmund Burke, *A Philosophical Enquiry into the Origin of our Ideas of the Sublime and Beautiful*, London, 1958, p. 95.
② Ibid. , p. 95.
③ Ibid. , p. 95.
④ Ibid. , p. 134.
⑤ Ibid. , p. 136.
⑥ Jerome Stolnitz, "Beauty: Some Stages in the History of an Idea," *Journal of the History of Ideas*, XXII April June, 1961, pp. 185 - 201.
⑦ Archibald Alison, *Essays on the Nature and Principles of Taste*, 4th edition, Edinburgh, 1815, p. 98.

"庄严"和"优雅"。①

　　艾利森不仅把审美感知者与艺术史学家和学者区分开来,而且还把审美感知者与艺术批评家区分开来。事实上,他认为批评"在破坏欣赏这件事上永远不会失败"。② 无利害的关注是不可能的,因为批评家要么认为艺术作品"与规则相关"③,要么将之与其他作品进行比较。④ 在任何一种情况下,他的注意力都不会终止于作品本身。

　　那么,理想的心境就是"空闲和失业"。艾利森并不认为这与冷漠或空虚是一样的。他明确地说,"在精神疲惫和无精打采的时候"⑤,欣赏是不可能的。确切地说,这个对象被关注,然后审美反应"自然而然地在一种令人着迷的遐想中发生"。⑥ 从艾利森的叙述中显露出来的,是审美经验独特的或者自相矛盾的两面性:其支配性态度是警惕和控制、对对象的关注,谨慎地排除任何可能削弱或颠覆它的东西;然而,总的经验是轻松、流畅和愉快的,这就是艾利森同时代的德国人所说的"自由"。

　　这是一种现象学,或者说是一种现象学的开端,我认为,它有自己的优点。但对我们的目的来说更为重要的是,艾利森赋予了"无利害"新的意义。在它的起源里,这个词与自我概念有关。作为"功利性"的对立面,它在意义上等同于"无私"。⑦ 当沙夫茨伯里使用"无利害"来表示"为了事物自身的原因"而对一事物进行感知时,最突出的对立面变成了"以对象为中心"和"以自我为中心"之间的对立。艾利森致力于研究"最有利于趣味情感的心理状态",并阐明了其特质。只有当没有思想或感觉将注意力转移到恰当的自我时,注意力才能以对象为中心。正如艾利森举出的哲学家和艺术史学家的例子所阐明的那样,这与传统

---

① Archibald Alison, *Essays on the Nature and Principles of Taste*, 4th edition, Edinburgh, 1815, p. 98.

② Ibid. , p. 100.

③ Ibid. , p. 100.

④ Ibid. , p. 12.

⑤ Ibid. , p. 96.

⑥ Ibid. , p. 21.

⑦ Jerome Stolnitz, "Beauty: Some Stages in the History of an Idea," *Journal of the History of Ideas*, XXII April June, 1961, p. 132.

意义上的"自私"无关。"冷漠的"或"无私的"现在比"不谋私利的"更接近标准。无利害地去感知，就是使自己成为一面纯洁的、没有瑕疵的镜子，准备好去接受我们面前事物所能产生的一切印象，而不使之扭曲。

当沙夫茨伯里提出"无利害"的概念时，他朝着将审美作为一种独特的体验方式的方向，迈出了第一步，也是至关重要的一步。在西方思想中，这样一种体验方式是一种全新的想法。因此，这丝毫不奇怪，在沙夫茨伯里和他的继任者中，这种体验主要是通过反对某些非审美行为来定义的——道德的、宗教的、工具性的以及认知性的——它们的存在和性质已经被普遍承认。美学的某些重要特征就是这样表现出来的。然而，这些思想家的分析往往集中在美学体验和非美学体验之间那些明显的差异上，例如，"欲望"的存在或缺失。到了艾利森的时代，"美学"已经成为一种自觉而清晰的观念。因此，艾利森不需要仅仅通过与非美学的对立来考虑它；他可以检验美学"心境"本身的特性，所以他可以揭示出它并不那么明显的那些特征，并做出更微妙的区分，例如，在审美鉴赏家和批评家之间的区别上，他比他的前辈们所看到的要更多。我认为，在所有英国理论家中，艾利森的《审美态度现象学》是最敏锐和最具启示性的。然而，只有在他的同胞们证明了这种"心境"的存在之后，他才能够展示这种审美"心境"是什么样子的。

二

就像所有具有开创性的哲学思想一样，"无利害"的重要性在其诞生之初是没有被预料到的，甚至是无法想象的。"无利害"不仅仅是其他美学概念中的一个。我现在想说的是，它对整个 18 世纪英国美学理论的发展产生了巨大的，甚至是决定性的影响。实际上我想表明的是，"无利害"是美学历史上的一个重要分水岭。因为它改变了美学理论的概念，以及它试图要去做的事情。

我的论证将主要基于对艾迪生《旁观者》论文集（1712）的分析。

　　艾迪生在宣布他即将发表的关于 "想象的乐趣" 的论文，将使一些
"全新的东西"① 成为可能时。这些全新的东西就是无利害性。

　　正如克里斯特勒教授提醒我们的那样，在 18 世纪之前是否存在美学
理论，是一个我们所谓的 "美学"② 究竟是什么意思的问题。假如我们
说 18 世纪之前存在美学理论（不这样做似乎是非常冒险的），我们还必
须认识到，无论是从美学理论的范围，还是从它的核心概念，或从它主
要解决的问题，或从所有这三个方面来看，18 世纪前的美学都是一个非
常不同的学科。当然，要证明这一点将是一项艰巨的任务。但是，我必
须简单地说一下，我认为，说传统思想的基本概念是美或某些特定的艺
术形式（如绘画或视觉艺术），或体裁（如史诗），是不准确的。这些概
念限制了研究的领域，并产生了严重的问题。"美" 被视为 "美学价值"
的同义词，理论家的任务是确定哪些属性（例如和谐）构成了事物的
美，并且像柏拉图、普罗提诺、托马斯那样弄清楚美的本体论地位。在
文艺复兴和新古典主义时期，对体裁的分析非常丰富，它们阐明了特定
体裁固有的潜力和局限性，从而说明了某一特定作品成为同类作品中的
优秀者的条件。然而，这样的论述往往只是一种工艺说明书。更重要的
是，他们很少或根本没有提及体裁以外的一些更大的主题，即在一般意
义上的艺术或美学。

　　当我们谈到艾迪生和其他英国人时，最明显的变化是他们放弃了冯·
奥本·赫拉伯的形而上学方法③，引入了心理学的、内省的方法——就像
伯克所说的，"对我们内心的情感进行认真勤勉的检验"。④ 然而，那种
从英国人手中接过的被一般的现代美学所决定的变化，不是性情或方法
上的变化，而是逻辑上的变化。这可以在用于美学探究的概念中找到，

---

① *Spectator* no. 409, in The Works of Joseph Addison, Greene New York, 1856, VI, p. 321.

② Paul Kristeller, "The Modern System of the Arts: A Study in the History of Aesthetics," *Journal of the History of Ideas*, XII, 1951, p. 500.

③ 参见上文可知，沙夫茨伯里是明显的例外。

④ Edmund Burke, *A Philosophical Enquiry into the Origin of our Ideas of the Sublime and Beautiful*, London, 1958, p. 1.

也可以在它们彼此关联的方式中找到。

18 世纪初，以意识能力为标准来划分经验是一种得到普遍认可的学说，就像区分感官、想象力和理解力之间的区别一样。其中，艾迪生以想象力为研究对象。然而，当我们期望对这种能力的性质和运作能有一个明确的解释时，我们却发现，在艾迪生以及后来的英国美学家那里，"想象力"是一个明显"模糊"的概念。① 艾迪生本人也抱怨过它的"松散和不受限制的含义"。② 但是他并没有履行他的诺言，去"固定和确定"③ 想象力的含义。在《旁观者》论文集中，它"指的是一个综合性的官能或天赋"。④

让我们先简单地回顾一下《旁观者》论文集，它正好在《想象力随笔》前面。在那里，艾迪生把"好的趣味"定义为"能愉快地察觉作家之美的灵魂的官能"，⑤ 关于这个定义，我们要看到的是，它在没有任何改变的情况下，也依旧可以作为"想象力"的定义，正如艾迪生在《想象力随笔》中使用它的那样。举一个例子：在《旁观者》第 412 期中，对艾迪生来说，幻想是想象力的同义词⑥，它被认为是从一个物体中发现美而感到"高兴"和"愉悦"。⑦ 艾迪生似乎对他所使用的"官能"这一词漠不关心。我们可以认为这不重要，因为艾迪生更像是一个散文家而不是哲学家，但是我们在一个更为谨慎的思想家身上发现了同样的东西，也就是他的密友弗朗西斯·哈奇森。后者也必须找到一种对美的"愉悦感知"的能力；他把它们归于一种"内在感官"。⑧ 但他也

---

① W. J. Bate, *From Classic to Romantic: Premises of Taste in Eighteenth-Century England*, Harvard Univ. Press, 1946, p. 113.

② *Spectator* no. 411, in The Works of Joseph Addison, Greene New York, 1856, VI, p. 323.

③ Ibid., p. 323.

④ Walter John Hipple, Jr., *The Beautiful, the Sublime, and the Picturesque in Eighteenth-Century British Aesthetic Theory*, Southern Illinois U. P., 1957, p. 14.

⑤ *Spectator* no. 411, in The Works of Joseph Addison, Greene New York, 1856, VI, p. 316.

⑥ *Spectator* no. 411, in The Works of Joseph Addison, Greene New York, 1856, VI, p. 323.

⑦ Ibid., p. 331.

⑧ Francis Hutcheson, *An Essay on the Nature and Conduct of the Passions and Affections*, London, 1728, p. 5.

说："追随艾迪生先生，我们可以把这些称为想象力的愉悦。"① 更重要的是，当内在感官或想象力发展起来时，它就可以被称为"趣味"。② 哈奇森仿佛觉得这还不够，他轻松地谈到了"内在感官"，认为"谁不喜欢这个名字，就可以用另一个名字来代替"。③

"想象力"的含义并不准确，但这似乎无关紧要。一个哲学概念的含义往往不如它的辩证功能重要。"想象力"在艾迪生的系统中起了什么作用？我认为答案是，"想象力"、"趣味"或"内在感官"——现在看来，这似乎并不重要——与其说是指明了一个实体，不如说是宣告了一个事实。这个事实就是对美的无利害的感知。像其他所有英国主要的美学家一样④，他通过反对最明显的"有利益关系的"行为来阐明这种看法："一个高雅的、有想象力的人……往往会在看到田野和草地的时候获得一种满足，这种满足比拥有它们时所具有的满足更大。"⑤ 公认的心理学理论根据官能对体验进行分类。艾迪生指出，只有把这种体验分配给我们的官能，才能无利害地去静观田野和草地。"想象力"这个词标记并命名了这种体验。《想象力随笔》致力于"想象力"，因为想象力为无利害提供了一个栖息地。

为什么艾迪生要单独提到想象力？我认为，是因为它是什么——艾迪生的含混不清就是这种情况的征兆——而不是因为它不是什么。在"灵魂的官能"中，唯一剩下的选择是感知力和理解力。而其中的每一个，就其本质而言，都与无利害的感知不相容。

　　想象力的愉悦不需要我们从事更严肃的工作时所必需的那种思

---

① Francis Hutcheson, *An Essay on the Nature and Conduct of the Passions and Affections*, London, 1728, p. 5.

② Francis Hutcheson, *An Inquiry into the Original of Our Ideas of Beauty and Virtue*, 4th edition, London, 1738, p. 9.

③ Francis Hutcheson, *An Essay on the Nature and Conduct of the Passions and Affections*, London, 1728, p. 5.

④ Walter John Hipple, Jr., *The Beautiful, the Sublime, and the Picturesque in Eighteenth-Century British Aesthetic Theory*, Southern Illinois U. P., 1957, pp. 132, 135, 137, 139.

⑤ *Spectator* no. 411, in The Works of Joseph Addison, Greene New York, 1856, VI, p. 335.

维天赋，同时也不需要使我们的头脑陷入……感官快乐。①

　　首先考虑"感官快乐"，因为它们是"感官的、肉欲的"，是"粗俗的"。② 艾迪生以他的散文家的方式，只说了这么多。但是，如果我们转向他同时代的人，这个主旨就会变得清楚，在他的同时代人那里，这一点是有争论的。

　　艾迪生在描述美的体验时说："我们被我们所看到的任何物体的对称性所震撼，我们不知道是如何被震撼的，但我们立即就认同了物体的美。"③ 同样，沙夫茨伯里也曾写道："这些（物体）的形状、运动、颜色和比例呈现在我们眼前，必然会产生一种美或畸形。"④ 对艾迪生和沙夫茨伯里来说，美会强制性地、直接地给感知者留下深刻印象。在这一点上，美类似于感官所能感知到的一切属性。⑤ 这就是为什么沙夫茨伯里说美能"被一个直接的内在感官立即感知"。⑥ 然而确切地说，它是内在的感官。因为，沙夫茨伯里主张，从"感官对象"中获得的满足，就其本身而言，完全不同于对美的享受。这种满足就像"低等生物"在寻找食物时的那种满足。⑦ 它以"热切的欲望、愿望和希望"为前提，并且不能在此之外产生，而这些欲望、愿望和希望并不"适合""对美的精致的沉思"。⑧ 总之，对于沙夫茨伯里来说，感官上的快乐总是而且必然是"有利害关系的"。⑨ 因此，他得出结论，美"永远不在物体本身"，也不能被肉眼捕捉到。同样地，哈奇森认为所有外在感官的快乐都来自

---

① *Spectator* no. 411, in The Works of Joseph Addison, Greene New York, 1856, VI, p. 325.

② *Spectator* no. 411, in The Works of Joseph Addison, Greene New York, 1856, VI, p. 324.

③ *Spectator* no. 411, in The Works of Joseph Addison, Greene New York, 1856, VI, pp. 324, 325.

④ Walter John Hipple, Jr., *The Beautiful, the Sublime, and the Picturesque in Eighteenth-Century British Aesthetic Theory*, Southern Illinois U. P., 1957, p. 133.

⑤ John Locke, *Essay Concerning Human Understanding*, ed. by Fraser, New York, 1959, I, p. 142.

⑥ *Anthony, Earl of Shaftesbury, Characteristics*, ed. by Robertson, London, 1900, II, p. 63.

⑦ Ibid., p. 128.

⑧ Ibid., pp. 127, 128.

⑨ 这一论点沙夫茨伯里在《论特征》中做了详细的阐述和批评。

"欲望"。① 因此它们是"感观的"②和"肉欲的"。③ "想象力的愉悦",或者正如我们已经注意到的④,可以与之互换的内在感官,包含着"没有对于欲望的不安"。⑤

我认为,这种论点隐含在艾迪生对"感官快乐"的概括性排除中。然而,如果这些快乐是"粗俗的",那么那些理解力——艾迪生用沙夫茨伯里的话来说——是"精致优雅的"。⑥ 反之,如果这种理解力要被排除在外,那它就必须基于不同的理由。

在这里,艾迪生的论点虽然不能说简短,但仍然过于凝练了。因为他提出了两种不同的考虑。在上面引用的一段话中,当艾迪生谈到"从事某种更为严肃的工作时所必需的思维天赋","致力于知识的获取"时,它们是一起运行的。后一句话的意思是,理解力就其自身来说是"有利益关系的"。无论它涉及的是哲学、历史还是科学⑦,这种理解都是"严肃的",因为它致力于知识的获取。⑧ 它的实施总是有其目的的,总是为了实现这个目的。相比之下,想象力的运用是"无辜的、清白的"。⑨ 然而,这似乎不是艾迪生的主要论点。他还说,想象的愉悦并不需要一种"思维的天赋"。正如我们刚才看到的,艾迪生把美的体验看成感性的。"只要睁开眼睛,场景就会进入。"⑩ 想象力在对色彩、图形等的思考中得到一种满足。一个人的乐趣在于感知,而且仅在于感知。但这种乐趣不可能在理解中得到满足。这里特有的对象不是"田野和草地的景色",

---

① Francis Hutcheson, *An Essay on the Nature and Conduct of the Passions and Affections*, London, 1728, p. 7.

② Ibid., pp. 7, 114.

③ Ibid., p. 114.

④ John Locke, *Essay Concerning Human Understanding*, ed. by Fraser, New York, 1959, I, p. 140.

⑤ Ibid., p. 137.

⑥ *Spectator* no. 411, in The Works of Joseph Addison, Greene New York, 1856, VI, p. 324.

⑦ *Spectator* no. 420, in The Works of Joseph Addison, Greene New York, 1856, VI.

⑧ *Spectator* no. 411, in The Works of Joseph Addison, Greene New York, 1856, VI, p. 324.

⑨ Ibid., p. 325.

⑩ Ibid., p. 324.

而是"一种证明、论证"①，这证明乐趣必须"通过思考来得出"。② 因此，艾迪生将想象带来的快乐与理解带来的快乐对立起来，他坚持认为前者只需要"很少的思考或心智的运用"。③ 只有当论述推理的过程产生一个意象时，美才能被体验："理解力中的真理，就如想象力中所反映出来的那样。我们能够在一个概念中看到类似于颜色和形状之类的东西。"④

我想在这里暂停一下，插一句话。我的论点是，在艾迪生那里最具活力的观点是"无利害"，他致力于《想象力随笔》中的想象力，因为他认为，这种官能是独一无二的，可以被无利害地使用。无论他这样想正确与否，我们必须指出，在"无利害"和"想象力"这两个概念之间，并没有内在或必要的联系。艾迪生必须使用经验论证，利用这三种能力（①想象力；②感知力；③理解力）的具体运作来证明他的论点。更普遍地说，"无利害"的含义并不意味着任何特定的官能都可以单独在这种态度的支持下服务于这种乐趣。

我插一句话是想说明艾迪生的《想象力随笔》是许多现代美学理论的典型作品。因为现代理论的辩证法大部分都围绕着这样一个问题展开：给定"无利害"的意义，哪一种官能、哪一种意识的内容或哪一种对象能够单独满足它所规定的条件？

如果我们把自己局限于 18 世纪英国美学的头 50 年，我们会发现沙夫茨伯里、艾迪生和伯克对于"无利害"的看法基本上是一致的。然而，对于刚才给出的理由，沙夫茨伯里认为那个是唯一的理由，即"神圣的部分"⑤，作为审美感知的途径，艾迪生则挑出了想象力，而伯克挑出了感觉能力。⑥ 在我们这个时代，类似的还有 Prall（感性的表面）、

① *Spectator* no. 411, in The Works of Joseph Addison, Greene New York, 1856, VI, p. 324.
② Ibid., p. 326.
③ Ibid., p. 324.
④ *Spectator* no. 421, in The Works of Joseph Addison, Greene New York, 1856, VI, p. 370.
⑤ *Anthony, Earl of Shaftesbury, Characteristics*, ed. by Robertson, London, 1900, II, p. 144.
⑥ Edmund Burke, *A Philosophical Enquiry into the Origin of our Ideas of the Sublime and Beautiful*, London, 1958, pp. 45, 91, 112.

Ducasse（情感）和 Parker（想象）。辩证法正是由于这些理论以及类似理论具有明显局限性才产生的。事实上，这种呼唤辩证法的矛盾存在于18 世纪的每一种理论中。沙夫茨伯里通过将美赋予感官对象使得他自己的地位得到了承认，尽管他认为这种美的次序是不那么"真实和必要的"。[①] 当伯克承认崇高体验中的关联时，他不得不放弃他的彻底的感觉主义[②]，而如果艾迪生坚持想象力，那只是因为想象力的意义是"松散和不受限制的"。[③] 由于他的论述太过简短，并不完全，所以其重要性和问题并没有像沙夫茨伯里和伯克那样广泛地表现出来。然而，在上面引用的段落中，拥有"类似颜色和形状"的图像意味着什么呢？再者，艾迪生所谓的"想象的次要愉悦"来自比较两个观念的行为。[④] 这样的比较是想象力的产物吗？艾迪生将其比作认知活动[⑤]，所以这毫不奇怪，他不能确定这种"次要愉悦"是属于理解力还是属于想象力。[⑥]

在我结束这段插入语时，我们所要面临的问题并不是哪一种理论会比它先前的理论更有说服力，而是是否有必要存在这样的理论，将无利害的感知局限于一种单一的官能或者一类特定的对象。

如果为了"想象的愉悦"，我们去读"无利害感知的体验"，那么可以公平地说，美学体验除了名字外都是艾迪生的主题。《想象力随笔》[⑦]第一篇区分了无利害感知与感知力、理解力。后来的文章则致力于这种感知的对象，即美丽、崇高和小说[⑧]，它的种类，即"主要的"和"次

---

① *Anthony*, *Earl of Shaftesbury*, *Characteristics*, ed. by Robertson, London, 1900, II, pp. 270, 211.

② Edmund Burke, *A Philosophical Enquiry into the Origin of our Ideas of the Sublime and Beautiful*, London, 1958, pp. 57 – 130.

③ John Locke, *Essay Concerning Human Understanding*, ed. by Fraser, New York, 1959, I, p. 139.

④ *Spectator* no. 416, in The Works of Joseph Addison, Greene New York, 1856, VI, p. 349.

⑤ Ibid. , p. 349.

⑥ *Spectator* no. 418, in The Works of Joseph Addison, Greene New York, 1856, VI, p. 358.

⑦ *Spectator* no. 411, in The Works of Joseph Addison, Greene New York, 1856, VI.

⑧ *Spectator* no. 412, in The Works of Joseph Addison, Greene New York, 1856, VI.

要的"①，以及它在享受各种艺术和自然时发挥作用的方式。②

美或者某些特定艺术形式的概念，不再如早期美学③那样是基础性的。现在把这些研究领域组织起来的概念是"美学"（the aesthetic），并且正如我将要说明的，所有其他主要概念都以"美学"概念为参考进行定义。艾迪生声称他的作品是一项"全新的事业"，因为它将"在总体上"审视审美体验。④ 他履行了他的诺言。随着这种观念被重构，美学理论呈现出前所未有的普遍性和统一性。

艾迪生没有使用"高雅艺术"（fine art）这个词，但是他把现在按照这种方式分类的所有艺术放在一起，即文学、音乐、绘画、雕塑和建筑。⑤ 这是现代美学的主要内容，但在艾迪生看来，这几乎是第一次出现在西方思想中。⑥ "雕像、图画、描述或声音"被放在一起⑦，因为它们对想象力有着共同的影响。因此，"艺术是好的，当它被用于审美感知时"这一现代概念，也在艾迪生那里被预示了。在后来的英国美学家中，伯克谈到了"想象力的作品和高雅的艺术"⑧；卡姆斯说："艺术旨在通过给人留下愉悦的印象来娱乐我们；在这种情况下，高雅艺术与有用的艺术（useful arts）是有区别的"⑨；艾利森谈到"艺术"时说："这些艺术的目标是产生趣味的情感。"⑩

但即使是现在，艺术作品在所有的艺术中，也不再是理论家唯一关

---

① *Spectator* no. 416, in The Works of Joseph Addison, Greene New York, 1856, VI.
② *Spectator* no. 411 –421, in The Works of Joseph Addison, Greene New York, 1856, VI.
③ John Locke, *Essay Concerning Human Understanding*, ed. by Fraser, New York, 1959, I, p. 133.
④ *Spectator* no. 409, in The Works of Joseph Addison, Greene New York, 1856, VI, p. 321.
⑤ *Spectator* no. 416, in The Works of Joseph Addison, Greene New York, 1856, VI, pp. 347 –349.
⑥ Paul Kristeller, "The Modern System of the Arts: A Study in the History of Aesthetics," *Journal of the History of Ideas*, XII , 1951, p. 500.
⑦ *Spectator* no. 416, in The Works of Joseph Addison, Greene New York, 1856, VI, p. 349.
⑧ Edmund Burke, *A Philosophical Enquiry into the Origin of our Ideas of the Sublime and Beautiful*, London, 1958, p. 13.
⑨ Henry Home, *Elements of Criticism*, 7th edition, Edinburgh, 1788, I, 13. Cf. , also, II, p. 431.
⑩ *Anthony*, *Earl of Shaftesbury*, *Characteristics*, ed. by Robertson, London, 1900, II, p. 117.

心的东西。审美体验大体上包括自然①和科学②，只要自然和科学是无利害感知的对象即可。与传统理论不同的是，任何事物都不能因其固有的本质而被允许排除在审美领域之外。③ 感知者的态度才是决定性的："一个有礼貌、有想象力的人"④，"他看到的每一件事都有一种属性……他以另一种眼光看待这个世界，并在其中发现了许多魅力，这些魅力隐藏在人类的普遍性之外"。⑤ 因此，"几乎关于我们的每一件事"都能激起想象力的愉悦。⑥ 同时，艾迪生认为事物可以以不同的方式具有审美价值。他打破了"美"是首要甚至是唯一的价值范畴的传统观念，把崇高和新奇当作同等重要的内容。⑦ 因此，"美"就像"艺术"一样，在逻辑上从属于美学的一个子类。⑧ 正如我们所看到的那样⑨，在艾迪生之后，伯克将美学的界限向后延伸，甚至包括了那些可怕和痛苦的东西。这种"审美对象"外延上的普遍性，仍然是现代美学的另一个显著特征，也是最有趣的特征之一，但奇怪的是，它却并没有被人们注意到。

最后，就像"艺术"和"美"一样，"好的趣味"也是通过"无利害"来进行定义的。"有礼貌、有想象力的人"是一个能够不带占有欲看待事物的人。⑩ 但是我们可以从"想象力"中读到"好的趣味"或"健康的趣味"。我们已经看到，对艾迪生来说，"想象力"和"趣味"几乎可以互换⑪，这两个形容词也很恰当。因此，审美感知态度本身就

---

① *Spectator* no. 414, in The Works of Joseph Addison, Greene New York, 1856, Ⅵ.

② *Spectator* no. 420, in The Works of Joseph Addison, Greene New York, 1856, Ⅵ; *Spectator* no. 421, in The Works of Joseph Addison, Greene New York, 1856, Ⅵ.

③ Henry Home, *Elements of Criticism*, 7th edition, Edinburgh, 1788, Ⅰ, 13. Cf., also, Ⅱ, p. 139.

④ Ibid., p. 140.

⑤ *Spectator* no. 411, in The Works of Joseph Addison, Greene New York, 1856, Ⅵ, p. 325.

⑥ *Spectator* no. 413, in The Works of Joseph Addison, Greene New York, 1856, Ⅵ, p. 334.

⑦ *Spectator* no. 412, in The Works of Joseph Addison, Greene New York, 1856, Ⅵ.

⑧ 上文提到的这篇文章详细地追溯了 18 世纪英国思想中美的概念的历史。

⑨ Henry Home, *Elements of Criticism*, 7th edition, Edinburgh, 1788, Ⅰ, 13. Cf., also, Ⅱ, p. 135.

⑩ Ibid., p. 140.

⑪ Ibid., p. 140.

是好的趣味的必要条件，这一点在美学思想中也是"全新的"。

　　卡里特教授评价艾迪生说："在他的时代，后来的评论家们几乎把一切都归功于他。"① 我要提出一个更大的主张。以"审美感知"为美学理论的基础，并在此基础上阐述其概念结构，《论想象力的愉悦》构成了现代美学的出发点。

On the Origins of "Aesthetic Disinterestedness"

Jerome Stolnitz, trans.　Hu Mengyun

Abstract: This paper is Stolnitz's research on the origins of "aesthetic disinterestedness", mainly from two aspects. Firstly, he discusses the creation and development of the concept by Shaftesbury and his successors Burke and Allison. Shaftesbury extended the concept of "disinterestedness" extend from field of ethics to the field of aesthetics for the first time, put forward the "disinterestedness", Burke and Allison inherited and absorbed the shaftesbury's point of view, Burke used the concept of "disinterestedness" to explicate other concepts, such as "beauty" and "sublimity". And Allison put forward the view of "state of mind" which suits with the aesthetic object, gave new meaning to "disinterestedness", and made a more subtle distinction between aesthetics and non – aesthetics. Burke and Allison's development of the concept of "disinterestedness" brought it to a new height. Secondly, based on Addison's *Spectator*, Stolnitz demonstrates the important influence of "disinterestedness" on the development of English aesthetics in the 18th century, on the one hand it changed the concept of aesthetic theory, on the other hand changed what aesthetics tries to do. Based on this, Stolnitz believes that the

---

① E. F. Carritt, "Addison, Kant, and Wordsworth," in *Essays and Studies of the English Association*, XXII, Oxford, 1937, p. 27.

concept of "disinterestedness" is an important watershed in the history of aesthetics, and its influence is not only huge, but also decisive, so modern aesthetic theory should be understood on this basis.

Keywords: Aesthetic Disinterestedness; Shaftesbury; Addison; Modern Aesthetics

About the Authors: Jerome Stolnitz, associate professor, Department of Philosophy, University of Rochester, USA. Author of *Philosophy of Aesthetics and Art Criticism* in 1960. One of his main research fields is British aesthetics in the 18th century.

About the Translator: Hu Mengyun, Master candidate, School of Philosophy, Hubei University.

以新自由主义为导向：巴西特梅尔执政时期文化政策评析（2016～2018年）[*]

沈伊蓝　程　晶　〔巴西〕Kelly Ferreira^{**}

摘　要：2016～2018年特梅尔执政时期，巴西文化事业并未受到政府重视，处于政府议程的边缘。这一时期，联邦政府在文化政策上，以新自由主义为导向，减少政府投入，弱化政府角色，积极鼓励私人投资文化项目，先后推行了一系列文化改革举措，如减少政府文化预算和直接投资、大力实施《赞助法》、积极推动文化创意产业发展等。虽然私人资本参与度的提高拓宽了文化事业发展的资金来源，节省了政府财政开支，激发了文化市场活力，但是过度依赖私人投资带来了文化资源分配不均、资金来源单一、文化市场不稳等问题，不利于文化事业长期、稳定、健康和持续发展。借鉴和吸取特梅尔执政时期文化发展的经验和教训，我们应将政府调控与市场机制有机结合，合理调配文化资源，提高文化供给质量，积极鼓励文化创新，构建文化发展新格局。

关键词：巴西　特梅尔　文化政策　文化发展　新自由主义

---

* 本文是广东省哲学社会科学项目（GD16TW08-16）和教育部项目（16JZD029）阶段性成果。

** 沈伊蓝，湖北大学外国语学院葡语系教师，主要从事巴西研究，电子邮箱：747249528@qq.com；程晶，历史学博士，湖北大学历史文化学院、中华文化发展湖北省协同创新中心副教授，主要从事巴西研究；〔巴西〕Kelly Ferreira，巴西坎皮纳斯天主教大学国际关系课程教师，主要从事巴西国际关系研究，电子邮箱：64455255@qq.com。

2016 年 8 月特梅尔执政以来，巴西经济增长乏力、公共债务负担沉重、财政赤字严重，文化事业处于政府议程的边缘，成为政府紧缩财政开支、实行新自由主义经济政策的牺牲品，在困境中艰难前行。在此之前，尤其是卢拉执政期间（2003～2010 年），伴随经济持续、快速的增长，巴西文化事业迎来了历史上较为繁荣的时期。卢拉政府颁布了国家文化计划（Plano Nacional de Cultura），创立了国家文化系统（Sistema Nacional de Cultura）和国家文化政策委员会（Conselho Nacional de Política Cultural），为巴西文化发展注入了活力。随后，罗塞夫第一任期（2011～2014 年）内，基本延续了卢拉执政时期的文化政策，制订了文化长期发展目标和创意经济计划（Plano de Economia Criativa），建立了国家文化信息和指标系统（Sistema Nacional de Informações e Indicadores Culturais），巴西文化事业稳步向前。

然而，好景不长。2015 年和 2016 年，巴西遭遇了政治和经济双重危机。2015 年 12 月，时任总统罗塞夫遭到国会弹劾，开启了巴西政治动荡期。2016 年 8 月 31 日，副总统特梅尔接替被弹劾的总统罗塞夫，正式就任巴西总统，任期至 2018 年 12 月。政治不稳的同时，巴西经济亦面临严重衰退。2015 年和 2016 年，巴西 GDP 增长率分别为 -3.8% 和 -3.6%[①]，跌入历史谷底。2017 年以来，经济虽然开始复苏，但是增长乏力。2017 年和 2018 年，巴西 GDP 仅增长了 1.1% 和 1.3%。在政治不稳、经济低迷、公共债务负担沉重的情况下，2016～2018 年特梅尔执政时期，为了减少财政赤字、缓解债务负担、走出经济困境，政府采取新自由主义导向的文化政策，大幅削减文化预算，减少政府直接投资，鼓励私人投资文化项目，使得巴西文化投资和管理趋向市场化。该举措节省了政府开支，刺激了文化产业发展，增强了文化市场活力，但是许多问题也接踵而至，如文化资源分配不均、资金来源单一、文化发展缺乏长期动力等。

① EIU, *Country Report*：*Brazil*, December 12, 2017, p. 12.

本文以巴西文化部等政府部门发布的统计数据和官方文件为基础，将定量分析和定性分析相结合，重点探讨特梅尔执政时期巴西实施的主要文化政策，分析展示其文化发展状况及面临的主要问题，并为中国文化事业改革与发展提供借鉴。

一　以新自由主义为导向：特梅尔执政 时期实施的主要文化政策

特梅尔执政时期，为了紧缩财政开支、减少财政赤字、减缓债务增长，巴西政府采取了新自由主义导向的文化政策，一方面大幅削减文化预算，减少政府直接投资，放松对文化市场的调控和监管，逐步弱化政府在文化发展中的角色；另一方面积极推动文化创意产业发展，并以市场为导向，大力实施《赞助法》（Lei Rouanet）。该法推行的税收优惠政策成为巴西文化事业的主要筹资渠道。企业将通过免税机制获得的公共资金用于赞助文化事业，同时满足自身经营和盈利之需，私人投资参与度提高，企业主导文化赞助诸多环节，巴西文化投资和管理趋向市场化。

（一）　减少政府预算和直接投资，弱化政府角色

2016 年，联邦政府在文化领域的预算金额为 23.4 亿雷亚尔，比 2015 年减少了 16.4%，且呈现逐年下降的趋势。到了 2018 年，降至 21.0 亿雷亚尔。① 与此同时，联邦政府在文化领域的实际支出十分有限，2016 年以来每年约为 10 亿雷亚尔，且实际支出金额远低于预算金额，不到预算的 1/2（见图 1）。在政府投资方面，巴西国家历史和文化遗产研究所（IPHAN）、文化部（MinC）和国家电影局（ANCINE）是投资

---

① Ministério da Transparência e Controladoria-Geral, "Ministério da Cultura-MINC", 2016, http://www.portaltransparencia.gov.br/orgaos-superiores/42000?ano=2016.

文化领域最多的巴西三大文化事业机构，尤以巴西国家历史和文化遗产研究所最为突出。该研究所成立于 1934 年，主要从事巴西文化遗产的保护、监管和推广工作，在全国一共设有 27 个监管办事处和 32 个技术办公室。[①] 2016～2018 年，该研究所累计在文化领域投资 8.78 亿雷亚尔，连续多年居巴西文化事业机构投资榜首。[②]

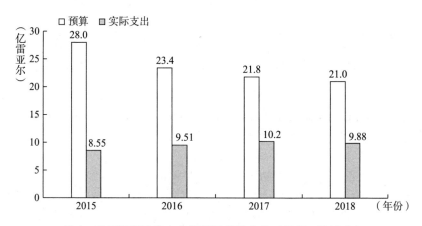

图 1　巴西联邦政府文化预算及实际支出（2015～2018 年）

资料来源：Ministério da Transparência e Controladoria-Geral，"Visão geral da distribuição por subárea（subfunção）-Cultura，"http://www. transparencia. gov. br/funcoes/13 - cultura?ano = 2018。

因政府对文化事业投入的减少，2016 年以来，作为文化事业的主管部门，巴西文化部的支出急剧下跌。2017 年，文化部支出为 2.26 亿雷亚尔，同比下降了 12.4%；2018 年，文化部支出仅为 1.40 亿雷亚尔，达到近五年低谷，占巴西联邦政府公共支出的 0.01%（见图 2）。各州、市级政府的文化直接投资仅占公共支出的 0.3%。[③]

①　IPHAN，"O iphan，"outubro 2019，http://portal. iphan. gov. br/pagina/detalhes/872.

②　Ministério da Transparência e Controladoria-Geral，"Anuário estatístico 2018，"http://www. transparencia. gov. br/funcoes/13 - cultura?ano = 2018.

③　Amanda P. Coutinho de Cerqueira，"Política cultural e 'crise' no governo Temer，"*Revista Novos Rumos*，Vol. 55，No. 1，junho de 2018，p. 11.

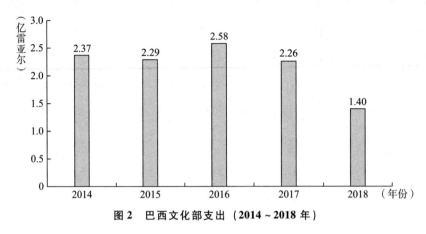

图 2　巴西文化部支出（2014～2018 年）

资料来源：Ministério da Transparência e Controladoria-Geral，"Ministério da Cultura-MINC，"http：//www. portaltransparencia. gov. br/orgaos-superiores/42000？ano＝2018。

（二）　大力实施《赞助法》，文化投资和管理趋向市场化

为了减少政府在文化领域的投入，特梅尔政府一方面减少政府文化预算和直接投资，另一方面以市场为导向，利用税收优惠等措施积极鼓励私人投资文化项目，为此大力实施《赞助法》，加大私人投资力度。在政府的激励下，通过《赞助法》推行的税收优惠政策所筹集的公共资金成为巴西文化事业的主要资金来源，文化投资和管理趋向市场化。

《赞助法》又名"鲁阿内特法"，是 1991 年联邦政府为鼓励社会力量参与文化事业、刺激文化产业发展而颁布的法律。该法主要通过税收优惠政策来动员企业和个人投资文化项目，凡有意参与文化捐赠、赞助或投资的自然人和法人可通过该机制免交部分所得税，个人最高可享受减免 6% 的所得税的待遇，企业最高可享受减免 4% 的所得税的待遇。[1]《赞助法》自 1991 年颁布以来逐渐成为巴西政府刺激文化发展的主要机制，特梅尔执政时期更是加大实施力度，其文化部部长塞尔吉奥·萨·莱唐（Sérgio Sá Leitão）认为，《赞助法》既是文化政策，也是经济政

---

①　吴志华：《巴西文化产业政策初析》，《拉丁美洲研究》2007 年第 4 期，第 12 页。

策，它有助于维护国家和市场的平衡，不仅能促进文化本身的发展，也能推动国家发展和社会进步。^① 根据巴西瓦加斯基金会（FGV）的调查统计，《赞助法》的实施可使文化项目平均投资回报率高达 59%，即赞助方在文化项目上每投资 1 雷亚尔，便可通过文化产业链获得 1.59 雷亚尔的回报。

尽管特梅尔执政期间，经济低迷影响了企业对文化项目的投资热情，但是在政府税收优惠等措施的刺激下，企业在文化领域的投资仍不断增加，通过《赞助法》免税政策获得赞助的文化项目日益增多，由 2016 年的 2838 个增至 2018 年的 3243 个（见图 3）。其中，里约热内卢的明日博物馆（Museu do Amanhã）是 2017 年通过《赞助法》筹资最多的文化机构，获得约 1670 万雷亚尔赞助。这笔资金对博物馆"展览和藏品的布置与维护，工作方案的实施，教育活动以及讲座、出版活动的开展"不可或缺。^② 1993~2018 年，巴西通过《赞助法》机制筹措的文化资金高达 500 亿雷亚尔，远远超过联邦政府通过该法减免的 31 亿雷亚尔税款。截至 2018 年，巴西一共有 58876 个文化项目通过《赞助法》免税机制获得投资或赞助，产生了 498 亿雷亚尔的收益。^③

在全国经济低迷、政府投入减少的情况下，《赞助法》的大力实施为巴西文化事业发展注入了动力和活力，其作用不可小觑，既为巴西文化事业的发展拓宽了资金来源渠道，提供了重要的融资平台，也促进了巴西创意经济发展，节省了政府财政开支，增强了企业的社会责任感。但是，《赞助法》推行的税收优惠政策成为巴西文化事业的主要筹资渠道，让部分本应由政府承担的责任转移到企业身上，从某种程度上来说，

---

① Alexandre Barbalho，"Política cultural em tempo de crise：o Ministério da Cultura no governo Temer，" *Revista de Políticas Públicas*，abril de 2018，Vol. 22，No. 1，p. 253.

② Sistema de Apoio às Leis de Incentivo à Cultura（Salic），"consultar dados do Projeto ，" outubro 2019，http：//salic. cultura. gov. br/verprojetos？idPronac = 206558.

③ Folha de S. Paulo，"Demonizada por Bolsonaro，Lei Rouanet ainda é pilar da cultura，" maio 25，2019，https：//www1. folha. uol. com. br/seminariosfolha/2019/05/demonizada-por-bolsonaro-lei-rouanet-ainda-e-pilar-da-cultura. shtml.

政府"牺牲"了大量公共资金用于满足私人利益。[1] 同时，企业投资往往以市场为导向，以私人利益为基础，以营利为主要目的，过度依赖私人投资带来了文化资源分配不均、文化市场不稳定等弊端。

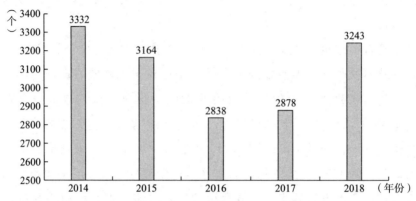

图 3　通过《赞助法》免税政策获得赞助的文化项目数量（2014～2018 年）

资料来源：Salic net，"Mecenato-Quantitativo de projetos aprovados por ano，região e uf，"http：//sistemas. cultura. gov. br/salicnet/Salicnet/Salicnet. php#。

（三）　积极推动文化创意产业发展，借此带动经济复苏

积极推动文化创意产业发展是特梅尔执政时期巴西文化部的重点工作。文化部部长塞尔吉奥·萨·莱唐强调文化创意产业的经济价值和增长潜力，将之视为巴西经济复苏的催化剂。塞尔吉奥·萨·莱唐曾担任卢拉政府文化部办公室主任和文化政策处处长，深受时任文化部部长吉尔伯托·吉尔（Gilberto Gil）的思想影响，大力推崇文化创意产业的发展和面向市场的新自由主义管理模式。莱唐认为，推动小型文化企业发展、扩大文化产品及服务出口对巴西等新兴国家的发展而言至关重要，政府应该采取多种方式大力推进文化创意活动的开展。[2] 为此，巴西文化部制定出一系列推动文化创意产业发展的政策方针，并将《赞助法》

① Amanda P. Coutinho de Cerqueira，"Política cultural e'crise'no governo Temer，"*Revista Novos Rumos*，Vol. 55，No. 1，junho 2018，p. 15.

② Alexandre Barbalho，"Política cultural em tempo de crise：o Ministério da Cultura no governo Temer，"*Revista de Políticas Públicas*，Vol. 22，No. 1，abril de 2018，p. 253.

作为刺激文化创意产业发展的重要手段，鼓励私人投资，提高创意经济在 GDP 中的比重。其中，2017 年 12 月，巴西文化部出台了《赞助法》第 5 号标准指令（5ᵃ edição da Instrução normativa da Lei Rouanet），将规定条款由 136 条减至 73 条，进一步放宽了对文化赞助的限制，提高了文化赞助的资金额度，以此提升文化赞助机制的灵活性，吸引企业积极参与文化投资，激发文化市场的活力。[1]

在政府的大力推动和支持下，虽然 2015 年以来巴西经济低迷，但是文化创意产业仍保持强劲的发展势头。据统计，2013～2017 年，巴西文化创意产业年均增速高达 8.1%，远高于巴西经济增长率；其产值约占巴西 GDP 的 2.64%，高于纺织、制药等传统产业，涵盖巴西近 25 万家企业和机构，为社会创造了 100 万个直接就业岗位。[2] 文化创意产业成为推动巴西文化事业发展和带动经济复苏的重要抓手。

二　有喜有忧：特梅尔执政时期巴西文化发展总体评析

（一）　文化投入：政府直接投入减少的同时公共资金成为主要来源

前文提及，特梅尔执政时期，为了摆脱经济困境、缓解财政赤字、减少公共债务，联邦政府大幅削减文化预算和直接投资，在文化领域的直接投入十分有限，仅为 10 亿雷亚尔左右。其中，2016 年，联邦政府在文化领域的实际支出仅有 9.51 亿雷亚尔，2017 年为 10.2 亿雷亚尔，2018 年降至 9.88 亿雷亚尔（见图 1）。

政府在减少文化投入的同时，以市场为导向，大力实施《赞助法》，利用税收优惠等措施积极鼓励私人企业投资文化项目。在此情况下，通过《赞助法》推行的税收优惠政策筹集的公共资金成为巴西文化事业的

---

[1]　Amanda P. Coutinho de Cerqueira, "Política cultural e 'crise' no governo Temer," *Revista Novos Rumos*, Vol. 55, No. 1, junho 2018, p. 10.

[2]　Secretaria Especial da Cultura, "Economia Criativa," outubro 2019, http://cultura.gov.br/economia-criativa/.

主要资金来源，企业尤其是大型国有企业成为巴西文化事业赞助的主力军。其中，巴西国家经济社会发展银行（BNDES）是特梅尔执政时期巴西文化事业的最大赞助商。2016～2018 年，该银行累计在文化领域投资20.27 亿雷亚尔，居巴西全国企业之首。[①]

（二）文化供给：数量可观但资源分布不均

1. 博物馆

相较于其他发展中国家，拥有 2 亿多人口的拉美第一大国巴西在博物馆拥有量方面较为可观。根据巴西博物馆协会（IBRAM）发布的数据，2014～2018 年，巴西全国拥有的博物馆数量逐年增加，由 2014 年的3592 个增至 2018 年的3769 个（见图 4）。相较于巴西，拥有 14 亿人口的发展中大国中国拥有的博物馆数量有限。2016 年，中国全国一共有4109 个博物馆；2017 年增至 4721 个；2018 年为 4918 个。[②]

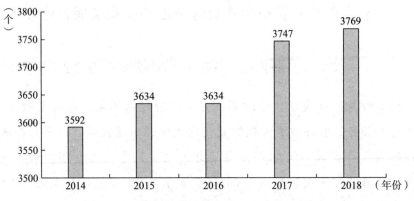

图 4　巴西全国博物馆拥有量（2014～2018 年）

资料来源：IBRAM，"Formulário de Visitação Anual，" maio 2021，http：//www. museus. gov. br/acessoainformacao/acoes-e-programas/museus-e-publico/formulario-de-visitacao-anual/。

---

① Ministério da Transparência e Controladoria – Geral， "Anuário estatístico 2018，" http：//www. transparencia. gov. br/funcoes/13 – cultura? ano = 2018.

② 中国国家统计局，http：//data. stats. gov. cn/search. htm？ s = % E5% 8D% 9A% E7% 89% A9% E9% A6% 86。

　　2016～2018 年，巴西博物馆在接待量方面起伏较大。2016 年，巴西全国平均每个博物馆年均接待量约为 3.1 万人次，较上年下降了 12.7%；2017 年，博物馆平均接待量达到近五年（2014～2018 年）峰值，超过 4 万人次，达到 4.2 万人次；2018 年，又回落到 2016 年的水平（甚至比 2016 年的水平还低），不到 3 万人次（见图 5）。

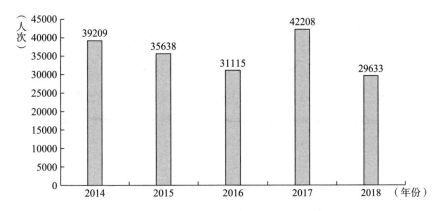

图 5　巴西全国每个博物馆年均接待量（2014～2018 年）

　　资料来源：IBRAM，"Formulário de Visitação Anual," maio 2021，http://www.museus.gov.br/acessoainformacao/acoes-e-programas/museus-e-publico/formulario-de-visitacao-anual/。

　　博物馆等公益文化事业对于私人企业的投资吸引力相对较弱，因此在资金来源方面，博物馆以文化部及其事业单位的间接投资为主。文化部及其事业单位对博物馆的投资分为直接投资和通过税收减免机制实现的间接投资两种方式，其中以通过税收减免机制实现的间接投资为主。2014～2018 年，文化部及其事业单位对博物馆的投资总额维持在 3 亿～4 亿雷亚尔。2016 年达到峰值，为 3.73 亿雷亚尔，其中直接投资为 0.87 亿雷亚尔，通过税收减免机制实现的间接投资为 2.86 亿雷亚尔，占博物馆当年投资总额的 76.7%（见图 6）。

　　博物馆在地区分布上也不均衡，主要集中于巴西经济最为发达、人口最为密集的东南部地区，且呈现逐年增加的趋势，由 2016 年的 1425 个增至 2018 年的 1593 个。然而，欠发达的北部和中西部地区所拥有的

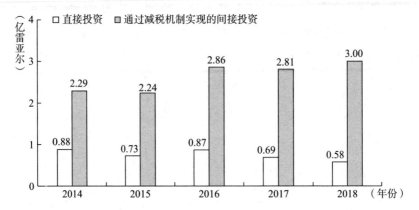

图 6　巴西文化部及其事业单位对博物馆的投资金额（2014~2018 年）

资料来源：IBRAM，"Economia de Museus-Investimentos no Setor Museal，" https：//www. museus. gov. br/wp-content/uploads/2020/07/Investimentos-no-Setor-Museal-2018. pdf。

博物馆数量非常有限，2016 年以来并未取得明显增长，2016 年分别为 168 个和 267 个，2018 年分别为 178 个和 267 个（见图 7）。

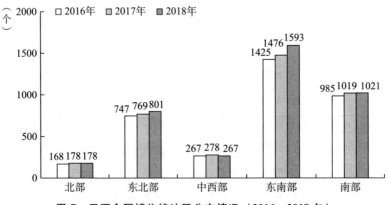

图 7　巴西全国博物馆地区分布情况（2016~2018 年）

资料来源：IBRAM，"Formulário de Visitação Anual，" http：//www. museus. gov. br/acessoainformacao/acoes-e-programas/museus-e-publico/formulario-de-visitacao-anual/。

2. 公共图书馆

在公共图书馆拥有量方面，根据巴西国家公共图书馆系统（Sistema Nacional de Bibliotecas Públicas，SNBP）的官方统计数据，2015 年，巴西全国一共拥有 6057 个公共图书馆①，平均每个图书馆约覆盖 3 万名公民。② 相较于其他发展中大国，巴西公共图书馆拥有量并不低。但是，与博物馆地区分布情况一样，巴西公共图书馆同样存在地区分布严重不均的突出问题，主要集中于东南部、东北部和南部地区，其数量远超北部和中西部内陆地区。其中，经济最为发达、文化最为繁荣的东南部地区一共拥有近两千个公共图书馆，居全国之首，而经济落后的北部地区公共图书馆拥有量最少，仅有 462 个（见图 8）。

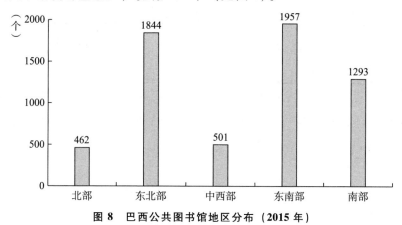

图 8　巴西公共图书馆地区分布（2015 年）

资料来源：Sistema Nacional de Bibliotecas Públicas（SNBP），"Informações das bibliotecas públicas，" http：//snbp. cultura. gov. br/bibliotecaspublicas/。

3. 艺术展览及艺术教育

在发展中国家中，巴西的艺术市场较为活跃，其中巴西圣保罗双年展（Bienal de São Paulo）是拉丁美洲最大的艺术展，与威尼斯双年展和卡塞尔文献展并称为世界三大艺术展。2018 年，巴西第一大智库——瓦加斯基金会对巴西当代艺术市场进行了调查，巴西全国共有 45 家美术馆参与了此次调查。调查显示，2017 年，巴西平均每家美术馆举办个人展览达 5.76 次，集体展览为 1.82 次；96% 的美术馆参加过全国性会展，

---

① Sistema Nacional de Bibliotecas Públicas（SNBP），"Informações das bibliotecas públicas，" http：// snbp. cultura. gov. br/bibliotecaspublicas/.

② Sistema CFB/CRB，"Brasil possui uma biblioteca pública para cada 30 mil habitantes，" 2018， http：//www. crb8. org. br/brasil-possui-uma-biblioteca-publica-para-cada-30-mil-habitantes/.

60% 的美术馆参加过国际性会展。从艺术作品的销售情况来看，国内市场占据主导地位，81% 的艺术作品在国内市场进行销售，仅 19% 的作品销往海外。[①]

巴西学校长期以来十分重视艺术教育。就小学教育而言，2017 年，巴西开设艺术课程的公立小学一共有 112334 所，占全国公立小学总数的 77.9%[②]，与 2016 年持平，较 2011～2015 年有小幅增长（见图 9）。就高等教育而言，2011～2017 年，巴西本科艺术和文化专业的招生人数呈现快速增长态势，由 2011 年的 59.19 万人增至 2017 年的 142.75 万人。在招生人数大幅增长的同时，报名人数也有所增加，但是增速相对较缓，由 2011 年的 73.68 万人增至 2017 年的 84.66 万人。从 2013 年起，每年巴西本科艺术和文化专业的招生人数超过实际报名人数，且二者的差距不断扩大，其中 2017 年该专业招生人数（142.75 万人）比实际报名人数（84.66 万人）多出 58.09 万人（见图 10）。

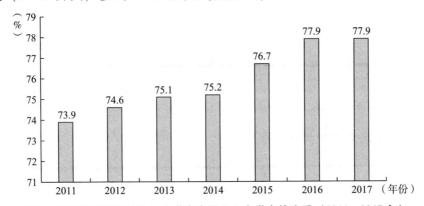

图 9 开设艺术课程的公立小学在全国公立小学中的比重（2011～2017 年）

资料来源：Ministério da Cultura，"Plano Nacional de Cultura-Relatório 2017 de Acompanhamento das Metas-1ª edição，" 2018，http://pnc. cultura. gov. br/wp-content/uploads/sites/16/2018/12/RELAT% C3% 93RIO-COMPILADO-2017. pdf。

① Latitude/ABACT/Apex-Brasil，novembro 30，2018，http://latitudebrasil. org/media/uploads/arquivos/arquivo/2018－11－30_ pesq. pdf.

② Ministério da Cultura，"Plano Nacional de Cultura- Relatório 2017 de Acompanhamento das Metas-1ª edição，" 2018，http://pnc. cultura. gov. br/wp-content/uploads/sites/16/2018/12/RELAT% C3% 93RIO － COMPILADO － 2017. pdf.

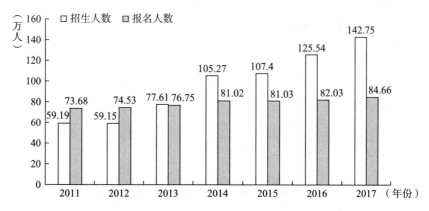

图 10　巴西本科艺术和文化专业招生及报名人数（2011～2017 年）

资料来源：Ministério da Cultura，"Plano Nacional de Cultura-Relatório 2017 de Acom-panhamento das Metas-1ª edição，"2018，http：//pnc. cultura. gov. br/wp-content/uploads/sites/16/2018/12/RELAT% C3％93RIO-COMPILADO-2017. pdf。

（三）　文化消费：民众文化消费水平日益提高

随着民众精神文化需求的持续增长，文化消费越来越成为扩大内需和促进经济发展的重要引擎。近十年来，巴西民众的文化消费水平日益提高。根据巴西地理统计局（IBGE）发布的 2017～2018 年《家庭预算调查》（Pesquisa de Orçamento Familiar），文化娱乐支出和教育支出在巴西家庭支出中的比重日益提升，较 2008～2009 年，文化娱乐支出由 1.6％增至 2.1％，教育支出由 2.7％增至 3.8％（见图 11）。其中，手机及相关设备支出由 0.1％增至 0.9％，话费、收视费和网费支出由 0.7％增至 1.1％；而购买书籍、杂志的支出则大幅减少，由 0.5％减至 0.1％。[①] 在文化消费项目中，音乐、电影和旅游受到巴西民众的青睐。2016 年以来，虽然巴西经济低迷，但是音乐市场繁荣，数字音乐尤其是流媒体音乐服务呈现爆发式增长；观影人数 2016 年和 2017 年有所增加，

[①]　Folha de S. Paulo/IBGE，"Pesquisa de Orçamento Familiar（POA），"outubro 2019，https：//www1. folha. uol. com. br/mercado/2019/10/pesquisa-de-orcamento-familiar-mostra-despesa-maior-com-educacao-celular-higiene-e-dividas. shtml.

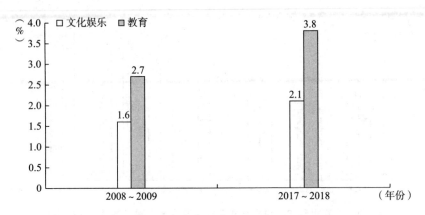

图 11　文化娱乐和教育支出在巴西家庭支出中的比重

资料来源: Folha de S. Paulo/IBGE, "Pesquisa de Orçamento Familiar (POA)," outubro 2019, https://www1.folha.uol.com.br/mercado/2019/10/pesquisa-de-orcamento-familiar-mostra-despesa-maior-com-educacao-celular-higiene-e-dividas.shtml。

2018 年有所回落, 以观看外国电影为主; 民众出行意愿和热情逐步回升, 旅游市场开始回暖。然而, 传统书店行业面临经营困境, 纷纷倒闭或转型。

1. 音乐

巴西音乐市场较为繁荣。根据国际唱片业协会 (IFPI) 2019 年发布的《全球音乐市场报告》, 巴西是当前世界第十大录制音乐市场。2018 年, 巴西音乐市场总收入为 2.98 亿美元, 同比增长了 1% (见图 12)。在经济低迷的环境下, 巴西音乐产业克服重重阻力, 仍以较快速度发展, 很大程度上得益于数字音乐尤其是流媒体音乐服务的爆发式增长。2018 年, 巴西数字音乐产业营收高达 2.162 亿美元, 同比增长 21.1%, 占巴西音乐市场总收入的 72.5%, 其中仅流媒体音乐市场收入就高达 2.08 亿美元, 同比增长了 46%, 占巴西音乐市场总收入的 69.8%。[①] 然而, 实体音乐产业遭受冲击, 持续缩水。2018 年, 其收入同比减少了 72.8%, 仅占巴西音乐市场总收入的 1.4%; 同年, 艺人公开演出收入仅为 7740

---

① Pró-Música Brasil, "Mercado Brasileiro de Música," janeiro 2, 2019, https://pro-musicabr.org.br/home/numeros-do-mercado/。

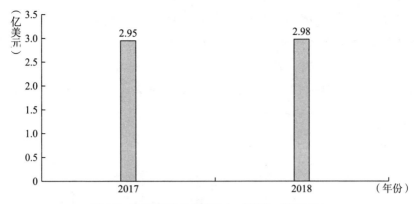

图 12　巴西音乐市场总收入（2017~2018 年）

资料来源：Pró-Música Brasil，"Mercado Brasileiro de Música," janeiro 2，2019，https：//pro-musicabr. org. br/home/numeros-do-mercado/。

万美元，同比减少了 23.1%（见图 13）。

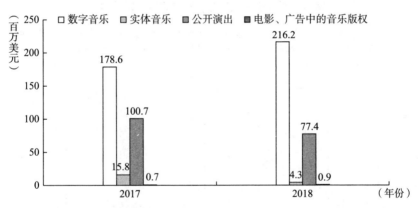

图 13　巴西各类音乐市场收入情况（2017~2018 年）

资料来源：Pró-Música Brasil，"Mercado Brasileiro de Música," https：//pro-musica-br. org. br/home/numeros-do-mercado/。

2. 电影

视听产业是巴西近十年来发展最迅速的文化产业之一。从电影行业来看，较之 2015 年，2016 年和 2017 年巴西全国观影人数有所增加，但是 2018 年有所下跌。其中，2016 年，巴西全国居民人数约为 2.09 亿人①，观

① "População do Brasil," outubro 2019，https：//countrymeters. info/pt/Brazil.

影人数为 1.84 亿人次①；2018 年，巴西全国居民人数约为 2.13 亿人②，观影人数为 1.63 亿人次（见图 14）。巴西观众仍以观看外国电影为主，观看巴西国产电影的人数较少。2018 年，巴西全国观看外国电影的人数为 1.39 亿人次，观看国产电影的人数仅为 0.24 亿人次，两者数量悬殊（见图 15）。

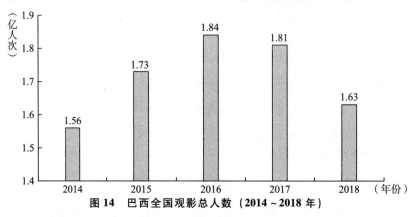

图 14　巴西全国观影总人数（2014～2018 年）

资料来源：ANCINE/ Sistema de Acompanhamento da Distribuição em Salas de Exibição（SADIS），"Distribuição em salas – 2018," setembro 2020, https://oca. ancine. gov. br/sites/default/files/repositorio/pdf/informe_ distribuicao_ em_ salas_2018. pdf。

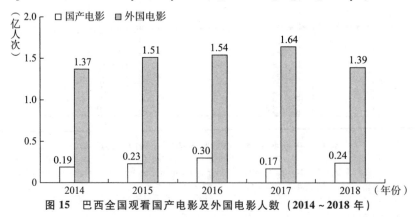

图 15　巴西全国观看国产电影及外国电影人数（2014～2018 年）

资料来源：ANCINE / Sistema de Acompanhamento da Distribuição em Salas de Exibição（SADIS），"Distribuição em salas – 2018," setembro 2020, https://oca. ancine. gov. br/sites/default/files/repositorio/pdf/informe_ distribuicao_ em_ salas_2018. pdf。

① ANCINE / Sistema de Acompanhamento da Distribuição em Salas de Exibição（SADIS），"Distribuição em salas – 2018," setembro 2020, https://oca. ancine. gov. br/sites/default/files/repositorio/pdf/informe_ distribuicao_ em_ salas_2018. pdf.

② "População do Brasil," outubro 2019, https://countrymeters. info/pt/Brazil.

2014 年以来，巴西全国电影总票房持续增加，由 2014 年的 24.58 亿雷亚尔增至 2017 年的 23.52 亿雷亚尔；2018 年略有下降，为 19.56 亿雷亚尔。① 在票房收入中，外国电影占据主导地位，巴西国产电影占比很小。2014 年，在 24.58 亿雷亚尔的全国电影总票房中，外国电影的票房为 21.68 亿雷亚尔，巴西国产电影票房仅有 2.9 亿雷亚尔，占总票房仅12% 左右（见图 16）。

图 16 巴西国内电影票房情况（2014～2018 年）

资料来源：ANCINE / Sistema de Acompanhamento da Distribuição em Salas de Exibição（SADIS），"Distribuição em salas – 2018，" setembro 2020, https：//oca. ancine. gov. br/sites/default/files/repositorio/pdf/informe_ distribuicao_ em_ salas_2018. pdf。

2014 年以来，巴西影院上映的电影数量呈逐年增加的趋势，由 2014年的 363 部增至 2018 年的 480 部。② 以外国电影为主，但是巴西国产电影的上映数量和占比增长明显，由 2014 年的 114 部增至 2018 年的 185部，在影院上映电影总数中的比重由 2014 年的 31.4% 增至 2018 年的38.5%（见图 17）。虽然巴西国产电影的上映数量和占比增长明显，但

---

① ANCINE / Sistema de Acompanhamento da Distribuição em Salas de Exibição（SADIS），"Distribuição em salas – 2018，" setembro 2020, https：//oca. ancine. gov. br/sites/default/files/repositorio/pdf/informe_ distribuicao_ em_ salas_2018. pdf.

② ANCINE / Sistema de Acompanhamento da Distribuição em Salas de Exibição（SADIS），"Distribuição em salas – 2018，" setembro 2020, https：//oca. ancine. gov. br/sites/default/files/repositorio/pdf/informe_ distribuicao_ em_ salas_2018. pdf.

是其票房并未稳步增加，且金额有限。2014～2018 年，除了 2016 年外，每年巴西国产电影的票房均未超过 3 亿雷亚尔。其中，2016 年，巴西国产电影票房达到近五年峰值，为 3.63 亿雷亚尔。随后，2017 年和 2018 年不升反降，2017 年降至 2.78 亿雷亚尔，2018 年为 2.22 亿雷亚尔（见图 16），表明巴西国产电影的整体质量有待提升。2018 年，美国电影《复仇者联盟：无限战争》以 2.38 亿雷亚尔的票房成为当年巴西最受欢迎的电影，《没有什么可以失去》（Nada a Perder）以 1.2 亿雷亚尔票房居当年巴西国产电影票房榜首。

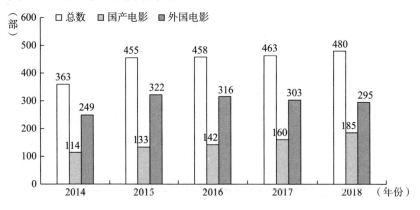

图 17　巴西国内上映电影数量（2014～2018 年）

资料来源：ANCINE / Sistema de Acompanhamento da Distribuição em Salas de Exibição（SADIS），"Distribuição em salas – 2018," setembro 2020, https://oca.ancine. gov.br/sites/default/files/repositorio/pdf/informe_distribuicao_em_salas_2018.pdf。

3. 旅游

2015 年，由于经济危机、雷亚尔贬值、失业率攀升等因素，巴西民众纷纷削减旅游开支，出游人数同比减少了 16%，尤其是出境游市场遭受重创。2016 年以来，随着巴西经济的缓慢复苏，巴西民众出行意愿和热情逐步回升，巴西旅游市场出现回暖势头。根据巴西旅行社协会（Braztoa）的统计数据，2018 年，巴西约有 648 万人出游，同比增长了 18%，其中约 500 万人选择国内游，占出行总人数的 77%（见图 18 和图 19），东北部地区是巴西境内最热门的旅游目的地，吸引了 258 万名巴西游客，占巴西国内游游客总人数的 52%。同年，巴西出境游人数

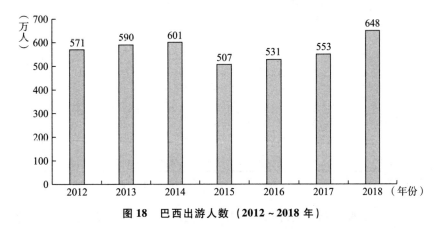

图 18　巴西出游人数（2012～2018 年）

资料来源：Braztoa, "Anuário Braztoa," outubro 2019, http://braztoa.com.br/publi-cacoes/。

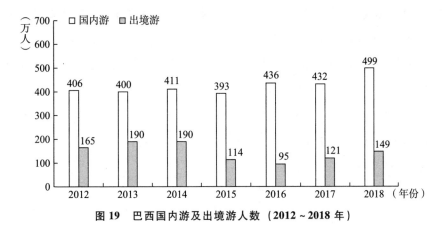

图 19　巴西国内游及出境游人数（2012～2018 年）

资料来源：Braztoa, "Anuário Braztoa," outubro 2019, http://braztoa.com.br/publi-cacoes/。

为 149 万人，同比增长了 23%，以短途旅行为主；美洲和欧洲地区是巴西出境游客的首选目的地，相较于 2017 年，2018 年前往北美地区的巴西游客数量大幅攀升，同比增长了 45%，其次是南美洲（29.6%）和欧洲（16.8%）；而前往亚洲、非洲和大洋洲地区的巴西游客同比减少了 8.5%（见表 1）。

表 1   2012 ~ 2018 年巴西游客出境游去向统计

单位：万人

地区	2012 年	2013 年	2014 年	2015 年	2016 年	2017 年	2018 年
北美洲	51.9	54.5	54.5	31.1	24.0	27.3	39.7
中美洲及加勒比地区	21.6	38.4	35.9	23.7	19.9	22.9	23.9
南美洲	42.5	39.4	41.1	27.9	24.2	31.1	40.3
欧洲	43.5	51.3	51.1	27.1	24.2	34.5	40.3
亚/非/大洋洲	5.9	6.1	7.3	4.1	3.1	4.7	4.3
合计	165.4	189.7	189.9	113.9	95.4	120.7	148.5

资料来源：Braztoa，"Anuário Braztoa，" outubro 2019，http://braztoa.com.br/publicacoes/。

2016 年以来，虽然巴西民众出行意愿逐渐提升，旅游市场开始回暖，但是，受经济低迷、失业率攀升等因素的影响，巴西游客人均旅游票价和旅游费用呈现下降趋势。其中，国内游的人均旅游票价由 2016 年的 1689 雷亚尔降至 2018 年的 1521 雷亚尔，出境游的人均旅游票价由 2016 年的 4158 雷亚尔降至 2018 年的 3520 雷亚尔（见图 20）。大部分游客选择 5 ~ 9 天的短期旅行，占游客总人数的一半左右；出游 10 天及以上的游客不到 30%，与出游 4 天及以下的游客数量差距不大。其中，2018 年，选择 5 ~ 9 天旅行的游客人数占游客总人数的 51%，选择 4 天及以下和 10 天及以上的游客人数的占比分别为 27% 和 22%（见图 21）。

图 20   巴西游客人均旅游票价（2015 ~ 2018 年）

资料来源：Braztoa，"Anuário Braztoa，" outubro 2019，http://braztoa.com.br/publicacoes/。

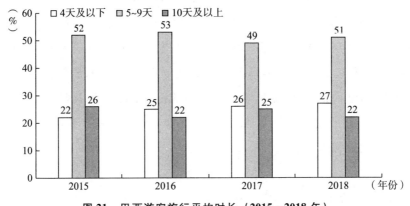

图 21　巴西游客旅行平均时长（2015～2018 年）

资料来源：Braztoa，"Anuário Braztoa,"outubro 2019，http：//braztoa. com. br/ publicacoes/。

4. 书店

数字化的普及和电子商务的发展给传统图书产业带来了巨大压力和挑战。据统计，2007～2017 年，巴西实体书店和文具店数量减少了 29%，两万多家实体书店和文具店停业（见图 22）。其中，圣保罗州关闭的书店数量最多，约 8764 家；其次是南里奥格兰德州（2449 家）、米纳斯吉拉斯州（2251 家）、巴拉那州（1659 家）和里约热内卢州（971 家）。[①] 面对经营困境的现状，大型书店纷纷转型，借助电商和数字化技术进一步扩大规模，通过网店、电子书、促销活动等吸引读者，但是微型书店因资金不足、供销渠道单一，转型困难，且失去价格竞争优势，纷纷倒闭。2017年，巴西一共有 3594 家书店停业，其中微型书店占到 98%。

实体书店数量的下跌导致该行业就业机会大幅减少。2018 年，实体书店和文具店提供了 11 万个就业岗位，同比减少了 1189 个就业岗位。[②]

[①] Globo，"Número de livrarias e papelarias no Brasil encolhe 29% em 10 anos,"dezembro 9, 2018，https：//g1. globo. com/economia/noticia/2018/12/09/numero-de-livrarias-e-papelarias-no-brasil-encolhe-29-em-10-anos. ghtml.

[②] Globo，"Número de livrarias e papelarias no Brasil encolhe 29% em 10 anos,"dezembro 9, 2018，https：//g1. globo. com/economia/noticia/2018/12/09/numero-de-livrarias-e-papelarias-no-brasil-encolhe-29-em-10-anos. ghtml.

根据巴西地理统计局（IBGE）的调查，2018 年，书籍、报纸、杂志和文具用品的销售额下滑了 10.1%，是巴西零售业中表现最差的产业。[①]此外，巴西民众普遍缺乏阅读习惯。根据巴西 Pró-Livro 研究所（Instituto Pró-Livro）发布的巴西阅读情况调查报告，44% 的巴西居民没有阅读习惯，30% 的巴西居民甚至从未购买过书籍；每名巴西人每年平均阅读 4.96 本书，其中完整阅读 2.43 本书，其他 2.53 本书仅部分阅读，与发达国家存在较大差距。[②]

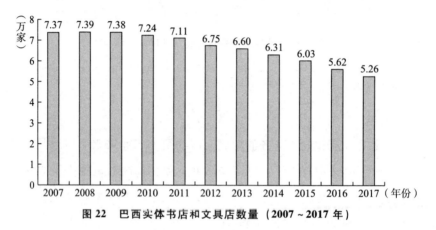

图 22　巴西实体书店和文具店数量（2007~2017 年）

资料来源：Globo，"Número de livrarias e papelarias no Brasil encolhe 29% em 10 anos," dezembro 9, 2018, https://g1.globo.com/economia/noticia/2018/12/09/numero-de-livrarias-e-papelarias-no-brasil-encolhe-29-em-10-anos.ghtml。

（四）文化产业：对经济贡献较低且从业人数较少

巴西文化产业发展水平较低，对其经济贡献有限。根据世界银行的统计数据，就全球总体情况而言，全球文化产业产值约占 GDP 的 7%。[③]

---

① Globo，"Número de livrarias e papelarias no Brasil encolhe 29% em 10 anos," dezembro 9, 2018, https://g1.globo.com/economia/noticia/2018/12/09/numero-de-livrarias-e-papelarias-no-brasil-encolhe-29-em-10-anos.ghtml.

② Pró-Livro，"Retratos da leitura no Brasil-2015," outubro 2019, http://prolivro.org.br/home/images/2016/Pesquisa_Retratos_da_Leitura_no_Brasil_-_2015.pdf.

③ Publishnews，"Ministério da Cultura lança Coleção Atlas Econômico da Cultura," abril 4, 2017, https://www.publishnews.com.br/materias/2017/04/04/ministerio-da-cultura-lanca-colecao-atlas-economico-da-cultura.

然而，根据巴西文化部的统计数据，巴西文化及相关产业增加值仅占其GDP 的 4%[①]，与世界总体水平存在较大差距，对其经济贡献有待提升。

此外，2014 年以来，受政治不稳、经济低迷、失业率攀升、文化产业发展缓慢等因素的影响，巴西文化及相关产业正式从业人数较少且总体呈现下降的趋势，由 2014 年的 168.51 万人降至 2017 年的 150.36 万人，2018 年人数略微回升，但仍低于 2016 年的水平（见图 23）。此外，从业者地区分布严重不均，呈现"一家独大"的局面，主要集中在巴西

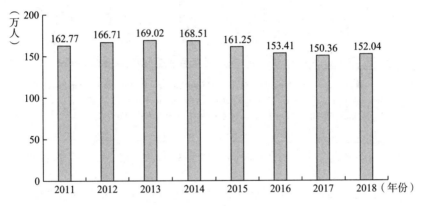

图 23　巴西文化及相关产业正式从业者人数（2011～2018 年）

资料来源：Ministério da Cultura，"Plano Nacional de Cultura-Relatório 2018 de Acompanhamento das Metas，" janeiro 2018，http://pnc. cultura. gov. br/wp-content/uploads/sites/16/2018/12/RELAT% C3 % 93 RIO-COMPILADO-2017. pdf。

经济最为发达的东南部地区，尤以圣保罗、里约热内卢等发达的大城市为主。2016 年，巴西全国一共有 67625 家文化企业和 70349 个地方文化机构[②]，与 2015 年的数字基本持平，文化及相关产业正式从业人数为153.41 万名，其中仅东南部地区就聚集了 90 余万名从业者，占从业总人数的一半以上，而经济贫困的北部地区仅有 7 万多人，与东南部地区

---

① Publishnews，"Ministério da Cultura lança Coleção Atlas Econômico da Cultura，" abril 4，2017，https://www. publishnews. com. br/materias/2017/04/04/ministerio-da-cultura-lanca-colecao-atlas-economico-da-cultura.

② IBGE，"Anuário estatístico 2018，" 2019，https://biblioteca. ibge. gov. br/visualizacao/periodicos/20/aeb_2018. pdf.

数量悬殊（见图 24）。

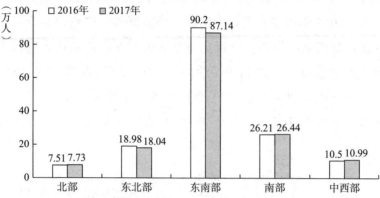

图 24 巴西文化及相关产业正式从业者地区分布情况（2016～2017 年）

资料来源：Ministério da Cultura，"Plano Nacional de Cultura-Relatório 2018 de Acompanhamento das Metas，" janeiro 2018，http://pnc. cultura. gov. br/ wp-content/ uploads/sites/16/2018/12/RELAT% C3% 93RIO-COMPILADO-2017. pdf。

（五）文化传播：传统媒体和新兴媒体并存且新兴媒体发展迅速

文化传播方面，巴西当前主要以广播、电视、报纸和互联网为主，传统媒体与新兴媒体并存。其中，互联网、数字电视、数字广播、数字报纸、数字电影等新兴媒体发展迅速，广播、电视、报纸等传统媒体取得一定发展的同时，也面临不小的压力和挑战。

1. 广播

巴西民众喜欢收听广播和观看电视节目。调查显示，2018 年，巴西近 86% 的民众收听广播节目，其中 60% 的听众表示每天收听；听广播的时间平均每天 4 小时左右；85% 的听众通过收音机收听广播，18% 通过手机，仅 4% 的听众使用电脑收听。[①] 为了迎合听众的需求，2011～2018 年，巴西广播频率数量稳步增加，尤其是 2016 年以来增长幅度较大，由 2015 年的 9864 个增至 2016 年的 10231 个；2017 年达到顶峰，为 10480

---

① Kantar Ibope Media，"Book the Rádio 2018，" outubro 2019，https://www. kantaribopemedia. com/wp-content/uploads/2018/09/Book-de-R% C3% A1dio-2018_ Final. pdf。

个；2018 年略有下降，为 10386 个（见图 25）。

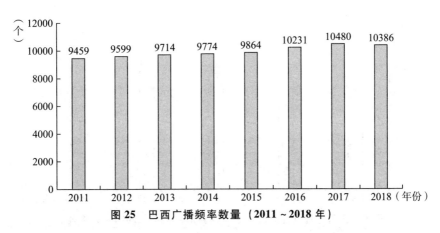

图 25　巴西广播频率数量（2011～2018 年）

资料来源：Teleco，"Rádio no Brasil，" https://www.teleco.com.br/radio.asp.

2. 电视

电视是巴西民众获取信息的主要渠道，也是最受巴西民众喜爱的大众媒介。根据 2016 年巴西联邦政府社会传媒秘书处（Secretaria de Comunicação Social）发布的调查数据，近 90% 的巴西民众通过电视获取信息；63% 的受访者将电视作为获取信息的首要渠道，其次是互联网（28%）。77% 的民众表示会每天收看电视；巴西民众收看电视时长为平均每天 3～4 小时；环球电视台（Rede Globo）是巴西收视率最高的电视台。[①]

付费电视服务方面，2014～2018 年巴西付费电视频道逐年增加，由 2014 年的 200 个增至 2018 年的 317 个（见图 26）。其中，巴西独立制作的节目在付费电视节目中的比重略有提高，由 2016 年的 10.50% 增至 2017 年的 13.80%，2018 年降至 11.18%（见图 27）。然而，受经济不景气、互联网使用增加等影响，巴西付费电视的用户数量呈现逐渐减少的趋势，2017 年降幅最大，相比上年减少了 100 万付费用户（见图 28）。另外，巴西配备电视的家庭数量持续增加，2017 年突破 7000 万户，2018

---

① Globo，"TV é o meio preferido de 63% dos brasileiros para se informar, e internet de 26%, diz pesquisa," janeiro 24, 2017, https://g1.globo.com/economia/midia-e-marketing/noticia/tv-e-o-meio-preferido-por-63-dos-brasileiros-para-se-informar-e-internet-por-26-diz-pesquisa.ghtml.

年达到峰值，共计 7170 万户（见图 29）。

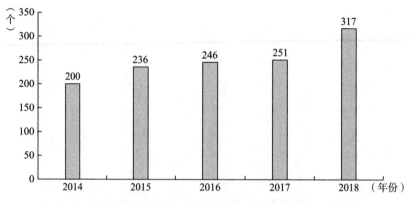

图 26 巴西付费电视频道（含 HD 高清）数量（2014～2018 年）

资料来源：ANCINE，"Mercado Audiovisual Brasileiro," https://oca. ancine. gov. br/mercado-audiovisual-brasileiro。

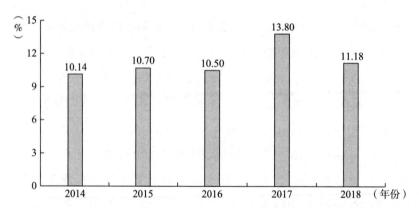

图 27 巴西独立制作的节目在付费电视节目中的比重（2014～2018 年）

资料来源：ANCINE，"Mercado Audiovisual Brasileiro," https://oca. ancine. gov. br/mercado-audiovisual-brasileiro。

3. 报纸

新兴媒体的出现和普及使得报刊、广播等传统媒体的发展面临不小的压力和挑战。根据巴西民调机构 Ibope 的统计数据，2016 年，仅有 8% 的巴西居民每天看报纸。在每周至少阅读一次报纸的受访者中，30% 的读者将电子报纸作为首选，66% 的读者仍保留阅读纸质版报纸的习惯。在阅读纸质版报纸的读者中，49% 的读者通过报亭购买报纸，仅 16% 的

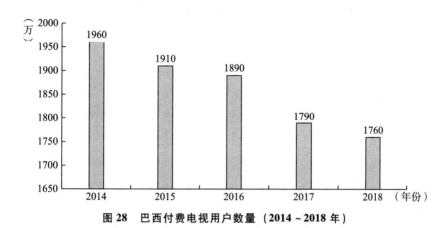

图 28　巴西付费电视用户数量（2014～2018 年）

资料来源：ANCINE，"Mercado Audiovisual Brasileiro," https://oca. ancine. gov. br/
mercado-audiovisual-brasileiro。

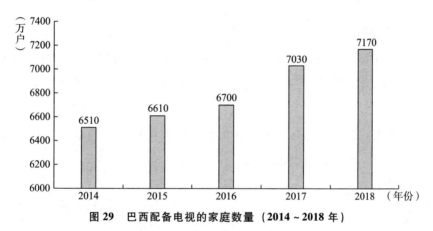

图 29　巴西配备电视的家庭数量（2014～2018 年）

资料来源：ANCINE，"Mercado Audiovisual Brasileiro," https://oca. ancine. gov. br/
mercado-audiovisual-brasileiro。

读者订阅报纸。[①] 在巴西报纸阅读量排行中，《环球报》（*O Globo*）、《圣
保罗页报》（*Folha de S. Paulo*）和《超级新闻》（*Super Notícia*）是巴西
国内最受民众欢迎的三大报纸（见表 2）。

---

① Oitomeia，"67% dos brasileiros não leem jornais，aponta pesquisa," janeiro 23，2017，https://
www. oitomeia. com. br/colunas/edjalma-borges/2017/01/23/67-dos-brasileiros-nao-leem-jornais-
aponta-pesquisa/.

表 2　2016 年巴西阅读量最多的十大报纸

报纸名称	首选（%）	第二选择（%）
《环球报》（O Globo）	8	11
《圣保罗页报》（Folha de S. Paulo）	7	10
《超级新闻》（Super Notícia）	5	6
《号外》（Extra［RJ］）	4	6
《圣保罗州报》（Estadão）	3	6
《高乔人日报》（Diário Gaúcho）	3	3
《零点》（Zero Hora）	2	4
《半小时》（Meia Hora）	2	3
《午报》（A tarde）	2	2
《每日报》（O dia）	1	3

资料来源：Ibope/Secom，"Pesquisa Brasileira de Mídia de 2016," https://www. oitomeia. com. br/ colunas/edjalma-borges/2017/01/23/67-dos-brasileiros-nao-leem-jornais-aponta-pesquisa/。

4. 互联网

2010 年以来，互联网作为新兴产业在巴西发展迅速，网民数量逐年增加。2018 年，巴西全国 70% 的居民使用互联网，全国网民人数达到 7000 万人，同比增长了 4.5%（见图 30）。其中，巴西全国 74% 的城镇居民已接入互联网，49% 的农村居民是互联网用户。全国 4650 万户家庭配备互联网，占家庭总数的 67%。

图 30　巴西全国网民人数（2011～2018 年）

资料来源：Globo/TIC domicílios，"Uso da internet no Brasil cresce, e 70% da população está conectada, https://g1. globo. com/economia/tecnologia/noticia/2019/08/28/ uso-da-internet-no-brasil-cresce-e-70percent-da-populacao-esta-conectada. ghtml。

　　当前，手机是巴西民众上网的最主要途径，其次是电脑及智能电视。2014 年，巴西使用电脑上网的用户比例高达 80%，手机占 76%。然而，到了 2018 年，巴西 97% 的网民用手机上网，43% 用电脑上网（见图31）。这一变化反映，由于手机上网的便利性，巴西使用手机上网的民众人数不断增长，成为当前其访问网络的最主要渠道，而经常使用电脑上网的用户呈现下降趋势。在互联网服务方面，2018 年，巴西一共有4370 万网民参与网上购物。其中，网络打车（32%）、音乐电影（28%）和外卖订餐（12%）是最受巴西网民欢迎的服务项目。①

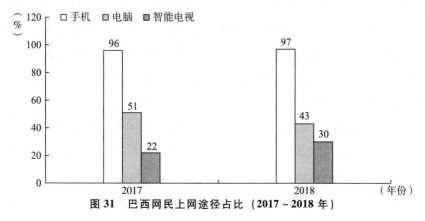

图 31　巴西网民上网途径占比（2017～2018 年）

　　资料来源：Globo/TIC domicílios，"Uso da internet no Brasil cresce，e 70% da população está conectada，" https：//g1. globo. com/economia/tecnologia/noticia/2019/08/28/uso-da-internet-no-brasil-cresce-e-70percent-da-populacao-esta-conectada. ghtml.

三　特梅尔执政时期巴西文化发展面临的主要问题

　　2016～2018 年特梅尔执政时期，虽然巴西文化产业、文化供给、文化消费、文化传播等方面有所发展，但是文化事业并未受到政府重视，政府在文化领域投入有限，文化发展面临资金不足、机构不稳、资源分

---

　　① Globo/TIC domicílios，"Uso da internet no Brasil cresce，e 70% da população está conectada，"
　　　 https：//g1. globo. com/economia/tecnologia/noticia/2019/08/28/uso-da-internet-no-brasil-cresce-
　　　 e-70percent-da-populacao-esta-conectada. ghtml.

布不均、资金来源单一等主要问题。

（一） 政府重视不够且资金投入有限

特梅尔总统本人于 2016 年 8 月接替被弹劾的罗塞夫总统而登上巴西总统宝座，完成罗塞夫总统剩下的任期。因此，特梅尔政府是一个过渡性政府，仅存在两年时间 （2016 ~ 2018 年）。特梅尔上台伊始，巴西遭遇了政治和经济双重危机。执政期间，巴西经济低迷、增长乏力且政治不稳，因此特梅尔政府将重点放在刺激国内经济发展和稳定国内政治方面，对于文化事业重视不够，政府的直接投入十分有限。前文提及，2016 ~ 2018 年，巴西联邦政府在文化领域的预算呈现逐年下降的趋势，且实际支出金额不到预算的 1/2。[①] 2018 年，巴西文化部开支骤减 40%，从 2017 年的 2.26 亿雷亚尔减至 1.4 亿雷亚尔[②]，导致文化部许多工作陷入停滞、无法正常开展，如国家博物馆的数字化项目、路易·巴尔博萨基金会 （Fundação Casa de Rui Barbosa） 的奖学金项目以及国家文化基金 （Fundo Nacional da Cultura） 赞助的所有项目等。此外，文化遗产的修复和保护、博物馆的展览和维护等工作因资金缺乏难以为继。

2018 年 9 月 2 日发生的国家博物馆火灾事件是巴西文化史上的最大悲剧，反映了当前巴西文化事业发展面临的资金不足等困境。博物馆副馆长路易斯表示，巴西近 200 年的历史毁于一旦。这场大火摧毁了巴西人民近 200 年的文化记忆，大火烧了整整一夜，博物馆内 2000 多万件藏品大部分被焚毁，仅 10% 的文物得以幸存。据巴西联邦警察局的调查，此次火灾因空调系统短路引起，大火始于一楼礼堂的空调设备，此后迅速蔓延，进而吞噬整座大楼。国家博物馆原为帝制时代的皇家宫殿，旧时并未配备消防设施。自 2011 年罗塞夫第二届任期开始，国家博物馆的预算就不断缩水，资金严重短缺，设施陈旧却无力维护和翻新。特梅尔

---

① Ministério da Transparência e Controladoria-Geral, "Visão geral da distribuição por subárea (subfunção) -Cultura," http://www.transparencia.gov.br/funcoes/13 - cultura?ano = 2018

② Ministério da Transparência e Controladoria-Geral, "Visão geral da distribuição por subárea (subfunção) -Cultura," http://www.transparencia.gov.br/funcoes/13 - cultura?ano = 2018.

政府上台后进一步削减其预算，2017 年国家博物馆预算仅为 67. 18 万雷亚尔，与 2013 年相比减少了 49. 6% （见图 32）。2018 年截至 8 月，国家博物馆仅获得 7. 15 万雷亚尔的政府拨款，与上年同期相比减少了 23. 84 万雷亚尔。① 资金的大幅削减直接影响了博物馆的维护和安保工作，这成为 2018 年国家博物馆火灾发生的重要因素。2018 年 6 月，为庆祝国家博物馆成立 200 周年，巴西国家经济社会发展银行与国家博物馆签署了一项 2100 万雷亚尔的投资协议，用于修建安保设施，但这笔资金迟迟没有兑现，最终未能阻止悲剧的上演。火灾发生后，部分消防设施无法使用，消防栓无水，因此消防员不得不从供水车和附近湖泊取水灭火。国家博物馆馆长亚历山大·凯尔纳（Alexandre Kellner）表示，国家博物馆重建工作或在 2021 年展开，预计共需资金 3 亿雷亚尔，可能花费近十年时间，目前工作的重点在于筹集资金。② 巴西政府承诺将拨款 240 万美元

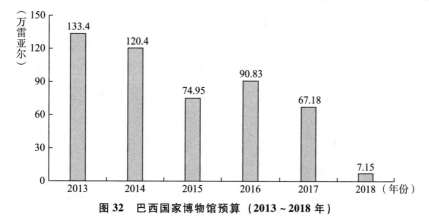

图 32　巴西国家博物馆预算 （2013～2018 年）

注：2018 年数据只计算到当年 8 月。

资料来源：Globo, "Verba destinada ao Museu Nacional encolhe R＄ 336 mil entre 2013 e 2017, aponta consultoria da Câmara," setembro 3, 2018, https: //g1. globo. com/rj/ rio-de-janeiro/noticia/2018/09/03/verba-destinada-ao-museu-nacional-encolhe-r-336-mil-en-tre-2013-e-2017-aponta-consultoria-da-camara. ghtml。

① Globo, "Verba destinada ao Museu Nacional encolhe R＄ 336 mil entre 2013 e 2017, aponta consultoria da Câmara," setembro 3, 2018, https: //g1. globo. com/rj/rio-de-janeiro/noticia/2018/09/03/verba-destinada-ao-museu-nacional-encolhe-r-336-mil-entre-2013-e-2017-aponta-consultoria-da-camara. ghtml.

② Folha de S. Paulo, "Incêndio de grandes proporções atinge Museu Nacional na Quinta da Boa Vis-ta, no Rio," setembro 2, 2018, https: //www1. folha. uol. com. br/cotidiano/2018/09/incendio-atinge-o-museu-nacional-na-quinta-da-boa-vi-sta-no-rio. shtml.

用于国家博物馆重建。① 许多外国政府以及联合国教科文组织等国际机构纷纷捐款以支援巴西国家博物馆的重建和修复工作。

（二） 文化部地位下降且机构不稳

特梅尔执政时期，巴西文化事业主管部门——文化部屡遭重创，不仅预算被大幅削减，而且长期处于人员不足且机构不稳定状态。特梅尔上台之初，曾一度废除了文化部，将其纳入教育部，成为教育部下属的一个秘书处，此举遭到了文化界的强烈抵制，示威游行活动不断。2018年5月，众多艺术家和文化从业者发起了名为"占领文化部"（Ocupa Minc）的抗议活动，以表示不满。一个月后，为了"平息民愤"，特梅尔最终恢复了文化部的编制，任命马塞洛·卡莱罗（Marcelo Calero）为部长。然而，文化部的重设并不意味着危机的结束，此后文化部在短短一年多的时间里曾三次更换部长。

马塞洛任职期间，文化部进行了一次裁员。政府声称此次裁员是为了优化文化部组织结构和提高职工待遇，但是实际上大部分被裁员工与之前的"占领文化部"抗议活动有关。文化部人员不足，影响了其正常运行。根据文化部 2016 年发布的数据，文化部仅 18.7% 的职工有正式编制，其他多为外包工、短期顾问、实习生等。文化部曾表示裁员后将展开新一轮招聘以填补空缺岗位，但是并未付诸实施。②

马塞洛任职 6 个月后，因与时任内阁部长利马（Geddel Vieira Lima）发生冲突而辞职，议员罗伯特·弗莱勒（Roberto Freire）接替文化部部长职务。然而，半年后，罗伯特受腐败指控而离职，著名导演若昂·巴蒂斯塔·德·安德拉德（João Batista de Andrade）担任临时部长。随后不到两个月，文化部宣布削减 43% 的预算，若昂迫于压力而辞职，他认为"当前政府的文化政策对于文化发展不利，文化部将难

① 《巴西国家博物馆重建或花费数年时间》，新浪网，2018 年 12 月 14 日，http://collection.sina.com.cn/hwdt/2018 - 12 - 14/doc - ihqackac4859891.shtml。

② Amanda P. Coutinho de Cerqueira, "Política cultural e 'crise' no governo Temer," *Revista Novos Rumos*, Vol. 55, No. 1, junho 2018, p. 8.

以生存"。①

文化部部长职位空缺两个月后，塞尔吉奥·萨·莱唐上任，一直任职到特梅尔政府任期结束，是特梅尔政府最后一任文化部部长。莱唐身为巴西民主运动党党员，曾担任卢拉政府文化部办公室主任和文化政策处处长、里约市文化局局长、巴西国家电影局（Ancine）局长等职务，有着丰富的文化行业经验，他接任文化部部长既符合文化界的期望又满足了政治需求，能在捍卫政府利益的同时适当调整文化政策。

（三） 文化资源分布不均且资金来源单一

特梅尔执政时期，大力实施《赞助法》，鼓励私人企业投资文化项目，采取新自由主义导向的文化投资和管理模式。此举虽然可以激发企业的动力，为巴西文化事业的发展带来必不可少的资金和活力，但是加剧了文化资源的分布不均，因为"决定企业是否投资文化产业的关键因素不是税收优惠，而是这个文化项目的品牌效应"②，盈利空间大、受众人群广、有著名艺术家参与的文化项目对企业来说更具吸引力，因此经济发达、人口密集的地区和热门行业相对更占优势。

2018 年，通过《赞助法》免税机制获得资助的文化项目主要集中于巴西经济最为发达、人群最为密集的东南部地区，拥有 1800 多个文化项目，而北部、中西部内陆地区的文化项目屈指可数，不到 300 个，合计约为东南部地区的 1/6（见图 33）。从行业分布来看，企业主要选择投资利润丰厚、受众人群广的表演艺术（如戏剧、舞蹈、马戏团、游行活动等）和音乐行业，而博物馆、文化遗产等公益文化项目惨遭冷落（见图 34）。此外，巴西文化事业的投资和发展主要依靠《赞助法》机制，文化项目资金来源和融资渠道太单一，不利于文化事业长期、稳定和持续发展。

---

① Amanda P. Coutinho de Cerqueira, "Política cultural e 'crise' no governo Temer," *Revista Novos Rumos*, Vol. 55, No. 1, junho 2018, p. 10.

② 吴志华：《巴西文化产业政策初析》，《拉丁美洲研究》2007 年第 4 期，第 15 页。

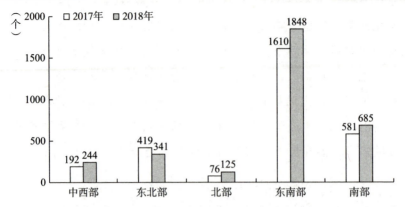

图 33 通过《赞助法》免税政策获得资助的文化项目地区分布（2017～2018 年）

资料来源：Salic net，"Mecenato-Quantitativo de projetos aprovados por ano, região e uf," http://sistemas. cultura. gov. br/salicnet/Salicnet/Salicnet. php#。

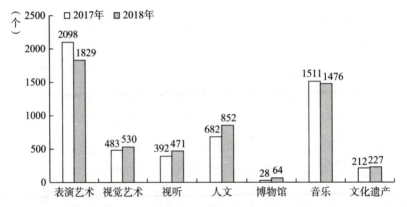

图 34 通过《赞助法》免税政策获得资助的文化项目行业分布（2017～2018 年）

资料来源：Salic net，"Mecenato-Quantitativo de projetos aprovados por ano, região e uf," http://sistemas. cultura. gov. br/salicnet/Salicnet/Salicnet. php#。

四 结论

通过对特梅尔执政时期巴西文化发展状况的梳理和分析，可以看到，文化事业在巴西政府议程中一直处于边缘地位，未受到政府应有的重视。在经济低迷、财政赤字严重、公共债务负担沉重的情况下，文化事业成为政府紧缩财政开支、减缓债务增长、刺激经济复苏的目标和"受害者"。特梅尔政府采取新自由主义导向的文化政策，大幅削减政府文化预算，减少政府直接投资，弱化政府在文化发展中的角色，积极鼓励私人投资文化项目，使得巴西文化投资和管理趋向市场化；同时努力推动文化创意产业发展，企图以文化发展带动经济增长。政府此举旨在减少政府投入、节省财政开支，将其责任部分地转移到企业身上。虽然《赞助法》的大力实施、私人资本参与度的提高拓宽了文化事业发展的资金来源，节省了政府财政开支，增强了文化市场活力，刺激了表演艺术等文化产业的发展，但是过度依赖私人投资则带来了文化资源分配不均、资金来源单一、文化市场不稳、公益文化项目发展缺乏动力等问题，不利于文化事业长期、稳定和持续发展。

　　文化是国家软实力的重要体现。21 世纪以来，我国文化发展总体向好，居民文化消费需求日益旺盛，文化产业逐步"向国民经济支出产业迈进"，但是仍存在部分问题，如文化精品生产不足，文化产品缺乏创新，文化资源分配不均，传统文化和公益文化发展未得到充分支持等。[①]在此，我们可以借鉴和吸取巴西特梅尔政府时期文化发展的经验和教训，在加大政府文化投入力度的同时鼓励私人参与文化投资，将政府调控与市场机制结合起来，构建以政府为主导、企业为主体、市场化运作为主要方式的文化发展格局，既保障文化市场活力，又对粗制滥造、低水平的文化产品加以管控，大力扶持文化精品和公益文化、传统文化项目，积极助力文化创意产业发展，为人民群众打造高品质文化产品，推动文化发展迈入新台阶。

---

① 阮航、罗佳：《中国文化发展报告（2019）》，载江畅、孙伟平、戴茂堂主编《中国文化发展报告（2020）》，社会科学文献出版社，2020，第 1 页。

Neoliberal-oriented: Comments on Brazilian Cultural Policy during Temer's Reign (2016 – 2018)

Shen Yilan   Cheng Jing   Kelly Ferreira

Abstract: During the transitional government of Temer in 2016 – 2018, Brazil's cultural undertakings were not valued by the government and were on the edge of the government agenda. During this period, the federal government adopted a neoliberal-oriented cultural policy, which concentrated on reducing the government investment, weakening the role of the government in cultural development, and encouraging the private investment in cultural projects. A series of cultural reform measures were enacted. For example, during Temer's administration, the government's cultural budget and direct investment were reduced, the Rouanct Law was vigorously implemented, and the cultural and creative industry was actively promoted. The increase in the participation of private capital broadened the funding sources for the development of cultural undertakings, saved the government fiscal expenditures, increased the vitality of cultural markets. However, the over-reliance on private investment has brought some problems such as the uneven distribution of cultural resources, single source of funds, instability of the cultural markets, which is adverse to the long-term, stable and sustainable development of cultural undertakings. Drawing on the experience and lessons of cultural development during Temer's administration, we should organically integrate government regulation and market mechanisms, rationally allocate cultural resources, improve the quality of cultural supply, actively encourage cultural innovation, and build a new pattern of cultural development.

Keywords: Brazil; Temer; Cultural Policy; Cultural Development; Neoliberalism

About the Authors：Shen Yilan, lecturer, School of Foreign Language, Hubei University. Main research area：research on Brazil. E-mail：747249528 @ qq. com. Cheng Jing, Ph. D. , associate professor, Faculty of History and Culture, Hubei University；associate professor at Hubei Collaborative Innovation Center for Chinese Cultural Development. Main research area：research on Brazil. Kelly Ferreira, teacher of International Relations, Catholic University of Campinas, Brazil. Main research area：Brazilian international relations. E-mail：64455255@ qq. com.

秦汉魏晋南北朝时期荆楚饮食考论

姚伟钧[*]

摘　要：秦汉魏晋南北朝时期，中国各地政治经济文化交流在广度上和深度上都有较大进展，与此同时，荆楚地区农业日趋成熟，饮食文化的地域特色逐渐明朗，这使得荆楚地区人民的主食与副食品种都有所增加，荆楚饮食文化取得了较大发展。本文对秦汉魏晋南北朝时期荆楚地区饮食文化发展的状况及其原因，做了深入的探讨。

关键词：秦汉　魏晋南北朝　荆楚农业　荆楚饮食

秦汉魏晋南北朝时期，随着农业、手工业、商业的发展，以及对外交往的日益频繁，荆楚地区的饮食文化不断吸收各民族各地区饮食文化的精华，获得了较大发展，呈现出兴旺繁荣的景象。其具体表现在以下几大方面。在食材上，无论是主食原料，还是副食原料都有所发展变化。在食物加工与烹饪上，面食品种日益多样化，副食烹饪技法增多。在酒文化上，酿酒技术获得了一定的进步，葡萄酒开始从西域进入中原，榷酒（国家对酒类的专卖）开始出现，酒肆业逐渐繁荣，形成了丰富多彩的饮酒习俗，酒器的材质多样、种类丰富。在饮食习俗上，三餐制得以确立，分食制继续传承，饮食礼仪日益完善，节日饮食习俗日趋成熟。

---

　*　姚伟钧（1953—　），华中师范大学历史文化学院教授，主要从事中国文化史与历史文献学研究，电子邮箱：793447866@ qq. com。

一　水稻种植与主食品种的发展

秦汉魏晋南北朝时期，湖北的气候比现在要更温暖湿润一些[1]，加之水稻的种植技术在两汉时期有了令人瞩目的发展，秦汉魏晋南北朝时期湖北的水稻种植面积有了进一步的扩充，湖北有大量的稻田。据《史记·货殖列传》记载："楚越之地，地广人稀，饭稻羹鱼，或火耕而水耨，果隋蠃蛤，不待贾而足，地势饶食，无饥馑之患。"张守节的《史记正义》对其注释说："风草下种，苗生大而草生小，以水灌之，则草死而苗无损也。"汉桓宽《盐铁论·通有》："燔莱而播粟，火耕而水耨。"《汉书·武帝纪》："江南之地，火耕水耨。"颜师古注引应劭曰："烧草下水种稻。草与稻并生，高七八寸，因悉芟去，复下水灌之，草死，独稻长，所谓火耕水耨。"可见，秦汉魏晋南北朝时期荆楚地区的水稻生产主要依靠的就是"火耕水耨"的方法，但是，这种方法也在不断地改进，由早期的烧荒似的直接焚烧，到后来先用一定工具除草，待晒干后，再烧的发展过程。

与此同时，荆楚地区的水稻种植，在技术上也有了一定的进步与发展，游修龄先生通过分析江陵凤凰山出土的水稻认为，这种水稻"是可塑性很大的性状，可以通过育种和栽培技术的改良，促进其小穗的分化而得以增加。由此也可以推知，历史上水稻产量的提高，就稻株本身而言（不指扩大耕地），主要是增加单株的谷粒数而不是增加千粒重而达到的。这种情况（加上增加单位面积上的穗数）使水稻的产量可以不断取得进展，一直持续到今天"。[2]

当时，荆楚地区的人民，为了抵御水灾，发展灌溉而兴修水利。据《水经注·沔水》记载，当时在宜城东修渠，"引蛮水灌田，谓之木里沟。径宜城东而东北入沔，谓之木里水口"。这些渠道为农业生产提供

---

① 竺可桢：《中国近五千年来气候变迁的初步研究》，《考古学报》1972 年第 1 期。

② 游修龄：《西汉古稻小析》，《农业考古》1981 年第 2 期。

了充足的水源，这些可灌地中，当有不少是稻田。

楚地农作物中还有一种叫作菰米，又称为雕苽、雕胡、菰粱、安胡。菰米香滑可口，深得秦汉魏晋南北朝时期人们的喜爱。菰米具有很高的营养价值，可食用，如今菰米虽已少被人作为粮食食用，但菰米的食用历史可追溯到三千多年前的周代，并作为供帝王食用的六谷之一。《周礼·天官·食医》："凡会膳食之宜，牛宜稌，羊宜黍，豕宜稷，犬宜粱，雁宜麦，鱼宜菰。"《礼记·内则》："蜗醢而菰食雉羹。"《周礼·天官·膳夫》："凡王之馈，食用六谷"，郑玄注"六谷：稌、黍、稷、粱、麦、菰。菰，雕胡也"。可见，菰米在我国古代就作为重要的六谷之一，并作粮食食用。

《楚辞·大招》云："五谷六仞，设菰粱只"，唐代王维《送友人南归》中说："郧国稻苗秀，楚人菰米肥。"故楚国之菰米闻名于世。用菰米煮饭，香味扑鼻且又软又糯，深受人们的喜爱，在唐代得到广泛食用，就连皇室宴会，都少不了它的身影。

作为主食品种的菰米，主要生长在湖泊边缘的沼泽、池塘、水田边及湖泊浅水区域，在秦汉魏晋南北朝时期人们是通过采集方式获得的。

二　副食原料增多

荆州江陵的大量楚墓中，如望山一、二号墓，雨台山楚墓，荆门十里铺包山二号墓等出土的各类农耕植物不少于 20 种。除粮食作物外，还有南瓜、藕、菱角、莲子、荸荠、栗子、樱桃、大枣、小枣、梨、柿、梅子、李、杏、花椒、葱、葫芦子。可见"这个时期发现的蔬菜果品的品种与数量，比前一时期有显著的增多。云梦大坟头一号汉墓出土了甜瓜子和李子核，光化五座坟西汉墓发现了板栗和杏核；而江陵凤凰山西汉墓简牍所记与出土实物的品种和数量最多，据不完全统计：有瓜、笋、芥菜、甜瓜、李、梅、葵、菜、生姜、筐、板栗、红枣、杏、枇杷、小茴香等等"。[①] 在纪南城的发掘中也发现了不少植物，如核桃、杏、李、

---

① 陈振裕：《湖北农业考古概述》，《农业考古》1983 年第 1 期。

瓜籽、莲叶、菱角等。同时，橘、柚的栽培在当时已有很高的水平。这些发现与记载表明当时江汉地区和整个楚地的农业作物是十分丰富的。江汉地区的楚人，其生活习俗依其丧葬祭祀的食品看，除食稻米、麦、黍、粱之外，还有大量果类、水产品、兽肉以及调味品。由此反映了楚人对饮食品质的注重和饮食发展水平，以及生活经验的丰富，说明战国时期楚人对自然植物的认识和了解已有很高水平，

秦汉魏晋南北朝时期，湖北的副食原料可分为蔬菜、瓜果、肉食等几类，因此，我们对这几类的产品和加工方式做一个简要的探讨。

（一）蔬菜品种增加

根据《急就篇》《说文解字》《尔雅》《方言》《释名·释饮食》《四民月令》《氾胜之书》《淮南子·说山训》《盐铁论·散不足》等秦汉文献记载和文物考古资料，秦汉魏晋南北朝时期荆楚地区人们常食的蔬菜品种至少有 50 种之多。蔬菜品种比先秦时期增加了不少，其中一个重要原因，是张骞通西域后从西域引进了不少蔬菜新品种，如大蒜、黄瓜、苜蓿、胡荽（芫荽）等。现代农业生物学关于蔬菜的 11 个分类①，秦汉魏晋南北朝时期，除茄果类蔬菜外均已具备。这一时期的蔬菜又以绿叶类和葱蒜类为多。在这些蔬菜中，有相当部分是人工栽培的，是秦汉魏晋南北朝时期人们食用的主要蔬菜，包括葵、韭、瓜、葱、蒜、蓼、藿（豆叶）、芥、薤等。野生的蔬菜构成人工栽培蔬菜的补充。秦汉魏晋南北朝时期楚地人们食谱中的蔬菜数量众多，含有不同的营养成分，对人体的健康大有益处。

值得注意的是，秦汉魏晋南北朝时期湖北的人们经常食用的某些蔬菜，如葵、藿等在晋代以后地位明显下降。陶弘景在《名医别录》中指出："葵叶尤冷利，不可多食。"唐代苏敬《新修本草》也说："作菜茹

---

① 11 类蔬菜是根菜类（如萝卜）、绿叶类（如葵）、葱蒜类、薯芋类（如姜）、瓜类（如瓠、黄瓜）、豆类、水生蔬菜类（如莲藕）、多年生蔬菜类（如竹笋）、白菜类（如菘）、食用菌类和茄果类（如茄子）。

甚甘美，但性滑利不益人。"① 可见，这是秦汉魏晋南北朝时期的首位蔬菜——葵菜，在晋代以后退出蔬菜家族的根本原因。藿地位的下降，则是因为有了更多更好的绿叶类蔬菜（如菘）的普遍种植，这些蔬菜逐渐取代了较为粗粝的藿。

蔓菁，又名芜菁，俗称大头菜，是从前代继承下来的品种，南北均有种植。《诗经》里"采葑采菲"中的葑即指蔓菁。在秦汉魏晋南北朝时期，蔓菁是仅次于葵的蔬菜品种，《齐民要术·蔓菁》篇将其列为蔬菜类的第二位。蔓菁产量高，营养丰富，加之夏种秋收，生长期短，种植技术简单，深受广大民众的欢迎。明代李时珍《本草纲目》云："芜菁南北皆有，北土尤多。四时常有，春食苗，夏食心，亦谓之苔子，秋食茎，冬食根。河朔多种，以备饥岁。菜中之最有益者惟此尔。"清代乾隆年间编纂的《襄阳府志》把它列为蔬菜之首。

相传，三国时期诸葛亮隐居襄阳隆中，他在此躬耕读书，但由于生活清贫，每到冬季缺菜时，常采挖一种野生的疙瘩菜（蔓菁）充食，由于生食时有强烈的芥辣味，便将其腌制贮存起来备食。经过腌制后的疙瘩菜，在炒制后咸香脆美，成为可口的佐餐佳肴。从此，将采集的疙瘩菜（蔓菁）腌制后食用的方法便在当地传开了。

汉献帝建安十二年，刘备三顾茅庐时，诸葛亮曾以自己腌制的疙瘩菜，切成丝精心调拌，设宴款待，刘备品食后赞不绝口。后来诸葛亮当了刘备军师，辅佐刘备恢复汉室，而他曾在蜀中军营里令兵士种植并推广食用这种疙瘩菜，以作军粮。故至今蜀人呼其为"诸葛菜""孔明菜"。

由于蔓菁产量很高，襄阳地区农户家中都有储存，遇到灾荒年，可以靠食蔓菁根活命。正如《齐民要术·蔓菁》所说："若值凶年，一顷乃活百人耳。"蔓菁根入菜有两种方法，一是用盐生腌，二是用盐熟腌。但无论生腌还是熟腌，大多采取整块腌制的方法。在吃的时候，切成片、块、丝，可以做凉菜，也可以做热菜。利用蔓菁生长期短的特点，可以

---

① 转引自李时珍《本草纲目》卷十六《葵》，线装书局，2010。

收到即种即收的效果，能解决一些特殊时候的需求。

唐人韦绚《刘宾客嘉话录》有一段关于三国时期诸葛亮种蔓菁做军粮的记载，说："诸葛亮所止，令士兵独种蔓菁……取其才出即可生啖，一也；叶舒可煮食，二也；久居随以滋长，三也；弃去不惜，四也；回则易寻而采之，五也；冬有根可劚食，六也。比诸蔬属，其利不亦博乎？刘禹锡曰：'信矣。'三蜀之人今呼蔓菁为诸葛菜，江陵亦然。"

古代战乱时期，能解决军粮则胜利过半，诸葛亮的成名也或多或少得益于对蔓菁这种蔬菜的利用。到了近代社会，不少地方，尤其是盛产诸葛菜的襄阳地区，曾经出现过许多有名的酱园场（手工作坊），加工制作这种俗称"大头菜"的蔬菜。

2007 年 5 月 30 日，襄阳大头菜在京通过了国家质检总局地理标志产品保护的评审。2012 年 12 月 21 日，湖北襄阳大头菜协会注册的"襄阳大头菜"被国家工商总局商标局注册为地理标志证明商标。

（二）瓜果种植广泛

秦汉魏晋南北朝时期，湖北的瓜果类食物较之先秦有了重要发展。表现有三。

第一，园圃经营的规模扩大。先秦时期的园圃业一般是庭院式的小规模经营。秦汉魏晋南北朝时期，除了庭院式的小规模经营瓜果外，还出现了以"千亩"计的大规模果园。在这些大果园里，多种植枣、栗等果树，果实多具有耐储存、适宜大规模长途贩运等特点。

第二，经过人们的精心选育，一些传统的瓜果，如甜瓜、梨、枣、桃、栗、李、杏、柿等出现了众多的优良品种。云梦秦墓出土有植物果核；江陵凤凰山 168 号汉墓中，出土有生姜、红枣、杏、李子、梅子、花椒；江陵凤凰山 8 号汉墓出土遣册记录了瓜、李子等；江陵张家山 247 号汉墓遣册中，记录了蒜、李子、瓜、姜等；云梦大坟头 1 号汉墓出土遣册中则记录了瓜、李子等。这一地区负有盛名的水果应该是柑橘，《史记·货殖列传》有所谓"江陵千树橘，与千户侯等"的记载，张衡的《南都赋》中，也提到"穰橙邓橘"。《水经注·江水注》说当时的夷道县，也就是今天湖北宜都地区，"北有湖里渊，渊上橘柚蔽野，桑麻暗日"。

第三，一些新的瓜果类品种开始在湖北种植，它们之中有来自西域的石榴、胡桃等，也有来自南方的枇杷、橙、杨梅等。这些果品进入湖北后，得到了当地居民的喜爱，种植面积逐渐扩大，由于湖北热量不足，大多数亚热带水果的移植，不久便宣告失败了。

（三）肉食品种丰富

汉代肉食仍以六畜为主，但食用野生动物和珍贵鱼类进一步增多。正如《盐铁论》中说："今闾巷县陌，阡陌屠沽，无故烹杀，相聚野外。"节庆之日，富者"椎牛击鼓"，中者"屠羊杀狗"，贫者也"鸡豕五芳"。另据长沙马王堆汉墓出土的两卷随葬物清册所载，当时贵族们食用的肉食品种很多，不仅有常见的牛肉、羊肉、猪肉、狗肉、鸡肉等肉类和鲤、鲫等鱼类，而且还食用珍贵动物和珍贵鱼类，如天鹅、鹤、火斑鸠，以及银铟、鳜等，可以说天上、地下、水中的动物，无所不包，无所不有，此外还有各种蔬菜和果饼。

汉代贵族们对食用肉十分讲究，如食猪肉，其原则是选幼不选壮，选壮不选老，特别喜欢食用小乳猪。从长沙马王堆汉墓出土的肉食标本分析，当时以出生两个月至半年的小猪肉质为最佳。

（四）加工方式多样

秦汉魏晋南北朝时期，蔬果类菜肴的烹饪方法与肉类菜肴烹饪相似，略具特点的是生拌法。汉代有生拌葱、韭，是当时的人们喜爱的菜肴，刘熙《释名·释饮食》："生瀹葱薤曰'兑'，言其柔滑兑兑然也。"薤的鳞茎即藠头，可以盐渍或糖渍。

秦汉魏晋南北朝时期蔬菜基本上被排除在珍肴之外，蔬果类菜肴未被人们视为美味，这与当时蔬果类菜肴的烹饪方法密切相关。"两汉以前的菜肴制法除了羹外，主要是水煮、油炸、火烤二种，而且人多不放调料，口味较为单调。这三种烹饪方法的制成物都是肉肴，以叶、茎、浆果为主的蔬菜不宜用炸、烤法烹制，至于煮是可以的，但不调味、不加米屑的清汤蔬菜，则不是佐餐的美味。"①

秦汉魏晋南北朝时期，尚未出现用水果烹制的菜肴。但社会上层十分讲究水果的食用，一般要进行一番加工，如夏季时，要先将水果在流水中浸泡，使之透凉，而后进食。对于个体较大的瓜，还要用刀剖成片状，使其外形更为美观，所谓"浮甘瓜于清泉、沉朱李于寒冰"②，"投诸清流，一浮一藏；片以金刀，四剖三离，承之雕盘，幂以纤绤，甘侔蜜房，冷甚冰圭"。③冬季食用水果时则将其浸泡到温水之中，先去其寒意，而后进食。曹丕曾嘱咐曹植食用冬柰时要"温啖"。④

除鲜吃外，秦汉魏晋南北朝时期人们还把水果制成干果储存，据《释名·释饮食》载，其种类有：将桃用水渍而藏之的"桃滥"，将柰切成片晒干的"柰脯"。《四民月令》中说四月"可作枣糒，以御宾客"，"枣糒"可能就是后世所说的枣脯。

在秦汉魏晋南北朝时期，腌渍蔬菜已经成为荆楚地区仲冬之月固定的饮食习俗，用以腌渍的蔬菜品种多样，腌渍技术也相当成熟。据《荆楚岁时记》中记载："仲冬之月采撷霜燕、菁、葵等杂菜干之，并为咸菹。"⑤"霜燕"疑为"蒜薤"，晋代陈寿的《三国志·魏志·华佗传》中有提到过它："佗行道，见一人病咽塞，嗜食而不得下，家人车载欲往就医。佗闻其呻吟，驻车往视，语之曰：'向来道边有卖饼家，蒜薤大酢，从取三升饮之，病自当去。'"⑥"菁"即"芜菁"，又名"蔓菁"，其根、叶、子都可食用，腌渍时主要选用的是蔓菁的根。"葵"即"冬葵"，也是我国古代重要的蔬菜之一，在秦汉魏晋南北朝时期被广泛种植，有"百菜之首"的称号。秦汉魏晋南北朝时期，人们在仲冬月间采

① 王学泰：《华夏饮食文化》，中华书局，1993，第127页。
② 李昉等撰《太平御览》卷九六八引曹丕《与吴质书》，中华书局，1960，第4293页。
③ 李昉等撰《太平御览》卷九七八引刘桢《瓜赋》，中华书局，1960，第4334页。
④ 李昉等撰《太平御览》卷九七三引曹植《谢赐柰表》，中华书局，1960，第4314页。
⑤ 谭麟译注《荆楚岁时记译注》，湖北人民出版社，1985，第130页。
⑥ 陈寿撰《三国志》，裴松文注，中华书局，1999，第801页。

摘霜燕、芜菁、冬葵等各种蔬菜，将其晒干后，制作成腌渍食品。

民众对腌渍技术的掌握，在秦汉魏晋南北朝时期已然十分成熟。杜公瞻在《荆楚岁时记》的按语中介绍了腌渍蔬菜的制作流程："有得其和者，并作金钗色。今南人作咸菹，以糯米熬捣为末，并研胡麻汁和酿之，石窄令熟。菹既甜脆，汁亦酸美，其茎为金钗股，醒酒所宜也。"①通过适当的方法，可以做出像金钗一样颜色的腌渍蔬菜。秦汉魏晋南北朝时期，南方地区的人们在腌渍蔬菜时，把糯米熬制后捣碎至粉末状，再研磨些芝麻汁与之和在一起，最后用石头加压密封。这样做出来的腌渍蔬菜既甜脆可口，又多汁酸美，是最适宜解酒的食物。

肉也可以用来做酱，汉代直接称之为"肉酱"。江陵凤凰山 168 号墓出土竹笥背面有墨书的"月（肉）酱"等字。江陵凤凰山 167 号墓出土的一些容器内盛放有肉酱。

秦汉魏晋南北朝时期，大豆开始由主食向副食转化。作为蔬菜的大豆，不仅豆叶被人们广泛食用，其发芽后也可做成"黄豆卷"，还与盐、面粉等原料配合制成豆豉、豆酱等。

三　酒茶的生产与饮用

《汉书·食货志下》："酒者，天之美禄，帝王所以颐养天下，享祀祈福，扶衰养疾，百礼之会，非酒不行。"对酒的功用做了比较全面的概括，说明秦汉魏晋南北朝时期，酒已经渗透到社会生活的许多方面，广泛用于官私祭祀、节日庆典、婚丧嫁娶、消灾避祸、医疗保健、送别行赏、协调关系等。纵观秦汉魏晋南北朝时期的历史，其中饮酒之风出现过两次高潮。西汉初年，饮酒活动集中在贵族和富人当中。西汉中期，饮酒之风开始渗透到民间，这也推动了酒类的生产，促进了酒肆的繁荣，使酒俗更加丰富多彩，酒器更加绚丽多姿。

---

① 谭麟译注《荆楚岁时记译注》，湖北人民出版社，1985，第 130 页。

（一）　制曲技术的进步

秦汉魏晋南北朝时期，湖北的酿酒技术获得了一定的发展，主要表现在制曲业的兴盛和曲的种类的增多上。有了各具特色的曲，从而也就可以酿制出风格各异的酒。

先秦时期，人们就已经认识到制曲技术对于酿酒的重要意义，《礼记·月令》载："秫稻必齐，曲蘖必时，湛炽必洁，水泉必香，陶器必良，火齐必得。兼用六物，大酋监之，毋有差贷。"秦汉制曲技术获得较大发展，湖北是当时中国主要的制曲区域，《说文解字·麦部》中解释了饼曲的作用，说明秦汉已经进入酒曲发展的重要阶段。酒曲的发展促进了酿酒技术的提高。

（二）　酿酒技术的完善

秦汉魏晋南北朝时期，人们已经认识并掌握了酿酒的几个关键技术，如王充在《论衡·幸偶篇》中说："蒸谷为饭，酿饭为酒。酒之成也，甘苦异味；饭之熟也，刚柔殊和。非庖厨酒人有意异也，手指之调有偶适也。"这里强调酿酒师手指调适与否，直接关系到酒味的甘苦。他又在《率性篇》中说："非厚与泊殊其酿也，曲蘖多少使之然也。是故酒之泊厚，同一曲蘖。"强调酒的好坏与曲蘖投放多少密切相关。在《状留篇》中他又说"酒暴熟者易酸"，强调酒的好坏与酿造时温度的掌握与运用有关。王充的论述反映出秦汉时期人们已掌握了相当丰富的酿酒技术。

又据林剑鸣先生研究，秦汉时期人们酿酒时，已普遍使用含有大量霉菌和酵母菌的曲进行"复式发酵"。[①] 例如，当时湖北宜城有九酝醴，魏晋张华的《轻薄篇》记载："苍梧竹叶青，宜城九酝醴。"九酝就是经过多重酿的美酒。《西京杂记》卷一："汉制，宗庙八月饮酎，用九酝、太牢。皇帝侍祠，以正月旦作酒，八月成，名曰酎，一曰九酝，一名

---

① 　林剑鸣：《秦汉社会文明》，西北大学出版社，1985，第196页。

醇酎。"

苞茅缩酒是古代楚地的祭祀仪式或酒的过滤方式，苞茅缩酒中的"苞"在古书中通"包"，"苞茅"是产于湖北荆山山麓南漳、保康、谷城一带的一种茅草。用这种茅草过滤酒浆，以祭祀祖先。苞茅缩酒的遗俗，至今在南漳山区犹存。

（三）名酒种类的增多

随着制曲、酿酒技术的进步和经济文化的交流，秦汉魏晋南北朝时期湖北酒的品种逐渐丰富起来。因为宜城是古代楚国的古都，有"楚都"之称。历代有许多名家赞美宜城的美酒，著名的酒有宜城醪醴，在汉代至南北朝时期，一直为人们所称赞。曹植在《酒赋》中说："其味有宜城醪醴，苍梧缥清，或秋藏冬发，或春酝夏成，或云沸潮涌，或素蚁浮萍。"《初学记》卷二六引刘孝仪《谢晋安雪赐宜城酒启》对宜城酒更是赞不绝口。说此酒："瓶泻椒芳，壶开玉液，汉尊莫遇，殷杯未逢。"刘孝仪在《谢晋安王赐宜城酒启》中说："奉教，垂赐宜城酒四器。"《北堂书钞》引傅玄《七谟》云："甘醴贡于宜城。"这说明宜城酒已作为贡酒，在当时十分有名。

鄾白酒也是汉代鄾城的名酒，为汉代鄾县（今老河口市）生产，西汉时鄾白酒享誉四方，不但见于古籍记载，而且在出土的竹简和酒器铭文上也有记载，汉代鄾白酒与当时天下名酒如宜城醪、苍梧清、中山冬酿等并列，闻名天下。《周礼·天官冢宰第一》曰："酒正掌酒之政令，以式法授酒材。凡为公酒者，亦如之。辨五齐之名：一曰泛齐，二曰醴齐，三曰盎齐，四曰缇齐，五曰沈齐。"《太平御览》引郑玄注为"以节度作之，故以齐为名。泛者，成而滓浮泛泛然，如今宜成醪矣。醴犹体也，成而汁滓相将，如今甜酒矣。盎犹翁也，成而色翁翁然，葱白色，如今鄾白矣。缇者，成而红赤，如今下酒矣。沉者，成而滓沉，如今造清酒矣"。[1]可见鄾白酒在当时已经十分出名。

----

① 李昉等撰《太平御览》卷八四三《饮食部》一，中华书局，1985，第 3766 页。

秦汉魏晋南北朝时期，随着酿酒技术日趋成熟，饮酒之风逐渐渗透到岁时节令民俗文化的领域，酒已成为人们日常生活和社交娱乐时不可缺少的饮品，可谓"百礼之会，非酒不行"。① 秦汉魏晋南北朝时期，酒类品种丰富，在《荆楚岁时记》中就提到了椒柏酒、屠苏酒、菊花酒等多个品种。

1. 椒柏酒

《荆楚岁时记》中记载："（正月一日）长幼悉正衣冠，以次拜贺。进椒柏酒，饮桃汤。进屠苏酒，胶牙饧。下五辛盘。进敷于散，服却鬼丸。各进一鸡子。"② 秦汉魏晋南北朝时期，正月一日要喝椒柏酒和屠苏酒。"椒柏酒"即椒酒与柏酒。椒酒是用花椒浸制的酒，柏酒是用柏叶浸制的酒，饮用后均有助于蠲除百疾、延年益寿。

2. 屠苏酒

唐代韩鄂在《岁华纪丽》中提到了屠苏酒的制作方法："俗有屠苏乃草庵之名。昔有人居草庵之中，每岁除夜闾里一药贴，令囊浸井中，至元日取水，置于酒樽，合家饮之，不病瘟疫。今人得方而不知其人姓名，但曰屠苏而已。"③ 屠苏是草屋的名字，据传曾经有人居住在这间草屋之中。此人每到除夕之夜就会在井中浸泡一帖药包，到了正月一日再取井水倒入酒樽，全家服用便可以免除病疫。据传屠苏酒的配方是由东汉名医华佗所创，又为孙思邈、李时珍等医学名家所推崇。明代高濂的养生专著《遵生八笺》中记载有屠苏酒的详细配方④：大黄一钱，白术十五铢，桔梗、蜀椒各一钱五分，桂心一钱八分，乌头六分，茱萸一钱二分，防风一两。从中医学的角度分析，这副药酒配方具有排浊解毒、祛风散寒等功效。秦汉魏晋南北朝时期的屠苏酒配方应当与该药方的成分相近，人们在正月一日饮屠苏酒可以避除疫病。

---

① 《汉书》卷二十四下《食货志》第四下，中华书局，1983，第1182页。
② 谭麟译注《荆楚岁时记译注》，湖北人民出版社，1985，第5页。
③ 韩鄂撰《岁华纪丽》卷一《元日进屠苏》，中华书局，1985，第13页。
④ 高濂：《遵生八笺》，刘立萍等校注，中国医药科技出版社，2011，第40页。

3. 菊花酒

杜公瞻在《荆楚岁时记》的按语中记载："九月九日宴会，未知起于何代。然自汉至宋未改。今北人亦重此节。佩茱萸，食饵，饮菊花酒，云令人长寿。近代皆宴设于台榭。"①秦汉魏晋南北朝时期，人们要在农历九月九日饮菊花酒。《西京杂记》中介绍了菊花酒的酿造方法："菊华（花）舒时，并采茎叶，杂黍米酿之，至来年九月九日始熟，就饮焉，故谓之菊华（花）酒。"② 在菊花盛开之时，连着茎和叶一起摘下，掺杂黍米酿制密封，等到来年的农历九月初九日即可饮用。

（四） 饮茶习俗逐渐盛行

中国有悠久的种茶、饮茶历史，一方面为人类提供了最普遍和最受人欢迎的饮料；另一方面也为世界创立了一门饮茶文化，而饮茶习俗的确立也应追溯到三国时期。

湖北天门人陆羽在《茶经》中说："茶者，南方之嘉木也。"一些古代文献也记载茶树起源于中国鄂西北及其周围的秦巴山区。从古生物学观点来看，茶树是山茶属中较原始的一种，据有关专家研究，茶树的起源距今已有数万年之久。从古代地理气候来看，云南、贵州等少数民族地区的气候，非常适宜种茶。这些地区存在较多的野生乔木大茶树，叶生结构等都较原始。1961 年在云南勐海大黑山原始森林中，发现了一株目前最大的茶树，树高 32.12 米，胸径 1.03 米。另外，在贵州晴隆县曾发现茶籽化石一块，有三粒茶籽。这些材料证明，中国饮茶的起源可能在西南一带及其附近的少数民族地区。

据文献记载，汉代饮茶之风由巴蜀传入荆楚，在三国时，饮茶习俗开始在长江中下游地区流行，南朝齐刘澄之《荆州土地记》中说："浮陵（即武陵）茶最好……武陵七县通出茶，最好。"我国最早有关制茶的记载是三国时魏人张揖的《广雅》："荆巴间采叶作饼，叶老者，饼成以

---

① 谭麟译注《荆楚岁时记译注》，湖北人民出版社，1985，第 122 页。
② 葛洪撰《西京杂记》，周天游校注，三秦出版社，2005，第 146 页。

米膏出之。欲煮茗饮，先炙令赤色，捣末置瓷器中，以汤浇覆之，用葱、姜、橘子芼之。其饮醒酒，令人不眠。"南朝时的《桐君采药录》记载："西阳（治所在今湖北黄冈东）、武昌、晋陵（今江苏常州）皆出好茗。"从《桐君采药录》所刊的三种名茶看，其中两种就在荆楚地区，说明长江中游或华中地区，在中国茶文化传播上的地位，逐渐取代巴蜀而明显重要起来。

据《三国志·韦曜传》记载，吴国皇帝孙皓"每飨宴，无不竟日，坐席无能否率以七升为限，虽不悉入口，皆浇灌取尽，曜素饮酒不过二升，初见礼异时，常为裁减，或密赐茶荈以当酒。至于宠衰，更见逼强，辄以为罪。"孙皓因韦曜力不胜酒，就让他以茶代酒，后世我国民间因某人不能喝酒，就允许他以茶代酒之习俗盖源于此。孙皓曾经迁都武昌，所以此种习俗也在长江中下游一带流行。

这时，茶在南方虽已成为一种普通饮料，但在北方，特别是在出身于西北地区的王公贵族中不多见，他们仍习惯于以"乳酪为浆"。只是到了隋代以后，由于修建了大运河，沟通了黄河与长江两大流域的交通，茶叶也由此被带到北方去了，饮茶习俗由此日渐流行。

四　荆楚饮食文化发展的原因

秦汉魏晋南北朝时期，荆楚的饮食文化获得了较大的发展，为什么能够获得较大发展呢？这是有着深刻的社会原因和经济基础的。

首先，经济的迅速发展，为秦汉魏晋南北朝时期荆楚饮食文化的繁荣提供了雄厚的物质基础。荆楚地区的农业，在先秦时期就十分发达，这样才能支撑楚人北上中原的争霸活动。而秦汉时期荆楚地区的农业生产发展到一个新的水平，例如，秦汉时期荆楚地区的水稻种植有了一定的发展，在江陵凤凰山167号汉墓出土了"四束世界上最早、最完整的稻穗"，其品种为粳稻。游修龄教授将它与20世纪50年代初期长江中下游地区推广的粳稻品种进行比较，发现西汉古稻在穗长、千粒重、生育期、芒谷粒形状等方面与现代粳稻优良品种都很相似，足见西汉时期江汉地区的水稻栽培已取得相当成就。[①] 江陵地区西汉完整稻穗的出土，为我们研究战国后期至汉初江陵地区稻作提供了实物标本。西汉稻穗的出土，显示了江陵水稻种植业在西汉初已取得了值得称道的成就。此外，这时荆楚地区还普及了一些谷物加工类的农具，如臼、磨、碓等，臼是一种用石头制成，样子像盆，用来舂米的器具，秦汉时期，臼在长江中游已经得到普及，湖北鄂州出土有东吴青瓷臼。荆楚地区的东汉墓葬中，已经可以看到一些磨的明器，如鄂州六朝墓中出土了十二件磨。碓是利用杠杆原理，相较于臼更省力、高效的一种舂米工具。湖北云梦的东汉墓、武昌莲溪寺东吴墓、鄂州六朝墓等墓葬中都出土有碓，这些也都反映了荆楚地区粮食加工技术的发展。

与此同时，荆楚地区的铁制农具，也有了进一步的发展。早在先秦时期，楚国就有开采铁矿，冶造铁农具的记载，云梦睡虎地秦简中，记录有铁器，江陵凤凰山汉墓中，出土了一批持铁锄等农具的木俑。西晋时，武昌有官置冶铁场，设有铁官。另外，当时荆楚之地，牛耕已经十分普遍，许多墓葬中，都出土有牛的形象，如云梦睡虎地秦墓出土的扁壶漆器上，绘有一头牛；鄂州六朝墓中，也出土有陶牛。这一时期，荆楚地区，对牛十分重视，对于伤害牛的行为有严厉的惩处，这些都表明，牛已经普遍用在农业生产中了。

正是在这种农业经济较为发达的基础之上，才绽开了秦汉魏晋南北朝时期荆楚饮食文化的繁荣之花。

其次，秦统一所带来的饮食文化交流，极大地促进了秦汉魏晋南北朝时期荆楚饮食文化的发展。秦汉以来，中国社会发生了极大变化，结束了春秋战国诸侯割据称雄的局面。这种统一运动，扩大了中国饮食原料资源的开发，蒙古高原和川滇西部地带繁盛的畜牧业和中原地区高度发达的农业，北方的小麦和南方的水稻互通有无，互为补充，而天山南北与岭南的蔬菜和水果汇入楚地，都大大丰富了秦汉魏晋南北朝时期荆楚人们的饮食。西汉武帝时期张骞两次出使西域，正式打通了我国内地

---

① 游修龄：《西汉古稻小析》，《农业考古》1981 年第 1 期。

与中亚的经济和文化往来，丝绸开始大规模畅销中亚、西亚和欧洲，促进了"丝绸之路"的形成，引起了内地和西域之间经济文化的大交流，原产于西域的胡麻、胡桃、胡瓜（黄瓜）、大蒜、苜蓿、石榴、葡萄等作物开始引进到楚地，丰富了人们的食源。秦汉魏晋南北朝时期荆楚与外地的饮食文化交流，使该区域的饮食文化更加绚丽多姿。

最后，秦汉魏晋南北朝时期荆楚饮食文化的发展也是继承和发展先秦时期饮食文化的结果。先秦时期，荆楚的饮食文化就已相当发达，其品种之繁多，工艺之精湛，风格之迥异，用料之讲究，都堪称一流，而荆楚地区秦汉魏晋南北朝时期饮食文化正是在继承这些优秀的传统饮食文化的基础上发展起来的。

秦汉魏晋南北朝时期是中国封建社会的形成和发展的关键阶段，也是传统农业奠基的重要时期，国家统一和中央集权制的结合显示出了极大的能量，在封建政府的主导下，国家以武力征服为先导，全面推行郡县制度并且注重文化的灌输，封建王朝的疆域范围得以极大扩展的同时新的农耕区在长江中游一带得以开拓，加之农业技术的进步，这些都为荆楚地区饮食文化不断发展奠定了深厚的基础。

A Textual Research on the Diet of Jingchu in the Qin, Han, Wei, Jin, Southern and Northern Dynasties

Yao Weijun

Abstract: During the Qin, Han, Wei, Jin and Southern and Northern Dynasties, Hubei's agriculture became increasingly mature, and the regional characteristics of diet culture gradually became clear. Economic and cultural exchanges in various parts of China have made great progress in depth and breadth. This makes the staple food and non-staple food of the people in the Jingchu area available. Constantly increasing, Jingchu food culture has achieved greater development. This article makes an in-depth discussion on the development of Jingchu's diet culture and its reasons during the Qin, Han, Wei, Jin, Southern and Northern Dynasties.

Keywords: Qin, Han; Wei, Jin, Southern and Northern Dynasties; Jingchu Agriculture; Jingchu Diet

About the Authors: Yao Weijun (1953 –), professor, School of History and Culture, Central China Normal University. Rearch interests and specialties: history of Chinese culture and historical philology. E-mail: 793447866 @ qq. com.

唐末五代"荆门诗僧"尚颜
生平事迹考略

严　勇*

摘　要：唐末五代诗僧尚颜有《荆门集》五卷行世，影响很大。但是对于他的生平事迹，研究者甚少，特别是他与荆门的关系，更是谜一样的存在。本文对其人、其事、其友、其诗进行了全方位研究，试图还原一个历史上真实的"荆门诗僧"形象。

关键词：尚颜　荆门　唐末五代　荆门诗僧　《荆门集》

如果没有诗集《荆门集》（今已佚失），很多人都不知道在唐末五代时期荆门有一个著名的诗僧叫尚颜。在中国历史上，僧人作诗的传统应该从东晋算起。但是诗僧真正成为一个特殊的阶层或群体，则滥觞于唐代。从诗僧人数上看，见于《全唐诗》《全唐诗补编》的诗僧共有135人，其中54人入选了《唐才子传》，约占该书总人数的1/7，尚颜就是其中之一。但因其事迹主要见于《唐诗纪事》《唐才子传》《全唐文》等，且记载简略，熟知者少。鉴于此，笔者借助有限的文史典籍，考证其生平事迹，以求教于大方之家。

---

* 严勇（1973—　），荆门市社会科学界联合会党组成员、副主席，湖北省作协会员，主要从事地域文化研究，著有《陆九渊传》《与你相约在春天》等，电子邮箱：13986976209@163.com。

一　出身名门

尚颜，俗姓薛，字茂圣，汾州（治所在今山西省汾阳市）人。出身于书香官宦之家，"少工为五言诗，天赋其才，迥超名辈"①，是唐末工部尚书薛能的宗人。尚颜具体生卒年月不详。与其同游的荆州龙兴寺住持僧人齐己（860～约940）曾写过一首《闻尚颜下世》的悼诗。唐宣宗大中间（847～860），尚颜曾作诗送陆肱赴试（《送陆肱入关》②），而后者则于大中九年（855）登进士第，可断定他写此诗时应该已经成年。而一个"入关"，则足以证明尚颜此时已经在南方地区，或者说此诗应写于荆门出家时期。由此，可推知他应出生在公元 9 世纪初，也就是公元 820 年左右。

说尚颜出身名门望族，并非笔者的臆断。据史料记载，薛氏是汉唐时期的海内望族，关西六大姓（韦裴柳薛杨杜）之一。而尚颜的家乡汾州在唐代属于河东，薛氏在河东历史上是一大望族，与闻喜裴氏、永济柳氏并称为河东三大姓。特别是到了隋唐之世，薛氏家族发展到了全盛时期。自晋至唐盛二百余年，"河东三凤"（薛道衡之后薛收、薛德音、薛元敬叔侄三人）这一支其家族的人物之盛，德业文章之隆，冠盖不绝，名声显赫，业绩卓著。唐太宗李世民是薛家的外甥，唐朝六个皇帝有 11 个女儿，薛家就有 10 个驸马，在我国历史上是非常有名的，在历史上，如同"三凤"立传与载列事迹者就有 80 余人。

隋唐是河东薛氏发展最鼎盛的时期，而这种上升的发展态势在开元元年（713）发生了转折。这一年，唐玄宗李隆基剿灭太平公主一党，参与其中的薛稷、薛崇简两支遭受重创。薛稷被赐死，其子因尚公主之故，免死流放，却在途中自杀。薛崇简虽免一死，官爵如故，但从此销声匿迹。至此，河东薛氏走向衰落。河东薛氏由往日显赫到后来衰落造

---

① 《全唐文》卷八百二十九《颜尧〈颜上人集序〉》。
② 尚颜：《荆门集》，周友坤主编，中国文联出版社，2009，第 22 页。

成的巨大落差,成为薛氏子孙内心无法挥去的阴影,并造成其内心巨大的失落感。同时,这种失落感也成为他们沉重精神压力的直接根源,特别是在遭遇仕途坎坷时,这种失落感会比一般文人士子更强烈,更刺痛人心,更难以接受。有时,甚至为了寻求精神安慰,薛氏子孙将这种失落感转化为一种狂妄自负,以此掩盖现实中的坎坷遭遇,来填平内心的创伤。晚唐诗人薛能、薛逢(能之从兄)就是如此,当然诗僧尚颜也不例外。

尚颜既然出身名门望族,哪怕这一望族已经失去了往日的荣耀,但是他们身上的那种优越感也断然不会一下子全无。而且他又出身书香官宦之家,笔者推测他当初应该参加了科举考试。而科举考试的失利与他后来在荆门出家也有着必然的联系。这从著名诗僧皎然、诗人贾岛身上可以找到明证。皎然俗姓谢,字清昼,湖州长城(今属浙江)人。自称谢灵运十世孙,然据贾晋华考证,实为谢安后裔。皎然在开元、天宝之际曾应进士试,未及第,于是毅然出家,居润州江宁之长干寺。诗人贾岛因屡次应试没有考中,一度出家当和尚,后来听从韩愈劝告还了俗,当过主簿等小官。如果说尚颜如贯休、齐己等诗僧幼年就到荆门出家,似乎与他显赫的家族背景不相符,暂且否之。

二　出家荆门

尚颜在荆门出家,这应该是可信的。《全唐诗》附有尚颜小传:"尚颜,字茂圣,俗姓薛,尚书能之宗人也。出家荆门,工五言诗。集五卷,今存诗二十四首。"① 笔者以为这部清朝官修的唐代诗歌总集,言之凿凿"出家荆门",应该不是编修者的臆断,而是经过小心求证的。但是尚颜是何时于荆门出家,出家于哪所寺庙,众说纷纭,莫衷一是。

据史料记载,尚颜于唐僖宗乾符间(874~879)至徐州依附节度使薛能。又据清朝官修《全唐文》记载:"尧同年文人故许州节度使尚书

① 出自《全唐诗》卷八百四十八。

薛公字大拙,以文人不言其名,擅诗名于天下,无所与让。唯于颜公,许待优异。每吟其警句,常曰:'吾不喜颜为僧,嘉有诗僧为吾枝派,以增薛氏之荣耳。'"① 由此断定,尚颜应该在依附薛能之前,就出家为僧了。换言之,尚颜应该是 874 年之前就在荆门出家了。有人甚至妄断,在 874 年,尚颜到荆门城区唐安寺出家为僧。这一说法明显与《全唐文》相关记载不符。

尚颜之所以选择荆门出家,有其深刻的政治背景。唐代诗僧集中出现有两个时期,一个时期是初盛唐,另一个时期则在唐末、五代,在江南地区,荆南节度使所辖区域相对安定。而荆门则位于当时荆南节度使的势力范围内。当时,都城长安至荆南有一条仅次于两京驿路的驿路,它自长安东南出蓝关,经商州、武关、邓州、襄阳达荆州,全程 1730 里,史称商山路。它在唐代南北交通三大干道中属于中线,西通巴蜀,东达吴越,南至交广,纵横贯达的距离都在 6000 里以上,其南北东西的辐射面极广,交通量也很大,刺史、朝官、选人、举子、僧道、迁客、商人,公私行旅无所不有。唐末、五代时期江南地区的诗僧以贯休、齐己为中心,有尚颜、处默、修睦、栖隐、栖 、虚中、自牧、玄泰等一批人。众所周知,唐末中原战乱不绝,江南比较安定。特别是某些地方藩镇如江陵的成汭、江东的钱镠、四川的王建,在他们所割据的地区都采取了一些安定民生、发展经济的措施;又注意收笼文人,以文饰他们的统治。而从佛教自身的发展情况看,唐武宗毁佛后佛教此时又得以再兴。由于毁佛运动中大批寺院被破坏,大量僧尼还俗,除禅宗之外的各宗派一时都难以恢复元气,神宗却很快振兴起来。亦僧亦俗的诗僧一类人物在唐末的乱世中也就可能大量出现了。

然而,尚颜到底在荆门哪座寺庙出家,似乎难下定论。当时,荆门寺庙林立,有唐安寺、仙居寺、上泉寺、羊角寺等,后有人附会说尚颜出家于唐安寺,但无任何确凿证据,暂且存疑。其实,尚颜到底于哪座寺庙出家,并不重要,重要的是他的确在荆门出家多年。平时诵经祈福

---

① 出自《全唐文》卷八百二十九《颜荛〈颜上人集序〉》。

之余，尚颜写下了许多诗篇，尤其以五律为著，后命名《荆门集》，凡五卷。古往今来，把自己的诗集以"荆门"命名，恐怕只有尚颜一个而已。可惜今已遗失，我辈无缘一睹其真容，这不得不说是荆门地域文化上的巨大损失。

三　依附薛能

现代学者冯国栋先生在其著作《〈宋史·艺文志〉释氏别集·总集考》中考证，唐僖宗乾符间（874～879），尚颜至徐州依附节度使薛能。这与《全唐文》相关记载是相符的，应该可信。

薛能（约817～880），字大拙（《唐才子传》言太拙，与其他典籍不符），汾州人，晚唐诗人。会昌六年（846）登进士第。大中末，书判中选，补盩厔尉。李福镇滑，表署观察判官，历御史、都官、刑部员外郎。福徙西蜀，奏以自副。咸通中，摄嘉州刺史。造朝，迁主客、度支、刑部郎中，权知京兆尹事，授工部尚书，节度徐州，徙忠武。广明元年（880），徐军戍溵水，经许，能以旧军，馆之城中。军惧见袭，大将周岌乘众疑逐能，自称留后，因屠其家。能僻于诗，日赋一章，有集十卷，今编诗四卷，时人称其为"诗古赋纵横，令人畏后生"。

薛能与同时代的其他诗人相比，的确才华横溢，但是他非常狂妄，也是不争的事实。他自比李杜，为后世诟病。他曾写诗道："李白终无取，陶潜固不刊。"① 又说："我身若在开元日，争遣名为李翰林。"② 他还认为自己的诗远比杜甫、白居易、刘禹锡的好。所以宋人洪迈评论说："薛能者，晚唐诗人，格调不高而妄自尊大。"③ 但是这样一个狂妄的诗人，却对尚颜敬佩有加。据《全唐文》记载："菀同年文人故许州节度使尚书薛公字大拙，以文人不言其名，擅诗名于天下，无所与让。唯于

---

① 《全唐诗》卷五百六十一。

② 《全唐诗》卷五百六十一。

③ 出自《容斋随笔》卷七《薛能诗》。

颜公，许待优异。"① 可见薛能对尚颜这同一宗族出家人的看重与敬佩。

唐末藩镇割据，到唐僖宗一朝，节度使竟有 60 余位。他们平时据险要、专方面，自有土地，自有人民，缮治甲兵，储存财赋，以兵士为爪牙，以人民为鱼肉，雄视一方。唐僖宗年间，薛能出任徐州节度使（又称武宁军节度使），再转任忠武军节度使（也称许州节度使）。由于薛能成了一方诸侯，于是尚颜投奔而去。尚颜依附薛能，是可以理解的。一是薛能位高权重，且与尚颜同宗族，"一荣俱荣"，尚颜可以衣食无忧，何乐而不为呢？二是薛能是当时著名诗人，而且非常欣赏尚颜的诗作，从某种意义上讲，尚颜找到了"知音"。

可惜好景不长，尚颜依附薛能期间爆发了王仙芝和黄巢起义，唐末农民起义的大潮已然揭开。起义军势如破竹，各路节度使人人自危，加上唐僖宗广明元年（880），薛能惨遭杀害，尚颜失去了依靠，又不得不返回荆南境内。由于当时荆南也受到起义军的攻击，尚颜为了躲避战乱，并未久滞荆门，又曾先后卜居庐山、峡州（今宜昌，亦称彝陵）等地。有他的诗为证，《匡山居》："无才加性拙，道理合藏踪。是处非深远，其山已万重。经时邻境战，独夜隔云春。昨日泉中见，常鱼亦化龙。"②《彝陵即事》："不难饶白发，相续是滩波。避世嫌身晚，思家乞梦多。暑衣经雪着，冻砚向阳呵。岂谓临岐路，远闻圣主过。"③

四　晚年生涯

唐僖宗中和四年（884），黄巢起义军失败后，尚颜又得以重返荆南境内，并来往于荆门与荆州之间。有他的诗作《将欲再游荆渚留辞岐下司徒》为证："竹锡铜瓶配衲衣，殷公楼畔偶然离。白莲几看从开日，明月长吟到落时。活计本无桑柘润，疏慵寻有水云资。今朝回去精神别，

---

① 出自《全唐文》卷八百二十九《颜荛〈颜上人集序〉》。
② 尚颜：《荆门集》，周友坤主编，中国文联出版社，2009，第 6 页。
③ 尚颜：《荆门集》，周友坤主编，中国文联出版社，2009，第 8 页。

为得头厅宰相诗。"①

唐昭宗景福间（892～893），尚颜又曾至京都长安，拜访给事中陆希声。陆希声，字鸿磬，自号君阳遁叟（一称君阳道人），唐代苏州府人氏。博学善属文，昭宗时召为给事中，拜户部侍郎、同中书门下平章事（宰相），以太子少师罢。家世有书名，六世伯父柬之以草书高天下，四世祖景融博学工书，至希声一出，遂能复振家法。陆希声也是南宋荆门知军陆九渊的远祖。

众所周知，唐代确立了以尚书、中书、门下为核心的三省六部制。门下省是专管审核天子大政文书的机构，而给事中属门下省重要职官。给事中在唐后期具有独立的封驳权，可以自行决定诏书能否颁下，出现了不同于唐前期的、以封还为主要封驳方式的运作机制。由此可见，当时陆希声大权在握。尚颜访给事中陆希声，是"惠然访我，兴尽而去"②，此言是当时陆希声对尚书郎颜荛说的，后者在《颜上人集序》中有明文记载。尚颜出于何目的，已无证可考。但是一个不争的事实是，尚颜造访陆希声后仍归荆南，继续他的黄卷青灯生涯。

此时的荆南节度使为成汭。成汭（？～903），山东青州人，唐末五代时任荆南节度使。早年浪荡，因醉酒杀人，遂落发为僧，亡命天涯，改名"郭禹"。当时荆南遭兵祸，人口顿减。唐僖宗朝，担任蔡州军校，领本郡兵戍荆南，主帅以其凶暴，欲加害之，成汭逃奔至秭归。成汭割据归州，重用贤士贺隐，勤政爱民，招集流亡人士，减免赋税，养兵五万人，称雄一方。唐代徐彦若有诗："南海黄茅瘴，不死成和尚。"③ 后朝廷任成汭为荆南节度使，后又封检校太尉、中书令、上谷郡王。

成汭对尚颜礼遇有加，尚颜得到极大的恩宠。唐昭宗光化年间（898～901），由于成汭的大力举荐，尚颜以文章供奉内廷，获赐紫袈裟。据史料记载，唐代时，规定凡有一才一艺者，皆可供奉内廷。唐代

---

① 尚颜：《荆门集》，周友坤主编，中国文联出版社，2009，第47页。
② 出自《全唐文》卷八百二十九《颜荛〈颜上人集序〉》。
③ 出自《全唐诗》卷八百七十《戏答成汭》。

内供奉官是一种适用范围颇广的任官形式，相对于供奉官和里行官，内供奉官是唐代五品以下（含五品）供奉官和近侍从官员编制之外的特殊任职形式。内供奉官就其实质而言大体分为两类：一类是供职于中央、实履其任的内供奉官，虽属员外供职，但职事、待遇、迁转资序与正员基本相同，这一类终唐之世始终存在；另一类是供职于地方的，或为使府幕佐，或为三司巡院官，衔内所带之御史也有内供奉的任职形式，但一般不履行所供奉的职责，性质近似于假借官，这一类别出现于唐肃宗至德以后。尚颜应该属于第二类，他供奉的应该是荆南节度使幕府。紫袈裟，亦称紫衣。指佛教中紫颜色的袈裟或上衣。唐时由朝廷赐给高僧，以示宠贵。得到紫色袈裟者，被尊称为紫衣僧。尚颜获赐紫袈裟，足见其尊贵了。

尚颜能够做文章供奉，除了成汭的大力推荐外，还应得益于他的诗才。众所周知，在唐代，诗歌往往能决定一个人的前途命运，官吏的升擢与贬谪往往同诗歌创作有关。譬如李白仅凭诗名而获封翰林学士，唐穆宗读元稹诗歌即刻将其立为舍人，韩翃仅以一句"春城无处不飞花"①就打动皇帝获赐一官半职。浸淫在诗国的热潮中，唐代僧人受其影响，以诗歌为敲门砖也成为他们的共识。譬如诗僧栖白因"得道亦吟诗"而青云直上，以至于"内殿频征入"（李频《题荐福寺僧栖白上人院》②），子兰因其诗歌才能而做了昭宗朝的文章供奉，可止因向唐昭宗进诗而被赏赐紫袈裟，以此而应制。

903 年，成汭因为争夺地盘，兵败投水自杀。荆南节度使除江陵被武贞节度使雷彦威占领外，夔、施、忠、万四州也被西川节度使王建兼并，成汭的基业毁于一旦。尚颜再一次失去了靠山，不得不离开荆南境内，卜居禅宗兴盛的潭州（治所在长沙，当时辖长沙、浏阳、醴陵、益阳、湘乡、湘潭 6 县）。齐己有诗《闻尚颜上人创居有寄》："麓山南面

---

① 出自韩翃《寒食》："春城无处不飞花，寒食东风御柳斜。日暮汉宫传蜡烛，轻烟散入五侯家。"
② 出自《全唐诗》卷五百八十九。

橘州西，闻道新斋与竹齐。”① 可知，尚颜当时在长沙建有自己隐居之所，居所位于岳麓山的南面、橘子洲西面，与麓山寺近在咫尺。

据冯国栋先生考证，尚颜卒于后梁太祖开平年间（907～911）之后，卒年九十有余。齐己《闻尚颜下世》一诗云：“岳僧传的信，闻在麓山亡。郡有为诗客，谁来一影堂。梦休寻灞浐，迹已绝潇湘。远忆同吟石，新秋桧柏凉。”② 有人据此诗，断定尚颜当卒于岳麓山寺院，其实大谬。结合齐己《闻尚颜上人创居有寄》一诗，尚颜似应卒于自己隐居之所，而非岳麓山寺院。试想，如果尚颜寄居于岳麓山寺院，他何苦要“创居”呢？

五 其人其诗其友

尚颜作为唐末五代的诗僧，他生活于乱世中，经历过黄巢起义的战火，也见到过各地军阀此起彼伏的劫夺纷争。他虽然投靠地方割据势力，但心中仍保持着圣主贤臣、仁政爱民的理想。儒、释兼用或儒、释、道兼用以整顿天下仍是他的目标。尚颜对待权贵的态度也是矛盾的，他一方面奔走于藩府、权门，另一方面又说“避世嫌身晚，思家乞梦多”“诸机忘尽未忘诗，似向诗中有所依”。

尚颜为诗学贾岛，工五言。尚颜《言兴》诗云：“矻矻被吟牵，因师贾浪仙。江山风月处，一十二三年。雅颂在于此，浮华致那边。犹惭功未至，谩道近千篇。”从中可知，他写诗以贾岛（字浪仙）为师，诗作近千首。他有诗集五卷，著《荆门集》传于世，惜早已佚失，只在《宋史》中存目而已。关于《荆门集》的成书时间，今人王心田先生在《尚颜著作考略》一文中认为大约是尚颜在荆门出家为僧的前十年左右，“即景福年间（892～893）至京访给事中陆希声回到荆门之后至光化年

① 尚颜：《荆门集》，周友坤主编，中国文联出版社，2009，第72页。

② 尚颜：《荆门集》，周友坤主编，中国文联出版社，2009，第72页。

间（898～901）之前的这段时间内"。① 唐昭宗光化三年（900）颜荛编的《颜上人集》，收集尚颜五言七字诗凡 400 篇，今亦不存。仅剩清代曹寅、彭定求等奉敕编纂的《全唐诗》收录其诗 34 首、残句 2 句。今人周友坤先生主编的《荆门集》亦只录《全唐诗》存诗及其友人赠诗，共计 53 篇。李洞对尚颜的诗评价极高："释门高德颜公尚为诗，不入声相得失哀乐怨欢，直以清寂景构成数百篇。其音清以和，其气刚以达。妙出无象，虚涵不为。冷然若悬，未扣而响。信其功之妙也，不可得而称矣。信其旨之深也，不可举而言矣。"② 明胡震亨谓尚颜诗"不入声相，直以清寂境构成"③，当时人以为"功妙旨深"。

　　从现存的 34 首诗来看，尚颜写作的题材局限于应酬赠答、留恋山水、隐逸雪月之类，形式以五律居多，风格以"清苦"为主。究其原因，一是与诗僧自身宗教生活方式有直接的关联。作为僧侣的身份限制了他的见闻与境界，由于崇尚四大皆空，特别对世俗的纷扰，完全是"事不关己，高高挂起"。二是整个时代氛围和社会心态变化的影响。当时盛唐繁荣昌盛的世象全无，唐末宦官专权，藩镇割据，民不聊生，衰败之象日盛一日，诗人们的热情和理想早已退潮。严峻冷酷的现实迫使诗人的心灵和眼光都由外向内收缩，以萧索的心态写自己生活的烦事、隐居之所的山水，在艺术上通过苦吟追求僻怪，成为衰世诗坛的普遍现象。三是偏僻荒野的生活环境使然。由于生活单一、孤寂，他笔下的诗篇自然也缺乏热情与抱负，题材狭窄，境界更显狭小。客观地讲，中晚唐僧诗都有尚颜如上之特征，但这并不能说明它价值低下，因为它同样真实地反映了当时的社会心理和时代面貌。

　　尚颜诗作具有如上特征，还与当时哲学思想特别是佛教哲学的发展息息相关。唐代佛学的"中国化"已告实现，天台、华严、禅宗等宗派的形成是其主要标志。但它们真正在唐代社会发生普遍影响，则是在中

---

① 尚颜：《荆门集》，周友坤主编，中国文联出版社，2009，第 73 页。
② 出自《全唐文》卷八百二十九《李洞〈颜上人集序〉》。
③ 出自《唐音癸签》卷八《评汇四》。

晚唐时期。中晚唐社会的日益衰落，更需要天台、华严、禅宗等"心的宗教"，而天台、禅宗等"心的宗教"，也正是在此时变成了指导人们的哲学思想工具，尚颜在他的创作实践中自觉运用这一思维方式，他一方面喜欢作一些意在言外的诗歌，用以表明心迹，以求师徒间以心传心；另一方面必然优先选择那些偏枯的意象、平凡孤寂的诗境，希望借此打造平和、宁静的内心世界。这样，尚颜诗单一的题材、狭小的境界、偏枯的语言、清苦的风格也就不可避免了。

关于尚颜等一大批唐代诗僧，后人有恰如其分的评价。宋代著名词人叶梦得在《石林诗话》中说："唐诗僧，自中叶以后，其名字班班为当时所称者甚多，然诗皆不传……贯休、齐己之徒，其诗虽存，然无足言矣。"宋代范晞文在《对床夜语》中说："唐僧诗，除皎然、灵澈三两辈外，余者率皆衰败不可救，盖气宇不宏而见闻不广也。"

与名士公卿广泛频繁交往，是唐代诗僧异于前代诗僧交游的一个显著特征。尚颜一生交游甚广，与诗人颜荛、郑谷、郑准、吴融、裴说、李洞、陈陶、陆龟蒙、司空图、方干等人有交游，与诗僧齐己、栖蟾、虚中等人经常相与唱和。在此姑且罗列几位与他关系密切者，以便读者诸君从侧面更好地了解尚颜。

颜荛，生卒年不详，吴郡（今苏州）人。与著名诗人张祜为世交，少时受知于张祜。后登进士第，昭宗景福时，任尚书郎，历任合州刺史，礼部、虞部郎中、知制诰。再迁中书舍人，又拜给事中。颜荛能诗善文，为文敏捷。任中书舍人时，草制数十，无妨谈笑。与陆龟蒙为诗文之交，陆龟蒙卒后，颜荛为之书碑。与尚颜是很好的诗友，光化三年（900）颜荛编的《颜上人集》，收集尚颜五言七字诗凡 400 篇，并亲自撰写《〈颜上人集〉序》。可惜的是，《颜上人集》今不存，留传下来的序，成为后人研究尚颜的珍贵文献。

齐己（864～约943），唐末著名诗僧。俗姓胡，名得生，自号衡岳沙门。潭州益阳（今属湖南）人。本佃户子，幼颖悟，牧牛时常以竹枝画牛背为诗。后于大沩山同庆寺出家。曾至洪州、九江，住豫章观音院。又曾至袁州，与郑谷结为诗友。后居长沙道林寺，与马殷幕中文士徐仲雅辈交游。因有赘疣，人戏呼为诗囊。后梁龙德元年（921），将入蜀，至江陵，为高季兴所留，于龙兴寺安置，署为僧正。病卒。为诗尚锤炼，好苦吟。著有《白莲集》《风骚旨格》，今存。齐己与尚颜交往甚深，留下了《寄尚颜（公受徐州薛尚书见知）》《春寄尚颜》《酬尚颜上人》《闻尚颜上人创居有寄》《酬尚颜》《闻尚颜下世》等诸多诗篇。尚颜写有《读齐己上人集》："诗为儒者禅，此格的惟仙。古雅如周颂，清和甚舜弦。冰生听瀑句，香发早梅篇。想得吟成夜，文星照楚天。"① 对齐己的诗赞赏有加，颇为推崇。

陆龟蒙（？~881），字鲁望，苏州吴县（今属江苏）人，自号江湖散人、甫里先生，又号天随子，陆元方七世孙，其父陆宾虞曾任御史之职。进士不第，曾在湖州、苏州从事幕僚。随湖州刺史张博游历，后来回到了故乡苏州甫里（今苏州市吴中区东南甪直镇），过着隐居耕读的生活，自号天随子。与皮日休为友，时常在一起游山玩水，饮酒吟诗，世称"皮陆"，二人唱和之作编为《松陵集》十卷。尚颜与陆龟蒙之间感情深厚，他写过一首著名的《怀陆龟蒙处士》诗："布褐东南隐，相传继谢敷。高谭夫子道，静看海山图。事免伤心否，棋逢敌手无。关中花数内，独不见菖蒲。"②《唐诗纪事》卷七十七记载了此诗的来历：相传尚颜非常喜欢下棋，因为同样的爱好，尚颜结识了同时期的诗人陆龟蒙。陆龟蒙过世后，尚颜非常怀念这位朋友，尚颜就写了这首诗，这也是"棋逢对手"最早的出处。

郑谷（约851~910），字守愚，江西宜春市袁州区人。僖宗时进士，官都官郎中，人称郑都官。又以《鹧鸪诗》得名，人称郑鹧鸪。著名学者严寿澄、黄明、赵昌平笺注的郑谷诗集，考证郑谷18岁前后曾隐居荆门。《大清一统志·湖北·荆门州》载："白社，在荆门州南一百二十里。《名胜志》：古隐士之居，以白茅为屋，因名。唐都官郑谷常居此。"

---

① 尚颜：《荆门集》，周友坤主编，中国文联出版社，2009，第53页。
② 尚颜：《荆门集》，周友坤主编，中国文联出版社，2009，第16页。

郑谷有诗《赠尚颜上人》①，其中有"酷爱山兼水，唯应我与师"句，或言当年隐居荆门期间，二者就有交往。

司空图（837～908），字表圣，自号知非子、耐辱居士，河中虞乡（今山西永济）人。唐懿宗咸通十年（869）应试，擢进士及第。官至中书舍人。天复四年（904），朱全忠召为礼部尚书，司空图佯装老朽不任事，被放还。后隐居中条山王官谷。后梁开平二年（908），唐哀帝被弑，他绝食而死。诗论讲求"味外之旨"和"韵外之致"。有《二十四诗品》等诗论名篇。后人辑有《司空表圣文集》《司空表圣诗集》。尚颜写有《寄华阴司空侍郎》："剑佩已深扃，茅为岳面亭。诗犹少绮美，画肯爱丹青。换笔修僧史，焚香阅道经。相邀来未得，但想鹤仪形。"②

方干（847～906），字雄飞，桐江（今浙江省桐庐县）人。门人私谥玄英先生。幼习儒业，举进士不第，隐居会稽镜湖。后人赞叹他"身无一寸禄，名扬千万里"。为人质野，喜凌侮。每见人设三拜，曰礼数有三，时人呼为"方三拜"。爱吟咏，深得师长徐凝的器重。咸通至中和年间，以诗著名江南。擅长律诗，清润小巧，且多警句。其诗有的反映社会动乱，同情人民疾苦；有的抒发怀才不遇，求名未遂的感怀。有《玄英先生集》。尚颜写有《寄方干处士》一诗："格外缀清诗，诗名独得知。闲居公道日，醉卧牡丹时。海鸟和涛望，山僧带雪期。仍闻称处士，圣主肯相违。"③诗中对方干没有做官深表关切。

陈陶（约812～885），字嵩伯，鄱阳剑浦人（《全唐诗》作岭南人，此从《唐才子传》）。屡举进士不第，遂隐居不仕，恣游名山，自称三教布衣。工诗，以平淡见称。有诗十卷，已散佚，后人辑有《陈嵩伯诗集》一卷。尚颜写有《与陈陶处士》一诗："钟陵城外住，喻似玉沈泥。道直贫嫌杀，神清语亦低。雪深加酒债，春尽减诗题。记得曾邀宿，山茶独自携。"④从诗中不难看出，陈陶曾邀请尚颜至他家做客并被留宿，

①　尚颜：《荆门集》，周友坤主编，中国文联出版社，2009，第72页。
②　尚颜：《荆门集》，周友坤主编，中国文联出版社，2009，第19页。
③　尚颜：《荆门集》，周友坤主编，中国文联出版社，2009，第26页。
④　尚颜：《荆门集》，周友坤主编，中国文联出版社，2009，第12页。

尚颜还自带茶叶，足见二人情谊真挚而随意。

郑准（？~约 902），唐文学家，字不欺，荥阳（今属河南）人。工文辞，擅长笺奏。乾宁初进士。居荆南成汭幕掌笺奏十年。成汭生日，杨行密赠《初学记》，郑准以为是对成汭的轻侮。极谏不听，辞职而去，汭怒其去，杀之。常欲比肩陈琳、阮瑀，自集所作为《刘表军书》三卷，《北梦琐言》谓"虽有胸襟而辞体不雅"。能诗，与贯休、尚颜唱酬。著有《渚宫集》，已佚。今存其诗 5 首，文一篇。尚颜有《寄荆门郑准》①《峡中酬荆南郑准》② 两首诗，从诗句"珍重荆门郑从事，十年同受景升恩"，可知两人曾经有十年时间都得到荆南节度使成汭的器重，恩宠有加。

吴融（850~903），字子华，越州山阴（今浙江绍兴）人。从僖宗咸通六年（865）开始参加科举，一直到龙纪元年（889）才中举。登第之后，仕途不顺，先是随韦昭度入蜀平乱，无功而返；回到朝廷曾官至侍御史，又遭人谗言，遭贬荆南；乾宁三年（896）才被召回京城，任礼部郎中，后入充翰林学士，官至中书舍人。天复元年（901）不幸遇上朱全忠犯上作乱，致使吴融逃出京城，流落阆乡；天复三年（903）才再度被召回任翰林，迁承旨。著有《唐英歌诗》三卷。诗多题咏纪游、送别唱酬之作，绮丽而不失典雅。间有感怀时事者，兼含凄清之气，有温、李之风。乾宁二年至三年（895~896），吴融贬谪荆南期间，曾得到当时节度使成汭的赏识，并得以认识同样得到成汭赏识的尚颜，写有《寄尚颜师》一诗："僧中难得静，静得是吾师。到阙不求紫，归山只爱诗。临风翘雪足，向日剃霜髭。自叹眠漳久，双林动所思。"③

裴说，生卒年不详，桂州（今广西桂林）人。少逢唐末乱世，奔走江西、湖南等地，自叹"避乱一身多"，识者悲之。屡行卷，久不第。至哀帝天祐三年（906），方以状元及第。其弟裴谐同年进士及第第二名

---

① 尚颜：《荆门集》，周友坤主编，中国文联出版社，2009，第 45 页。

② 尚颜：《荆门集》，周友坤主编，中国文联出版社，2009，第 43 页。

③ 尚颜：《荆门集》，周友坤主编，中国文联出版社，2009，第 72 页。

（榜眼）。与曹松、王贞白，诗僧贯休、处默为友。后梁时，累迁补阙，终礼部员外郎。与弟裴谐皆有诗名，诗风近贾岛，苦吟有奇思。《全唐诗》有存诗数首。写有《寄僧尚颜》一诗："曾居五老峰，所得共谁同。才大天全与，吟精楚欲空。客来庭减日，鸟过竹生风。早晚摇轻拂，重归瀑布中。"① 从诗中可知，当年奔走江西时，裴说曾居庐山五老峰，而当时尚颜刚好亦在庐山居住，二人得以相识。

A Brief Study on the Life Story of Shang Yan, "a Poet Monk of Jingmen" in the End of the Tang Dynasty and the Five Dynasties

Yan Yong

Abstract：Shang Yan, born and living in the end of Tang Dynasty and the Five Dynasties, was a monk poet. *Jingmen Collection* was one of his work, which preserved five volumes and had a great influence. But for his life story, especially his relationship with Jingmen, was in lack of research, and exists like a mystery. This paper tries to reveal a real image of a historical monk poet in Jingmen, by an overall research on the person and his life story, as well as his poet.

Keywords：Shang Yan; Jing Men; the End of the Tang Dynasty and the Five Dynasties; Poet Monk of Jingmen; *Jingmen Collection*

About the Authors：Yan yong (1973 –), member and vice chairman of Jingmen Social Science Federation, member of Hubei Writers Association, mainly engaged in regional culture research, author of *Biography of Lu Ji-uyuan*, *Meet with You in spring*, etc. E-mail：13986976209@163. com.

---

① 尚颜：《荆门集》，周友坤主编，中国文联出版社，2009，第72页。

根柢与文脉：矿冶文化与大冶地域文化关系蠡探

张　硕*

摘　要： 从夏代铜矿开采冶炼到南唐设置青山场院，至近代张之洞组建汉冶萍公司，乃至当代，大冶成为中国重要冶金工业基地之一，大冶历史的发展、文化特色的形成、城市精神的凝练均与矿冶文化紧密相关，矿冶文化是大冶具有标志性的特色文化，是大冶地域文化的根柢与灵魂。

关键词： 矿冶文化　荆楚文化　大冶　青山场院　汉冶萍公司

湖北地域文化即荆楚文化，是由湖北地域内历代人民共同创造的地方特色文化共同体，包括域内各地市州历史文化，如襄阳文化、宜昌文化、孝感文化等，其中，大冶文化以矿冶文化的底蕴独具特色，堪称大冶地域文化的根柢、大冶文脉的灵魂。

大冶历史悠久，有着近 30 万年的人类史、5000 年的文明史、4000 多年的矿冶史、1000 多年的建县史、100 多年的现代开放史和近 100 年的革命史，悠久漫长的历史，勤劳智慧的人民，共同孕育了大冶异彩纷呈、底蕴深厚的地域文化。

---

* 张硕（1966—　　），湖北省社会科学院楚文化研究所研究员，主要从事文物考古、地方历史文化研究，电子邮箱：961149692@ qq. com。

在大冶地域文化宝库中，矿冶文化独树一帜，其年代早、分布广、规模大、水平高、延续时间长。如年代方面，据目前最新考古调查成果，大冶境内最早的矿冶文化遗址年代为新石器时代晚期至夏代，距今4000余年；在分布方面，据统计，黄石全市目前发现古矿冶遗址、城址145处，以大冶境内分布最为密集，数量最多，古矿冶遗址、城址数量达124处；在规模方面，如铜绿山遗址面积达2.5平方公里，铜炼渣初步估计达40万吨，估计提炼的红铜当在4万吨左右。[①] 在矿冶技术水平方面，以铜绿山古矿冶遗址为例，它是迄今为止世界上发现的规模最大、采掘年代最长、冶炼工艺水平最高、文化内涵最丰富、保存最完整的古铜矿遗址，体现了当时中国矿冶技术的最高水准；在时间延续方面，大冶境内这些矿冶遗存从先秦一直使用至宋代，时间长达3000余年。

如果仔细梳理大冶悠久、漫长的历史发展脉络，我们就会发现：博大精深的矿冶文化堪称大冶地域文化的根柢。在矿冶文化的滋润、引领下，大冶地域文化循着矿冶文化的根柢，不断发展、增益、壮大，但其底色永远是厚重、隽永的矿冶文化。下面，就让我们循着大冶历史的发展脉络，去探寻大冶文脉背后的根柢——大冶矿冶文化。

一　大冶近30万年人类史：开启大冶矿冶文化先声

湖北地貌类型复杂，岩溶洞穴发育，生态环境优越，生物资源丰富，是人类理想的栖息地，非常适合古人类的生存与发展。截至2020年，经过考古调查和发掘的旧石器遗址和化石出土地点，在今湖北建始、郧阳、郧西、大冶、丹江口、江陵、长阳、武汉等全省大部分范围内都有发现，初步统计达200处以上，其中属于旧石器文化早期遗址和古人类化石出土地点的有：建始人遗址、郧县（今郧阳区）人化石、郧县梅铺人化石、郧西白龙洞人化石、大冶石龙头遗址等。[②]

---

① 黄石市博物馆编著《铜绿山古矿冶遗址》，文物出版社，1999。
② 陈振裕主编《湖北文物典》，湖北人民出版社，2010，第4~6页。

大冶石龙头遗址于 1971 年发现于湖北省黄石市大冶湖畔，遗址出土石制品 88 件，主要有石片、石核、刮削器、砍砸器等。其中石核 34 件、石片 27 件、砍砸器 17 件、刮削器 10 件。石器原料主要是石英岩，其次是燧石。石器制作方法主要为锤击法。石龙头遗址伴出的动物化石属华南型大熊猫—剑齿象动物群，为中更新世的典型动物。

学者研究发现，石龙头遗址出土石器的特色比较明显，无论是石片、石核还是石器工具，均显得粗大而厚重；打片只用锤击法，导致石片和石核的形制极不规整；工具类石制品器形简单，仅刮削器和砍砸器两类，且以后者为主；修理石器多采用复向加工，工艺粗糙，从而导致器形不甚规整，刃缘曲折。正是基于以上特征，有学者将石龙头遗址石器文化称为"粗化文化"。所谓"粗化"，既指器物本身粗大厚重，又指其加工技术粗糙简单。

经过铀系法科学测定，石龙头遗址的年代为距今 28.4 万年[1]，这个数据与该遗址出土石器的年代、动物群化石的年代也是吻合的。因此，学术界基本认定石龙头遗址的年代为旧石器时代早期偏晚阶段，距今 30 万年左右。

大冶石龙头遗址是长江中游一处重要的旧石器文化遗址，文化面貌别具一格，在中国旧石器文化中有着承前启后的重要地位，为了解中国南方旧石器时代早期文化提供了重要资料。[2]

大冶石龙头遗址的发现，拉开了大冶文化史的第一道大幕，石龙头文化漫长的形成、发展过程也就是大冶文化的萌芽过程。[3] 大冶石龙头遗址的发现，同时也说明在约 30 万年前，在今大冶湖畔，先民已经在此繁衍生息，他们用粗粝的石刀、石斧等工具，生产劳作，为后世矿冶文化的兴起开启先声。

---

[1] 原思训等：《华南若干旧石器时代地点的铀系年代》，《人类学学报》1986 年第 2 期。

[2] 李炎贤等：《湖北大冶石龙头旧石器时代遗址发掘报告》，《古脊椎动物与古人类》1974 年第 2 期。

[3] 湖北省政协文史和学习委员会等编《黄石文化简史》，湖北人民出版社，2017，第 5 页。

二　大冶史前矿冶文化遗存：实证中华 5000 年文明史

考古资料证明，新石器时代晚期，中国已经发明冶铜技术，已经开始制造并使用青铜器。冶铜的出现，折射出人类早期文明的曙光，标志着一个崭新时代的到来。

关于人类进入文明社会的标志，有城市、农业、金属用具、文字、礼制礼仪等多种提法，中外学者持论各异，众说纷纭，但金属冶炼的发明与金属工具的使用，无疑是其中一个非常重要的标志。

世界各地使用青铜器的时间不一样，其中以今伊拉克、土耳其及伊朗南部一带使用青铜器最早，至少有 5000 多年的历史。目前的考古材料证明，中国古代最早被人类认识、制造、使用的金属工具也是青铜器。中国制造并使用青铜器的年代在世界各国中也是比较早的。在我国，初期文明社会建立的一个重要标志就是铜器手工业的兴起。在我国东到山东、西到甘肃、北到内蒙古、南到湖北的 20 多处新石器时代晚期遗址中出土各类铜物质遗存 30 余件，主要是小型工具和装饰品，这些早期铜器代表了史前社会生产和技术工艺上的一项突出成就，为青铜时代的到来准备了一定的条件。[①]

在湖北，后石家河文化时期（其年代已经进入夏代）的天门邓家湾遗址、肖家屋脊遗址、印信台遗址中都发现有许多孔雀石小块，最大块直径有 2～3 厘米，有些孔雀石表面被氧化成褐色，呈蜂窝状。经科学检测，这些孔雀石均为铜矿石。同时，石家河文化遗址还出土了多件小铜片。与此同时，石家河遗址出土大量的夹砂厚胎缸，学者推测其有可能用于冶铜；石家河文化玉器制作异常精美精细，学者推测当时已开始使用铜质工具来进行玉器加工。[②]

---

① 中国社会科学院考古研究所编著《中国考古学·新石器时代卷》，中国社会科学出版社，2010，第 794～795 页。

② 湖北省文物考古研究所等编著《邓家湾》，文物出版社，2003。

大冶及其周边地区青铜文化的相关遗址遗迹，如大冶香炉山遗址、蟹子地遗址及阳新大路铺遗址等地石家河文化前后的冶炼迹象，不仅彰显了四五千年前大冶在中华文明起源和多元一体发展历程中所起的重要作用，也为实证"早期中国"文明基因贡献了大冶力量。

香炉山遗址位于大冶市金牛镇，发现有石斧、彩陶片等，同时还采集到矿冶遗物 25 件，包括炉壁、挂渣炉壁及炉渣 3 种。挂渣炉壁、炉渣经北京科技大学测定，可分为锑青铜、锡铅青铜、生铁三大类型。这是鄂东南冶炼遗址的首次发现，说明香炉山遗址拥有复杂的冶金技术，也预示着大冶地区乃至鄂东南甚至整个长江中下游可能存在着完整的青铜冶金产业体系，故考古专家初步推断，"在新石器晚期，至少是商代以前，这一带有冶炼行为"。[①]

蟹子地遗址位于大冶市罗家桥街道办事处东北，在遗址后石家河文化地层中出土 1 件孔雀石、1 件石砧（可能用作粉碎矿料）及炼渣等。[②]学者认为，蟹子地遗址时期的先民们可能就在蟹子地遗址及其周围进行过矿冶开发。[③]

大路铺遗址位于阳新县白沙镇土库村，遗址包含新石器时代中晚期和夏商至西周时代的文化遗存。[④] 在遗址石家河文化地层中，出土矿石、炉壁及少量的"疑似冶炼溶渣和一片残铜片"。矿石为孔雀石、石英、高龄石、辉石等；4 件炼渣中有炉壁残块 1 块，其他 3 件都是炼铜渣。炉壁的矿物成分为黏土矿物、石英、长石、炭屑、纤维等，应是炼铜的坩埚渣。对残铜片检测的结果显示，这是一件以铜、锡、铅为主要成分的三元合金物的锈蚀品。这些遗物表明新石器时代晚期的大路铺居民已经掌握了一定的采矿技术、金属铜冶炼技术以及合金铜铸造技术。

在新石器时代中晚期阶段，我国出现了三大部落集团，即华夏集团、东夷集团和三苗集团。大冶地处长江中游，属三苗集团。考古学家研究

---

① 王文平等：《湖北大冶市香炉山遗址调查简报》，《江汉考古》2015 年第 2 期。
② 罗运兵等：《湖北大冶蟹子地遗址 2009 年发掘报告》，《江汉考古》2010 年第 4 期。
③ 唐丽雅：《湖北省大冶市蟹子地遗址炭化植物遗存研究》，《第四纪研究》2014 年第 1 期。
④ 湖北省文物考古研究所等编著《阳新大路铺》（上），文物出版社，2013。

发现，长江中游两岸的大溪文化、屈家岭文化、石家河文化的主体民族就是三苗集团。如张正明先生就指出："新石器时代江汉地区的土著是三苗。"① 三苗部落解体后，夏朝建立。夏商时期，大冶隶属扬越东鄂之疆。扬越东鄂文化在大冶兴起，并一直延续至商和西周熊渠伐鄂，最终融入楚文化之中。也就是说，三苗、扬越文化在大冶连续发展了数千年。

大冶境内新石器晚期至夏代遗址中多处矿冶遗存的发现证明，至迟在4000年前的新石器时代晚期至夏代早期，大冶地区的三苗、扬越先民受高温制陶的启发，借助简陋工具，拣选矿石，置炉冶炼，终于天工开物，炼出了人类有意识合金化的早期产物——金属铜，开启了大冶矿冶文化的源头，也为此后大冶矿冶文化的发展，奠定了坚实的基础。

三　先秦铜绿山古矿冶遗址：跃上中国古代矿冶文化最高峰

夏朝，大冶属九州之扬州；商至西周时期，大冶为扬越东鄂辖地；春秋战国时期，大冶为楚国所辖。由于独特的地理环境，夏商周时期大冶成为多元文化交流、融汇之地，华夏文化兼容"蛮夷"文化，风格独特的楚文化后来居上，地域文化异彩纷呈。

在矿冶文化方面，商中期以后，大冶采冶业进入鼎盛期，特别是铜绿山古铜矿遗址，充分反映了大冶乃至当时中国矿冶发展的最高水平，大冶矿冶文化也因此一跃登上中国古代青铜文化的最高峰。

铜绿山古铜矿遗址位于大冶铜绿山铜矿采矿区内，1973年，铜矿工人采矿作业时发现了该处古矿冶遗址。从1974年至1985年，中国社会科学院考古研究所、湖北省博物馆、黄石市博物馆等单位对铜绿山古铜矿遗址进行了大规模考古发掘。11年间，在2平方公里范围内，出土了不同时代、不同结构、不同支护方法的竖井、盲井、斜井数百座，无支护竖井10多座，大小平巷近百米，以及不同时期的各式炼铜竖炉29座，

① 张正明主编《楚文化志》，湖北人民出版社，1988，第1~3页。

古炉渣总量超过 40 万吨，还出土有一大批劳动生产、生活用具。①

　　2014 年，考古工作者在铜绿山矿区四方塘遗址东部岗地发现一处与Ⅶ号矿体古代采冶密切相关的管理和生产者的墓葬区。发现古代墓葬 123 座，其中西周墓葬 3 座、春秋时期墓葬 120 座；共出土两周时期铜、陶、玉、铜铁矿石等质地文物 170 余件（套）。从墓葬位置、规格、随葬品等，可以了解墓主人生前不同地位和身份，这为研究西周和春秋时期的采冶生产管理者及人力技术分工等一系列学术问题提供了弥足珍贵的实物资料。②

　　研究发现，铜绿山古矿冶遗址始于殷商时期，经西周、春秋战国一直延续到西汉，历时 1000 多年，是迄今为止我国保存最为完整、采掘时间最早、冶炼技术最先进、生产规模最大的一处古矿冶遗址，其采掘和冶炼工艺填补了我国冶金史上的很多空白，如铜绿山遗址发现的冶铜炉，实际上已经具有现代冶金中的高炉雏形，说明早在 3000 多年前，大冶先民就开始使用鼓风竖炉炼铜，这在当时世界上是独一无二的；又如，经化验，铜绿山古铜矿遗址发现的古炉渣的含铜量仅 0.7%，说明当时大冶地区的冶铜技术炉火纯青，已经达到相当高的水平；此外如矿井支护、排水、通风和选矿等技术，都非常先进，对现代矿山生产仍有重要的借鉴意义。所以，铜绿山古铜矿遗址以其重要的历史和科学价值，毫无争议地入选"20 世纪中国 100 项考古大发现"之一。

　　除铜绿山遗址外，大冶境内先秦时期铜矿采冶遗址也星罗棋布，初步统计如下：保安镇 3 处、大箕铺镇 21 处、陈贵镇 21 处、金湖街道办事处 12 处、灵乡镇 11 处、金牛镇 19 处、罗家桥街道办事处 6 处、茗山乡 3 处、还地桥镇 2 处、铜山口镇 4 处、刘仁八镇 16 处、殷祖镇 3 处、黄金湖乡1处。① 采冶遗址数量众多，也说明先秦时期大冶矿冶技术的普及与水平的提高。

这里还必须提到，大冶境内还发现多处先秦时期的冶铁遗迹遗物，如大冶陈贵镇李德贵湾花炉山发掘出的9座冶炼铁炉，大冶灵乡镇大庄村君次纪湾虾子地遗址出土的长方形直銎铁斧，铜绿山遗址古矿井出土的战国中晚期铁斧、铁锥、铁凿、铁锄等，铜绿山四方塘两座春秋墓葬边龛里排列有序的铁矿石，等等。这些发现充分表明，春秋战国时期大冶地区冶铁工艺已经达到一定的发展水平。②

至春秋战国时期，楚国在江汉间崛起，声势煊赫，国力日隆，极盛时期疆域东至大海，南至南岭，北上六国，影响及于云贵，学者认为，楚国之所以能后来居上、强势崛起，除了与楚民族筚路蓝缕的精神和艰苦卓绝的实干密不可分外，与楚国占有得天独厚的铜矿资源也不无关系。③

在铁器出现以前的青铜时代，铜产量往往就是一个国家实力的象征，因此铜料就成为非常重要的战略物资，其地位相当于今天的石油资源。所以，拥有丰富储量、发达技术的铜绿山地区，在先秦时期的战略地位，就尤为突出和重要。楚君熊渠审时度势，开疆拓土，向东一直攻打到鄂地（今湖北黄石、鄂州一带），占领了鄂地境内的铜绿山铜矿。这次行动，是熊渠一生所做出的最重大的决策，也是他所建立的最辉煌的功业。依仗丰富的铜矿，楚国制造出锋利的武器，组建了精师锐勇，开始迈出振兴崛起的步伐，最终跻身"春秋五霸""战国七雄"之列。从目前全国出土的东周铜器来看，楚国铜器的种类之繁、数量之多、形制之巨，独步天下，令当时的中原列国望尘莫及。如安徽寿县楚幽王墓中出土的楚王鼎，高1米多，重达400多千克，至今为两周铜鼎之冠。还有学者根据炉渣的重量推测铜绿山所产的铜，可以制造6000万把青铜剑或40

① 湖北省政协文史和学习委员会等编《黄石文化简史》，湖北人民出版社，2017，第63~64页。
② 湖北省政协文史和学习委员会等编《黄石文化简史》，湖北人民出版社，2017，第66页。
③ 刘玉堂主编《楚脉千秋》，华中师范大学出版社，2020。

亿枚箭头。楚国青铜器工艺之精、造型之美，更是世所罕见，令人惊叹。如在铸造方面，楚人已经采用浑铸、分铸、失蜡法熔模铸造等多种冶铸技术；在装饰方面，采用平雕、浮雕、圆雕、透雕以及错金、镶嵌、铜焊、铆接等多种工艺技术。此外，楚国在青铜铸造方面的工艺创新还包括复合剑技术、铸镶工艺、双音钟技术以及最早的合金配比技术等。著名学者张正明先生指出："没有铜绿山，就没有楚文化。"可以说，正是借助以大冶铜绿山为主的丰富的铜矿资源，楚国不仅强势崛起，其青铜文化也达到一个崭新的高度。

据文献及金文记载，商周时期，产自包括大冶在内的南方地区的铜料经开采、冶炼成铜锭后，源源不断运到商周王朝都邑所在的中原地区，再铸造成青铜器。这条古老的铜锡之路被称为"金道锡行"。殷商时期，为了保障南铜北运的顺利进行，商人在长江中游的湖北黄陂盘龙城建立了军事据点。盘龙城遗址既是商王朝势力伸向长江流域的桥头堡，也是商朝铜料运输线上的重要中转站。西周时期，曾国受命于周王朝，掌控随枣走廊，承担着控制、运输、管理南方铜、锡资源的重要职责。[①]

所以，在先秦时期，大冶丰富的铜矿资源、高超的采冶技术，不仅发展了地域文化、壮大了楚国国力，还源源不断地北上中原，大冶之铜将长江文明和黄河文明紧密相连，影响了整个早期中国，为辉煌的中国青铜文明奠定了基础，也支撑了先秦诸侯国的崛起。

总之，大冶铜绿山古铜矿上起商末，下至汉初，是我国迄今为止发现的时间延续最长、矿石品位最高、采冶技术最先进、炼炉保存最完整、青铜产量最大的古铜矿遗址。以铜绿山为代表的先秦矿冶文化不仅是中国古代青铜文化的高峰，也一举成为大冶地域文化的基础与主干，成为大冶地域文化最鲜明、最亮丽的底色。

---

① 方勤：《曾国历史与文化——从"左右文武"到"左右楚王"》，上海古籍出版社，2019，第 172 ~ 184 页。

四　秦汉以后 2000 余年：大兴炉冶，绵延不绝

西汉时期，随着中国青铜时代的终结，大冶铜绿山地区也结束了其历时 1000 多年的大规模的采冶活动，其兴盛之状已经不复往日。但大冶的矿冶文化如炉火熊熊，薪火相传，绵延不绝，成为不同时期大冶地域文化的重要组成部分，成为大冶地域文化有别于其他地域文化的特色与亮点。

秦汉时期，大冶地区的矿冶业有过一阵短暂的衰退期，但在西汉初期，随着社会经济的全面复苏，大冶的矿冶也走出低谷，开始冶铁生产。如铜绿山 I 号矿体斜巷（编号 X1）中发现西汉初期一批采矿铁质工具，包括铁斧 5 件、铁锤 2 件、铁柄耙 1 件、六角锄 2 件、带椭凹口锄 1 件等。[1] 战国至汉代的大冶铜绿山岩阴山脚遗址、金湖卢家垴遗址发现的探矿井、炼炉、炼渣等遗迹遗物，说明大冶也是汉代重要的矿冶基地之一。[2] 此外，距离铜绿山西北 2.7 公里发现一处西汉早期城址，面积约 5.5 万平方米。该城址扼矿产区与大冶湖间，位置重要，有可能是西汉早中期专司大冶地区矿冶事务的城址。[3]

221 年，孙权取"以武而昌"之意，改鄂县为武昌县，设置"武昌郡"，是东吴最重要的郡之一，大冶属之。出于新生政权经济与军事的需要，孙权大力发展矿冶业，发展经济，强国富民。南朝陶弘景《古今刀剑录》云："吴主孙权黄武五年（226）采武昌山铜铁，作千口剑、万口刀，各长三尺九寸，刀斗方，皆南钢越炭作之。"《中国铁矿志》也载："吴王采武昌之铜铁，铸刀剑万余。"据文献记载及考古发现看，大冶及周边黄石、鄂州铸造的金属器具主要是兵器、农具、铜镜、钱币等。

由此可见，三国时期大冶地区已经由单一铜的冶炼发展成为以铁为

---

[1]　黄石市博物馆编著《铜绿山古矿冶遗址》，文物出版社，1999。

[2]　湖北省政协文史和学习委员会等编《黄石文化简史》，湖北人民出版社，2017，第 118～120 页。

[3]　大冶县博物馆：《大冶县发现草王嘴古城遗址》，《江汉考古》1984 年第 4 期。

上，铜、铁相兼的综合冶炼，并且冶炼技术较为先进且形成了一定规模。

　　魏晋南北朝时期，国内诸侯割据，战火不断，但在大冶地区，依旧"置炉烹炼"，炉火不息。据《湖北通志·舆地志》卷六记载："白雉山（与大冶铁山一体，又名白纻山）……前有狮子岭，后有金鸡石，西南出铜铁（指铁山）。晋宋梁陈以来，置炉烹炼……今山口墩或谓之铜灶，其遗迹也。"可见南北朝时期，大冶依旧"置炉烹炼"，炉火不息。特别是大冶铁山铜铁矿藏丰富，且矿石出露地表，成为历朝历代采矿冶炼和制刀剑、铸大钱的主要矿山。据《大冶县志·丛祠》（同治版）记载，南朝宋武帝刘裕（363~422）为增强国力，命人在铁山采铜铁冶炼，铸钱铸兵器，以图北定中原，统一华夏。422 年，刘裕临终前嘱其子刘义符葬衣冠于铁山。宋文帝继位，下诏在铁山修筑宋高祖庙，以纪念刘裕开发铁山的功业。南宋诗人王十朋游铁山，到宋高祖庙凭吊，慨叹今日中原沦陷，作《宋武帝庙》诗："规模仍旧晋乾坤，遗恨于今失所尊。庙食铁山精爽在，铸兵思欲定中原。"

　　隋唐五代时期，因为铸币的需要，大冶地区的采铜规模得到扩大。隋、唐两代在铁山设十炉冶铜铸钱，据《隋书·食货志》记载，隋文帝开皇年间，先后诏令天下设立采铜冶炼铸钱四处二十五炉，而大冶铁山独占十炉，占全国 40%；五代十国时期的杨吴政权（902~937）在永兴县（今阳新县）设立盐铁及矿冶专门机构青山场院，此后的南唐时期，以青山场院为基础设立了大冶县。这些史实充分说明了大冶地区的铜矿采炼在整个隋唐五代时期占有非常重要的地位。尤其是唐末五代"胆铜法"的发明，以及这一先进冶铜技术的运用和推广，使中国的冶铜技术领先于全世界[①]，因而大冶的矿冶不仅具有重要的经济意义，更具有重大的科技、文化意义。

　　因此，隋唐五代时期，大冶矿冶文化继续发展，成为大冶 4000 年未曾间断的矿冶文化的重要一环。

　　宋元是大冶地区古代经济社会发展的黄金时期，矿冶业在前代基础

---

　　① 曹元宇编著《中国化学史话》，江苏科学技术出版社，1979。

上取得了突飞猛进的发展，大冶不仅拥有铜钱监，南宋时期重要的铁钱监也多位于本地，铜、铁、金、银冶炼发达，大冶成为南方重要的矿冶业中心。如大冶铜绿山铁屎包冶炼遗址，面积约 1000 平方米，文化层厚 1.2～2.4 米，包含 17 座地炉型炼炉，充分体现了当时铁冶业的发达。[①] 宋乾德五年（967），大冶尚属南唐王朝，南唐国主李煜升永兴县青山场院，并划武昌三个乡与之合并建县，取自殷商以来一直"大兴炉冶"之意，定县名为"大冶"，并一直沿用至今。[②] 矿冶业的发展直接推动了大冶的设县，矿冶文化底蕴最终成为一县之名，这在中国历史上尚不多见。大冶设县，以"冶"为县名，是千年古县大冶发展史上的一个重要里程碑，也是矿冶文化对大冶地域文化深刻影响的一个例证。

明清时期，在经历明初短暂开办"兴国冶"之后，晚清名臣张之洞开办大冶铁矿揭开了大冶近现代工业化序幕，更是大冶矿冶文化的又一高峰。

明初，江南的矿冶业得到了恢复和发展。据《明太祖实录》记载：明洪武六年（1373），全国置铁冶机构 13 所，其中，江西的进贤冶、湖广的黄梅冶和兴国冶年炼铁额位列前三，兴国冶的年产量达 1148785 斤。兴国冶就位于今大冶县城城东 20 里处。除冶铁外，大冶银矿开采也有较大规模。

1889 年张之洞调任湖广总督，开始其著名的"湖北新政"。张之洞将在广州筹设的铁厂迁往湖北，经反复勘察建厂地点，最后确定以含铁量高达 64% 的大冶铁矿石为铁矿源，在汉阳大别山（龟山）之北建立铁厂，湖北炼铁厂因此亦名汉阳铁厂。张之洞还主持兴建了中国第一个用近代技术开采的露天铁矿——大冶铁矿，开发了大冶王三石煤矿，招商兴办了大冶钢铁厂，创建了我国近代第一个也是远东第一个跨区域钢铁煤联合企业——汉冶萍煤铁厂矿股份有限公司（即汉冶萍公司）。这批企业的建成，标志着中国近代工业特别是钢铁工业的兴起，大冶成为中

---

① 国家文物局主编《中国文物地图集·湖北分册》（下），西安地图出版社，2002。
② 湖北省大冶县地方志编纂委员会编纂《大冶县志》，湖北科学技术出版社，1990。

国近代民族钢铁工业的摇篮，大冶地方经济由此也得到大发展，近代城市初步形成。①

新中国成立后，国家在大冶境内兴办了 20 多家大中型厂矿企业，采掘金、铜、铁矿石，大冶成为我国重要的冶金工业基地之一。

至此，4000 余年炉火不熄，矿冶文化绵延不绝，成为大冶地域文化显著的特色，也是大冶地域文化最深厚的底蕴。

五 根柢与文脉：矿冶文化是大冶地域文化当之无愧的根柢

大冶，一个因"大兴炉冶"而得名的城市，是我国矿冶文化当之无愧的一部"鲜活史书"。

早在 4000 年前的新石器时代晚期至夏代，大冶就已经出现了矿冶文化的萌芽。出土文物表明，大冶先民已有了辨别矿石的知识与能力，已懂得用孔雀石、赤铜矿、蓝铜矿、赤铁矿等作为矿冶原料，已会制作碎矿的石砧，已学会用坩埚、木炭冶炼，已能炼出铜锡铅合金的铜片。

铜绿山古铜矿历经夏、商、西周、春秋、战国直至西汉，持续 2000 余年。铜绿山古铜矿的矿冶技术在很多方面都处于当时世界领先的地位。可以这么说，殷商时期大冶地区的铜矿开采和冶炼技术，使中华民族站到了当时世界冶炼技术的最高峰。铜绿山遗址因此也被列入国家考古遗址公园项目和"世界文化遗产"预备名录。

铜绿山古铜矿的开发，对春秋战国时期楚国的迅速崛起和保障中原地区的用铜需求，尤其是古代中国青铜文明的繁荣发展，发挥了十分关键的作用，在中华青铜文明发展史上占有至关重要的地位。在铜矿采冶的基础上，大冶地区在春秋时期就开始了铁冶，楚国最先使用了铁制兵器。

---

① 湖北省政协文史和学习委员会等编《黄石文化简史》，湖北人民出版社，2017，第 261 ~ 262 页。

三国时期，大冶地区由单铜的冶炼，发展成为以铁为主，铜、铁相兼的综合冶炼业。

晚唐、五代时期，大冶先民首创"胆水浸铜冶炼法"，并实现了广泛运用。这是世界冶金科技史上的一项重大发明，是对人类文明的重大贡献。

宋代，朝廷在大冶设置了负责铁矿采冶的专门机构——磁湖铁务。

近代，因为有着悠久的矿冶历史和深厚的冶金工业的基础，随着张之洞"湖北新政"的推行，一批现代化的冶金企业在大冶拔地而起，大冶一跃成为近代民族钢铁工业摇篮。

新中国成立后，大冶继续成为我国重要的冶金工业基地之一，大冶的黑色和有色冶金工业仍在全国占据着举足轻重的地位。

可以看出，大冶矿冶文化起步早、历史久、持续长、水平高，直接影响了大冶历史的发展进程及大冶地域文化特色的形成。

关于地域文化，目前学术界有不同的定义，较为主流的观点是这样的：所谓地域文化，是指中华大地特定区域源远流长、独具特色、传承至今仍发挥作用的文化传统。地域文化的形成是一个长期的过程，地域文化是不断发展、变化的，但在一定阶段具有相对的稳定性。

一方水土孕育一方文化，一方文化影响一方经济、造就一方社会。在中华大地上，不同社会结构和发展水平的地域自然地理环境、资源风水、民俗风情习惯、政治经济情况，孕育了不同特质、各具特色的地域文化，诸如中原文化、燕赵文化、齐鲁文化、湖湘文化、巴蜀文化、荆楚文化、吴越文化，中国幅员辽阔，中华文明绵延数千年，正是这些不同区域、不同风格的地域文化，共同组成了中华文明的百花园，如同长江、黄河一样，既流脉千条，又终汇成了滔滔主流。

我们如果仔细梳理中华大地上异彩纷呈的各地域文化，就会发现，它们之所以能够自成一格，是因为每一种地域文化都有有别于其他地域文化的内涵与特质，如荆楚文化就是以春秋战国时期楚国、楚人创造的楚文化为主干与基础，矿冶文化与大冶地域文化也就是这样的关系。

"天地为大炉，造化为大冶。"从夏代铜矿开采冶炼到南唐设置青山场院至近代张之洞组建汉冶萍公司，乃至当代大冶成为中国重要冶金工业基地之一，大冶历史的发展、城市精神的形成与矿冶文化紧密相关，矿冶文化是大冶具有标志性的特色文化，是大冶地域文化的根柢与灵魂。

Root and Context: Exploration on Relationship between Mining Culture and Daye Regional Culture

Zhang Shuo

Abstract: In Xia Dynasty, copper mining and smelting started. Ever from then to the building of Qingshan Yard in Southern Tang Dynasty, and to modern times when Zhang Zhidong build Han Yehping Company, as well as contemporary Daye becoming one of the important metallurgical industry bases in China: Daye's development, cultural characteristics and city spirit are closely related to mining and metallurgy culutre, which is the characteristic of Daye iconic culture, and is the root and soul of Daye regional culture.

Keywords: Mining and Metallurgy Culture; Jingchu Culture; Daye; Qingshan Yard; Hanyeping Company

About the Authors: Zhang Shuo (1966 –), researcher, Institute of Chu Culture, Hubei Academy of Social Sciences. Mainly engaged in cultural relics archaeology and local historical and cultural research. E-mail: 961149692@qq.com.

长江文化与武汉滨江文化空间的互塑

刘玉堂　姜雨薇[*]

摘　要：武汉市滨江区的存在对社会成员来说，有着特殊而重要的意义，滨江区作为江与城之间自然因素与社会因素紧密相连的"中介体"，是演绎城市历史、呈现城市精神、维系城市文脉、再现城市记忆的文化空间。现代化进程中的城市是可以被标准化生产和复制的产品，过度强调工具理性，否定了日常生活的多样性，导致了城市历史脉络的断裂和"地方感"的消逝。武汉滨江文化空间是以长江文化为核心象征，以码头文化、商埠文化、工业文化、革命文化、渡江文化等为代表的动态文化复合体。在全球化和网络社会崛起的时代，滨江区应通过提炼核心文化符号，打造多元文化时空，唤醒城市集体记忆，建构"可沟通的"虚拟滨江文化空间等路径，重塑人与江、人与地、人与城之间的情感联结和"地方依恋"。

关键词：滨江文化空间　长江文明　武汉市滨江区　地方感　码头文化

列斐伏尔在其 1970 年出版的著作《都市革命》中预言"我们的社会已经完全被都市化，它在目前是潜在的，但在未来却是现实的"。① 时

---

* 刘玉堂（1956— ），华中师范大学特聘教授，湖北大学文化建设研究院院长、湖北省社会科学院研究员；姜雨薇（1994— ），华中师范大学国家文化产业研究中心博士研究生。
① 〔法〕亨利·列斐伏尔：《都市革命》，刘怀玉等译，首都师范大学出版社，2018。

至今日，我们似乎已经抵达了列斐伏尔笔下的"都市社会"。城市的发展席卷乡村，越来越多的人从乡村辗转至城市，城市吸纳了大量的劳动力和资源，人口的大规模迁徙带动了经济发展，同时催生了巨大的社会变革。然而，城市在发展过程中也不堪重负，面临着诸多挑战，城市问题也成为一种世界性问题。

在美国社会哲学家刘易斯·芒福德看来，城市与语言文字一样，是人类文明的表征之一。武汉作为特大城市，地处长江中游，长江文化的演变与武汉的城市发展是相伴相生的。滨江区作为自然因素与社会因素紧密相连的地域之一，是展示武汉城市形象与城市文化的重要窗口，滨江区不仅是天然的亲水空间，更是演绎城市历史、呈现城市精神、维系城市文脉、再现城市记忆的文化空间。在高速运转的现代社会，由钢筋混凝土浇筑的城市是"可复制"的产品，城市形象易陷入"千城一面"的发展困境。滨江区作为城市独特的文化空间也面临着城市记忆断层、城市文脉断裂、文化内涵单质化、景观同质化以及氛围商业化等挑战。

本文通过引入人文地理学之"地方感"的研究视角，揭示滨江区作为城市文化空间所承担的文化价值和社会文化功能，其最终维系着人与地、人与江、人与城之间的情感依恋和"地方依赖"。文章接着提出，现代化进程中的武汉滨江文化空间面临着"地方感"的消逝及重塑。回溯人类文明史和武汉城市发展史，长江所代表的水文明无疑是浓墨重彩的一笔。滨江区作为江与城之间的连接体，探讨滨江文化空间必然离不开对长江文化的深入剖析。因此，文章将进一步论述长江与武汉、长江文化与武汉城市发展之间的重要关系，阐明二者如何互构，梳理其中恣意生长的多元城市文化和空间中遗留的历史文化遗产。更为重要的是，审视当前由信息技术所主导的互联网新时代，数字化城市应从物理空间和虚拟空间两个视角探索武汉滨江文化空间的建构。

一　问题的提出：城市滨江空间"地方感"的消逝

地方感（sense of place）作为人文地理学的一个重要话题[①]，离不开以段义孚为代表的人文主义地理学者将"地方"概念的重新引入。地方感体现的是人在情感维度上与地方之间的深切联结，是经过文化与社会特征改造的特殊人地关系。[②] 从人本主义的视角观之，地方感是人以地方为媒介所产生的特殊情感经验。

在经济全球化背景下，地方是与世界相区别的一个概念。在现代化社会中，人的诸多复杂情感难以自渡，常常需要仰赖一些支持、养育我们并使人感到亲切的介体，如家、亲属、四邻和社区。地方即暗示着"家"的存在，是给人以呵护、温暖和依恋的特殊场所。人文主义地理学的奠基人段义孚在其著作《空间与地方》中，主张将一座城市整体视为一个地方，"城市是一个地方，主要是意义的中心。它具有许多极为醒目的象征；更重要的是，城市本身就是一个象征"。

随着经济水平的提高和数字技术的发展，人类已经步入一场以城市为主导的"都市革命"中。在此语境中，城市不再是亚里士多德论述的物理空间和"容器"，城市本身即是一种生活方式，是驱动社会发展的动力，其与技术、经济共同促成人类社会的稳健运转。步入 21 世纪以来，全球化和城市化是时代的底色，日益增强的流动性和环境问题威胁着地方的存在以及人地之间的关系，地方的内核被不断消解，地方感及意义也随之发生变化。千篇一律的现代化建筑，人来人往的陌生人社会，现代人城市生活的时间节律紊乱，空间也变得支离破碎。一方面，短期经济价值取代长期的社会文化价值，经济效益成为评判城市发展强弱的压倒性指标；另一方面，在追求国际化发展的过程中，外来文化的入侵，

[①]　M. Heidegger, *Being and Time*, Translated by J. Macquarrie and E. Robinson, New York, NY: Harper and Row, 1962.

[②]　Y. E. Tuan, *Topophilia: A Study of Environmental Perception*, Englewood Cliffs, NJ: Prentice - Hall, 1974.

导致了本土文化的失语，传统文化和地域文化的主体性被迫让渡给外来文化。由此，我们的城市和社会的发展常常不得不以牺牲优秀传统文化、献祭共同体精神为代价。在诸如旧城改造、老城拆迁、传统村庄改建等规划实践中，我们看到，城市在奋力奔赴现代化的同时，也消弭了某些特定空间所承载的集体记忆和文化认同。在当下，建设"国际化大都市"是主导城市空间实践的全球性话语，在这种具有支配性的话语霸权和叙事逻辑中，随之而来的是城市居民主体存有的失语、精神世界的失落、人的异化以及城市"地方感"的消逝。

在后工业化时代，依靠水运的滨江工业因为污染环境而被迫迁往城市非中心地段。随着信息技术的日益完善，铁路、航运、公路等交通网络的全面覆盖，水运的重要性随之下降。诸多码头、货运仓库、轮渡、工业厂房被迫停用并废弃，皆面临着行业变迁和社会转型的压力，城市滨水区曾经具有的功能性效应在现代化背景下逐渐削弱。但在新时代，滨水区的文化功能又彰显出独特价值，人们日益增长的物质文化需求，使得城市居民更注重休闲生活和游憩时光，都市人分外渴望能拥有一片短暂停留，随时"充电"的自然之地。城市滨水区以其独特的亲水性、感性的自然空间很好地平衡了都市社会千篇一律的理性格局，其带有地方性的深刻烙印，是了解武汉城市物质文明，理解当地人精神世界的重要情感载体。

二 "江"之于"江城"：长江文明 与武汉城市文化的互动

长江自唐古拉山奔流而下，游走至中游地区，穿城而过，将武汉一分为三。在武汉市民的生活"词典"中，"过江"是如同"过早"① 般

---

① "过早"是湖北地区的一种俗称，主要流传于武汉、黄石、荆州、宜昌、襄阳一带。由于地理环境和经济活动的关系，人们很早就养成了户外"过早"的饮食习俗。"过早"这一词最早出现在清代道光年间的《汉口竹枝词》中。直到今天，当地人仍然保留了这一习俗，并且由于现代生活节奏的加快，加之人们工作、学习的场所与居住区距离的增加，这种"过早"的习俗呈增强的趋势。

稀松平常的事宜。在"两江四岸"穿梭游走是开启武汉城市生活的动态密码，人在城中走，江从脚下过，江水一直都流淌在武汉的城市血液中。滨江区是城市中自然因素最为密集的地方，水与陆地在此金风玉露般相逢，是人类活动与自然环境紧密相连的空间之一。

河海之滨和江河流域是孕育人类最初文明的摇篮。世界上的人类文明大都发祥于江河之地。中华文化历来由南北二元耦合而成，北方以黄河文化为标识，南方以长江文化为表率。二元耦合的态势虽因时而异，二元耦合的结构却始终存在①，故黄河与长江共同孕育了中华文明。长江流域覆盖面积广，地理环境复杂多变，几番沧海桑田孕育了不同的地域文化圈，主要以上游的巴蜀文化，中游的荆楚文化和下游的吴越文化为主体。总而言之，长江文化是指长江流域地区文化特性和文化集结的总和与集聚，是时空交织的多层次、多维度的文化复合体。②

从历时性角度考察，武汉地处长江中游富庶的江汉平原，是楚国早、中期的腹心地带。长江与汉水在此交汇，江水浩浩荡荡穿城而过，形成了武汉三镇隔江鼎立的城市格局。武汉地区较早的城市文明可追溯到商代早期的盘龙城遗址，长江流域丰饶的土地和发达的水系吸引先民们在此繁衍生息。因为坐拥长江中游宽阔的河段和星罗棋布的湖泊，水运成为重要的媒介使武汉与外界充分互联，武汉成为内陆地区重要的交通枢纽和航运中心。明清时期，汉口凭借长江天然的"黄金水道"发展航运，水运带来了"吴商蜀客"并促成了多元文化交流，商贾云集的汉口一跃成为中国四大名镇之一，依托长江而形成的码头文化也一直氤氲至今。"黄鹤楼中吹玉笛，江城五月落梅花。"——诗仙李白的千古绝句传诵至今，成就了武汉"江城"的美誉。

从国家政策层面考察，2016年《长江经济带发展规划纲要》正式印发，武汉作为中游城市群的"龙头"城市，在新时代保护和修复长江生态、实现区域联动发展等方面需发挥重要支撑作用，这也是从国家层面

---

① 刘玉堂：《关于长江文化研究的若干问题》，《光明日报》2005年1月13日。

② 徐吉军：《论长江文化区的划分》，《浙江学刊》1994年第6期，第102~108页。

确立了长江与武汉未来发展唇齿相依的关系。近来年关于武汉城市发展的顶层设计，有越来越多的目光投向了长江，诸如"长江文化主轴""历史之城暨长江文明之心""长江文明枢纽""长江文化之都""世界滨水文化名城"等相关规划和设想渐次浮出水面。无论是过去还是现在，长江文化都是武汉重要的城市文脉，勾连着一座城的过去和未来。

"江"与"城"须臾不可分离，长江与武汉是相伴相生的，长江与武汉城市的发展休戚与共、唇齿相依。一方面，武汉城市形态的起源和发展、城市边界、城市文脉都与长江休戚与共；另一方面，长江文明作为时空交织的文化复合体也孕育了流域地区独特的风土人情。

三 "相伴相生"：长江文化与武汉滨江文化空间的关系

空间理论进入学术界研究视野，归功于法国哲学家列斐伏尔触发的"空间转向"。在很长一段时间里，空间与物理学、数学、哲学、建筑学、地理学等学科"联姻"而被视为物理意义上静止的"容器"和实践展演的背景与场所。列斐伏尔将其视为资本主义和消费活动的产物和生产过程，将空间作为日常生活批判的一个切入点①，确立了空间作为研究视角的主体地位。文化空间作为专有名词正式出现，源于 1998 年联合国教科文组织颁布的《人类口头及非物质文化遗产代表作宣言》，其中提到文化空间是具有特殊价值的非物质文化遗产的集中表现，既指称集中举行文化活动的场所，也包括定期举行特定活动的一段时间。在人类学和非物质文化遗产领域，文化空间指涉在特定场所人类周期性的行为、聚会和演绎，是一种具有岁时传统的独特文化形式。② 随着时间推移，文化空间的概念发生了"转义"，其内涵与外延已经超出了非物质文化遗产的范畴。

---

① H. Lefebvre, *The Production of Space*, Oxford：Blackwell，1991，pp. 26 – 38.
② 向云驹：《论"文化空间"》，《中央民族大学学报》（哲学社会科学版）2008 年第 3 期，第 81~88 页。

　　列斐伏尔敏锐地洞悉到我们社会的生产已不再停留于马克思所论述的物质资料的生产，而是从"空间中事物的生产"（production in space）转向"空间本身的生产"（production of space）。① 下文将承袭列斐伏尔关于空间生产的理论思想，从文化空间的角度来解释社会与历史，以此构建"武汉城市滨江文化空间—历史—社会"的三元辩证法。此外，进一步探讨长江文化与武汉滨江文化空间之间的关系和互构过程。

（一） 长江是武汉滨江空间的自然肌理

　　水是有机生命的源泉，也是人类文化生成的必备条件，长江孕育并滋养了长江文明。长江干流全长 6300 余公里，仅次于尼罗河和亚马逊河，居世界第三。②

　　被北纬 30 度线横贯，是长江流域的一大特色。在地球上这一孕育了文明发展的北纬 30 度线附近，并列诞生了古埃及、古巴比伦、古印度、古代中国四大文明。③ 文明的诞生并非偶然，得天独厚的地理环境是人类文明生长的天然温床。我国疆域广阔，经度跨越面积大，长江流经的地域，地理形态复杂多变。但正因高低起伏、多元变化的地理形态，将来自太平洋的东南季风拦之于外，青藏高原和西部横断山脉成为天然的屏障，造就了长江流域雨水充沛的现状。长江全流域年降水量达 1126.7mm④，充沛的淡水资源和丰富的热能使长江流域兼具文明发展的两大必备条件。⑤ 放眼全球，北纬 30 度附近的长江流域也是地理环境优渥的自然之境。

　　汉水是长江最大的支流，如今也是南水北调中线工程的水源地。《诗

---

① 包亚明主编《现代性与空间的生产》，上海教育出版社，2002。
② 《长江志》卷一《流域综述》第 2 篇《自然条件》，中国大百科全书出版社，2004，第 1 页。
③ 冯天瑜、马志亮、丁援：《自然与人文双优的长江文明》，《华中师范大学学报》（人文社会科学版）2019 年第 1 期，第 57～65 页。
④ 曾小凡等：《长江流域年降水量的空间特征和演变规律分析》，《河海大学学报》（自然科学版）2008 年第 6 期，第 727～732 页。
⑤ 冯天瑜、马志亮、丁援：《自然与人文双优的长江文明》，《华中师范大学学报》（人文社会科学版）2019 年第 1 期，第 57～65 页。

经》中记录了诸多关于汉水的诗篇，诸如"江汉浮浮，武夫滔滔""滔滔江汉，南国之纪""汉之广矣，不可泳思"，汉水流域也是孕育中华文明的地域之一。《尚书·禹贡》记载了"江汉朝宗于海"，意指长江与汉水如诸侯朝见天子般奔流入海，描绘了长江与汉水波澜壮阔、百川入海的大气景象。明嘉靖年间编纂的《汉阳府志》也将"江汉朝宗"列为汉阳十景之一。长江与汉水的交汇不仅成就了"江汉朝宗"的磅礴之景，也造就了武汉"两江四岸"的独特城市格局。

长江横贯东西，支流广阔，水系发达，素有"黄金水道"美誉。中下游地区降水量更为丰富，便于发展水运和通航，众多支流也满足了地方的农业灌溉和生产。自古以来，人类赖以生存的发达水系也会吞噬人类的生命和生存环境，历史上的长江流域是洪涝灾害频繁光顾的地区。每年夏季的汛期，洪水肆虐，整个云梦泽江湖难辨、水天相连、陆地行舟。东晋永和年间兴建的荆江大堤，为江汉平原乃至长江流域兴建最早的堤防①，史书记载，元明清时期汉水中下游地区洪涝频发，大水经常溃堤入城。清光绪年间，又有张之洞主持兴建后湖长堤。

纵览武汉的城市发展史，也是一部与洪涝灾害抗衡的抗争史。时至今日，武汉人民仍然在探索如何与长江汉水和谐共处。武汉的城市抗洪史也形塑了武汉"勇立潮头，不畏艰险；海纳百川，砥砺前行"的城市精神和城市品格。

（二）长江文明是滨江文化空间的核心象征

文化是由社会成员共享的意义系统，是社会认同的基础。文化空间的目的在于展示这种区别性文化。高丙中认为，文化空间的关键意旨为"具有核心象征"。②核心象征由集中体现价值的符号组成，承载着核心价值，并被文化空间中的共同体成员所认同，是集体意识的基础，是文

---

① 李国琴：《江汉平原历代防洪方略研究》，硕士学位论文，华中师范大学，2013。
② 关昕：《"文化空间：节日与社会生活的公共性"国际学术研讨会综述》，《民俗研究》2007 年第 2 期。

化空间的文化属性的外在表现。

　　人类依水而居，城市傍水而兴。河海湖泊是现代化城市得天独厚的重要资源，长江与汉水作为天然的地理分界线和行政区划将武汉一分为三，三镇分庭抗礼，共饮长江水。天然的水运交通，商贾云集，人头攒动，南来北往的人在这里驻足又漂离。回溯历史，以汉口为中心的码头与商埠文化，无疑是武汉滨江文化空间实践中浓墨重彩的一笔。建于清乾隆元年（1736）的天宝巷码头是武汉可考的最早的码头①，随着商业的兴旺发达，长江沿岸也渐次建起了诸多码头，叶调元在《汉口竹枝词》中描绘了"廿里长街八码头，陆多车轿水多舟"的热闹景象。1861年汉口被迫开埠，西方人的租界立于长江沿岸，外商来汉办厂，从事商业贸易，洋行、洋码头日益兴盛。汉口的开埠促使武汉从"内陆型封闭式的传统市镇"逐渐向"开放式的国际化贸易中心"迈进，沿江空间逐渐成为武汉城市繁荣的中心。作为大商埠与大码头，"瓦屋竹楼千万户，本乡人少异乡多"，南来北往的九州商贾使武汉成为一个以码头空间为中心的文化大熔炉。

　　与大多数滨水城市的命运相似，武汉滨水码头万商云集的繁荣景象是以牺牲滨水环境和自然景观为代价的。随着城市铁路业、航空业、公路运输业的发达，昔日百帆争流的繁华不再。废弃的港口、码头、货栈、厂房充斥在滨江两岸，水运繁华随风而逝，剩下杂乱的滩涂裸露于江边。步入 21 世纪，曾经承担着经济和商业贸易功能的滨水空间也面临着转型和升级。人们逐渐意识到滨水空间对于城市的特殊意义，水资源和水岸线作为稀缺资源是城市发展的生命线，城市滨水空间被赋予了独特的文化意义。复兴滨水区生态景观，打造滨水文化空间成为许多城市的重要规划，"长江大保护"作为国家战略也被提上日程。

　　城市滨水空间的发展历程经历了起源、繁荣、衰退、复兴四个阶段。文化空间作为一个动态过程，从历史和社会发展的角度来看，武汉滨江

---

① 涂文学：《关于武汉城市文化个性的几个问题》，《江汉大学学报》（社会科学版）2007 年第 2 期，第 62～67 页。

文化空间以码头文化、商埠文化、荆楚文化、革命文化为代表的长江文化作为核心象征，具体表现出开放包容、多元荟萃、敢为人先、变革趋新的整体文化性格。

（三）　滨江文化空间是对长江文明的再现

城市的物质文化、制度文化、精神文化三个层次互动共生，构成了一个有机联系的城市文化系统，城市的物质文化体现了城市的制度文化和精神文化。滨江文化空间是对长江文明中的物质文化、制度文化、精神文化的再现。

漫长的城市建设史，光荣的革命传统，悠久的历史文化，滨江沿岸留下了诸多长江文明的印记。当下，汉口江滩作为武汉滨江核心区域独领风骚，汉口江滩与沿江大道相邻，与龙王庙、江汉关、租界历史建筑群、江汉路步行街相接，与黄鹤楼遥相呼应。汉口江滩是武汉城市中心独具风貌的文化空间，集中展示了武汉的文化内容和文化意象。当然，城市文化是多元共生的，除此之外，武昌江滩从新生路到中山路，至大成路，再到紫阳路，4 万平方米葱郁的绿带形成了宁静自然的景观长廊。汉阳江滩一期起于晴川阁，止于建港船厂，以"回归自然"为主线，营造了青草绿野、芳草萋萋的鹦鹉洲文化，大禹神话园、桥梁博物馆、竹雕艺术馆等江滩景观与晴川阁、铁门关等汉阳地区的历史记忆交相辉映，展现了汉阳的过去、现在和未来。相比之下，青山江滩与硚口江滩的文化建设则稍显逊色。综览武汉江滩的带状图景，呈现出区域间发展不平衡以及文化空间的断裂等问题。

以江上轮渡为例，天然的水域资源给予城市独特的地理环境和人文风貌，夜游长江成为富有地域性和差异性的特色旅游活动。水上夜游空间一方面是城市发展夜间经济的重要载体；另一方面也是城市居民、外来游客与自然亲密接触、感受城市文明的窗口。每当夜幕降临，江面上缓缓驶过霓虹闪烁的游轮，在每一个观者的凝视中，城市完成了对长江和长江文明的叙事。随着两江四岸恢宏的灯光秀，凝视者建立了基于视觉冲击的城市初体验。在城市化进程中，灯光秀和夜间经济是展示现代化都市"肌肉"的重要因素。然而,这种基于感官刺激的城市体验是难以长久维系的,灯光建构的是关于城市现代化文明的宏大叙事,变幻莫测的光影和流光溢彩的水际线是城市繁荣的注脚和表征。值得反思的是,越来越多的城市借用灯光来展示城市形象,仅仅注重表面的照明,缺少自身的文化内涵和鲜明的主题,只用华丽的元素进行堆砌,易造成视觉审美的疲劳,滨江文化空间难免陷入同质化的窠臼。

在我们日常生活所接收的信息中,我们的社会似乎也逆来顺受地接受了被"他者化"的过程。作为城市名片的滨江文化空间,是展示现代化和城市化结果的巨型舞台,灯光秀夜夜浮现城市的繁华与喧嚣。在被资本和商业裹挟的滨江四岸,高楼林立的建筑物是展示商业和资本的表征,在建设国际化大都市的过程中,城市居民被迫迁往城市边缘区域,滨江文化空间成为集中展示资本和现代化发展的橱窗。在此试图追问的是,当城市居住者步入滨江区域时,个体的"地方"与家园何在?当下滨江文化空间是展示城市经济效益的舞台,在当下的诸多城市规划和城市叙事中,我们很难看到城市与个体之间的情感联结。滨江空间是被改造、被开发的"容器"和"物体",城市的发展是与"地方感"背道而驰的过程。一方面,滨水区域常常是商业中心和交通运输的集散地;另一方面,其也是一座城市最具人间烟火和生活气息的文化空间。但在当下的城市叙事中,我们很难准确捕捉到城市的精神与文化。

四　武汉滨江文化空间的建构路径

"一些地点的存在对其社会成员来说,具有特殊而强大的意义,就像苏联的红场。"① 滨江区作为一个特殊的地理单位,其背后也蕴含着深层意义与价值。

滨江区并非卫星地图或城市规划中的一个"地点"(point),而是属

---

① 〔美〕安东尼·奥罗姆、陈向明:《城市的世界:对地点的比较分析和历史分析》,曾茂娟、任远译,上海人民出版社,2005。

于每一个城市居民的"地方"（place）。在段义孚看来，"恋地情结"是人与地之间的情感纽带。武汉滨江空间是以长江文明为核心象征，多元文化并存的文化复合体。武汉早期城市文明发源于长江之畔，近代以来对外贸易的繁荣兴盛同样依托于长江汉水，历史的车轮在滨江四岸遗留了诸多文化遗迹。下文将进一步探讨在新时代应如何建构武汉的滨江文化空间。

（一） 提炼滨江核心文化符号，打造多元的文化时空

当前的城市发展面临着主题文化建设与多元文化生态维护之间的"两难"选择①，城市易陷入审美"同质化"与文化生态"单一化"的窠臼。城市本身就是一座活态的历史博物馆和公共的艺术展览，具有储存、传承国家与族群记忆的功能，城市的文化空间是由物理空间、精神空间、社会空间共同构成的综合性场域。滨江空间是武汉城市空间的核心公共空间之一，武汉的城市发展史倒映在滨江区的发展之中。滨江区作为江与城之间自然因素与社会因素融合的中介体，其是展示城市主题文化和城市精神品格的"名片"。

长江全域自然环境千差万别，历史发展过程也有所不同，由此便形成了形态各异的特色文化区。武汉地处中游荆楚文化区，荆楚文化的具体内涵可概括为八大系列：炎帝神农文化、楚国历史文化、秦汉三国文化、清江巴土文化、名山古寺文化、长江三峡文化、江城武汉文化、现代革命文化。② 武汉文化包含在荆楚文化之中，荆楚文化又包含在长江文化之中。从文化内涵与外沿大小观之，武汉滨江文化空间依次蕴含着长江文化、荆楚文化、武汉城市文化。既然如此，滨江空间是一个复合多变的文化综合体，如何在纷繁复杂的文化脉络中抽取出独特性的象征物和文化符号是值得我们思考的。

---

① 傅才武：《文化空间营造：突破城市主题文化与多元文化生态环境的"悖论"》，《山东社会科学》2021 年第 2 期。

② 刘玉堂、刘纪兴、张硕：《荆楚文化与湖北文化产业发展研究》，《湖北社会科学》2003 年第 12 期，第 35～38 页。

　　从物理空间的物质实体出发，武汉滨江空间的核心象征应有：江汉路及中山大道历史文化街区、江汉关、长江大桥、黄鹤楼等物质文化符号；还有码头文化、商埠文化、工业文化、革命文化、渡江文化等精神文化符号。滨水区一般分为亲水、临水、近水、远水区域，滨江空间临水和近水区域应以上述文化符号和文化景观作为主体。除此之外，在滨江文化空间的外延区还应包含其他文化因素。

　　江汉路及中山大道历史文化街区沿江而建，西洋建筑林立，独具异域特色，是值得保护的历史文化建筑。随着汉口开埠，江汉关也于江边兴建起来，开埠设关对武汉的城市发展具有重要的推动作用，在某种意义上是武汉与外界互通互联，走向开放的象征。长江大桥作为新中国成立以后重要的基础设施，于国家、于武汉都具有重要的划时代意义，它是武汉滨江区跨江空间重要的历史标志性建筑之一，它改变了武汉人民的城市行走方式，是武汉居民集体记忆中荣光闪烁的篇章。黄鹤楼地处蛇山之巅，濒临万里长江，自古以来都是文人墨客附庸风雅的名胜之地。这些物质文化符号具有特殊的文化意义，内涵丰富，且皆与长江和长江文化直接相连。文化空间是由核心象征、符号系统、主体、集体记忆共同交织而成，把握了这些核心象征，即可以准确地把握武汉的城市文化。这些物质文化和精神文化的存在和再建构，是提醒后人行走在历史中、徜徉在文化空间时，应成为延续城市文脉的传承者。

（二）唤醒城市集体记忆，重塑人与江的 "地方依恋"

　　"城市是人们集体记忆的场所"[①]，记忆的魅力使城市从瞬间化为永恒，从有限扩展为无限。在一座城市的历史中，记忆和重新记忆的活动从未停止，在某种程度上，城市是 "靠记忆而存在的"。[②]城市记忆并非某种已知存在的事物，城市记忆既体现纵向时间的内容，也包含横向社

---

① 〔苏〕B. A. 克鲁捷茨基：《心理学》，赵璧如译，人民教育出版社，1984。
② 〔英〕大卫·科恩：《思维世界的语言》，唐韵译，中国青年出版社，2001。

会空间的内容。[①] 其中，城市记忆的载体包括语言、文字、物质文化、活动、虚拟化人工媒介。

武汉的城市化进程映射在滨江区的发展之中，滨江区的日新月异也体现出武汉城市发展的历史脉络。在武汉漫长的城市发展史中沉淀的城市记忆，始终绕不开对长江文明的传承与传播。从历时的角度回溯，建于殷商时代初中期的盘龙城是武汉城市之"根"，先民在此繁衍生息，自此开启武汉的城市文明。三国以后，武汉既是兵家必争之地，也是商贾往来、市民聚居的通都大邑。汉口开埠，"楚中第一繁盛地"声名鹊起，武汉有着清晰连贯的长江文明传承发展脉络。关于武汉的城市记忆是对"大江大湖"的城市环境及以长江文明为核心所具有的美学特征认同后产生的集体记忆。

武汉的城市记忆是由不同群体书写的鲜活的生命历史，这种历史不仅包括城市中的重大事件，也包括日常生活故事；不仅由官方进行宏大叙事，也由市井居民参与城市记忆的"编撰"和"注疏"。新中国成立初期，"万里长江第一桥"坐落于长江之上，改变了武汉滨江空间的城市格局。长江大桥作为长江水道上的标志性建筑物见证了武汉的荣辱兴衰，它既是历史的丰碑，也是武汉人民的文化遗产。"一桥飞架南北，天堑变通途"，长江大桥的落成是由官方和本土、主流和非主流社会成员共同书写的城市记忆。因此，长江大桥作为滨江文化空间重要的文化意象是武汉城市记忆的载体，它绝非简单的人工构筑物，它为我们的生活留下了记忆，它作为媒介，保存、传递、延续着城市历史与文化。

除了依托长江而发展的工业文明，武汉在历史发展中也留下了诸如革命文化、渡江文化这样的特色文化记忆。盛夏七月的江城是市民与江水亲密接触、"物我两忘"的好时节，《诗经》曾描述先民在长江、汉水游憩的故事，近代张之洞的"自强新军"也曾组织过游泳和渡江的训

---

① 朱蓉：《城市记忆与城市形态——从心理学、社会学视角探讨城市历史文化的延续》，博士学位论文，东南大学，2005。

练，1934 年，武汉首届渡江活动在"强身救国"的口号下举行。[1] 1956
年毛泽东同志视察武汉，三次畅游长江，"到中流击水，浪遏飞舟"。一
代伟人身体力行，搏击江水，与武汉、与长江结下了不解之缘。自此，
渡江成为武汉人锻炼身体、磨炼意志的象征；横渡长江被赋予"伟大气
魄和伟大革命实践""征服风浪、开辟革命通道"的政治意义。时至今
日，一年一度的渡江节作为武汉的民俗活动，其含义早已发生了转变，
但顽强拼搏、不畏艰难仍然是其核心意涵。渡江作为一种仪式性的活动
超越时空，自上而下地书写了城市的记忆。这些由城市和人民共同孕育
的集体记忆，是值得被珍视、被保存并再度示人的。在快节奏的城市生
活中，我们总幻想"生活在别处"，希望短暂地跳脱日复一日的庸常，
奔赴灵魂可以诗意栖息的远方。殊不知，滨江文化空间既是个体向往的
"远方"，也是社会成员栖息的"地方"。由此，唤醒社会成员的城市记
忆，重塑人与地、人与江之间的地方依恋显得尤为重要。

（三）建构"可沟通的"虚拟滨江文化空间

繁华的城市生活使诸多年轻人趋之若鹜，然而城市却未能完美践行
"让生活更美好"的承诺，"城市病"也给城市生活涂上了浓重的阴影。
如何才是更美好的城市，如何才是更丰富的滨江文化空间是值得思考的
议题。在当前可见的城市评价体系中，有"城市经济发展水平""城市
综合竞争力""智慧城市""数字城市"等多种标准，然而这些框架却未
能完整地为城市的当下和未来发展指明方向。以滨江空间为例，它是城
市休闲游憩空间，在当前肉眼可见的滨江环境中，过多的商业因素和消
费主义侵占了人们的注意力。因此，我们倡导建构"可沟通的"滨江文
化空间，这并非在既有的评价体系中增添一个新的维度，而是尝试以一
种更为综合、包容的方式理解城市并重塑城市。[2]

---

[1] 谢静：《可沟通城市：网络社会的新城市主张》，《新闻与传播研究》2015 年第 7 期。

[2] 王其慧：《万里长江横渡——武汉渡江活动的起源及其发展评述》，《武汉体育学院学报》
1989 年第 1 期。

在当下，我们的生活日益被移动电子设备所侵占，在信息技术主导的互联网社会中，万物互联是未来社会的发展趋势。以二维码为例，我们的日常生活离不开手机扫码，在疫情防控常态化时期，健康码和通行码是我们出入各处、获得人身自由的凭证；在博物馆、旅游景区，扫描二维码获取景点信息现象随处可见。新媒体技术的发展给我们的城市生活带来了极大改变，滨江空间的建构也不再仅停留于物理空间，更在于虚拟文化空间。正如传播学家麦奎尔所言："现代社会生活的空间体验经由建筑结构和都市领地、社会实践和媒体反馈之间错综复杂的相互构造而崛起。"[1] 值得注意的是，在信息化时代，城市是开放的，但是数字化网络和移动电子设备的操作过程却不那么清晰，老年群体、农民工群体等弱势群体是数字技术时代的"难民"。

"可沟通城市"正是基于这样一种人文关怀，期冀社会成员都能平等地共享技术带给我们的改变。电子信息技术是辅助我们了解长江文明，协助我们超越时空界限对滨江空间进行多感官体验的重要手段。具体而言，滨江文化空间的"可沟通性"主要体现在以下方面：首先，"可沟通性"意味着连接，即滨江区内的各文化要素之间是广泛关联的，两江四岸不同行政区划的江滩公园和文化景观应形成一个互通互动的空间网络；其次，"可沟通性"意味着流动，无论是物质实体、信息还是文化意义，都在人与人、人与物、人与江、人与空间的"交流"过程中交换、共享，从而形成空间的再生产，迸发新的空间活力；再次，"可沟通性"意味着对等，文化空间网络中的各个文化要素具有同等影响力，各个社会成员和社会主体都可以平等地共享空间，实现人与物的情感联结；最后，"可沟通性"还意味着融通，即各种矛盾价值的悖论式统一。由于城市网络的高度复杂性，一些价值诉求之间不可避免地存在着矛盾与冲突。[2] 比如，滨江空间一方面作为城市名片，需要招商引资，充分

---

[1] 〔澳〕斯科特·麦奎尔：《媒体城市：媒体、建筑与都市空间》，邵文实译，江苏教育出版社，2013，第 1 页。

[2] 谢静：《可沟通城市：网络社会的新城市主张》，《新闻与传播研究》2015 年第 7 期。

展示城市的现代化魅力，城市的生产犹如工业流水线上的产品一样被大量复制；另一方面，滨江文化空间也是属于市民的精神空间，资本与权力对于空间意义的争夺，势必会侵占市民的主体地位。

　　面对新媒介技术突飞猛进与网络社会崛起，滨江虚拟文化空间的建构应给予不同社会群体足够的存在空间，给不同的价值观、审美趣味以充分的尊重，促成异质人群之间的聚合、交往。滨江区实体空间与虚拟空间也应相互嵌入、高度融合。街道、广场、桥梁、纪念碑支撑的城市实体空间与大众媒介建构的虚拟空间并非截然相对，城市"地点"提供的场所感承载了个人对空间的依恋、特定人群的集体记忆，倾注着公共或私人的情感，具有无可替代的价值；而虚拟空间不仅没有取消反而促进了实体空间的交往。在信息化时代，借助互联网和新媒体技术建构虚拟滨江文化空间，实现线上与线下的互动与交流是未来城市发展的潜在方向。

Mutual Shaping of Yangtze River Culture and Wuhan Riverside Cultural Space

Liu Yutang　Jiang Yuwei

Abstract: The existence of Wuhan riverside region has special significance for social members. As the "intermediary" between the natural and social factors between the river and the city, riverside region is a cultural space that interprets the urban history, presents the urban spirit, maintains the urban context and reproduces the urban memory. The city in the process of modernization is a product that can be standardized and copied. It overemphasizes instrumental rationality, denies the diversity of daily life, and leads to the rupture of the historical context of the city and the disappearance of the "sense of place". Wuhan riverside cultural space is a dynamic cultural complex with the Yangtze River culture as the core symbol and the wharf culture, commercial port culture, industrial culture, revolutionary culture and river crossing culture as the representatives. In the era of globalization and the rise of the network society, the riverside region should reconstruct the emotional connection and "local attachment" between people and rivers, people and places, people and cities by refining the core cultural symbols, creating a multi-cultural space, awakening the collective memory of the city, and constructing a "communicable" virtual riverside cultural space.

Keywords: Riverside Cultural Space; Yangtze River Civilization; Wuhan Riverside Region; Sense of Place; Wharf Culture

About the Authors: Liu Yutang (1956 -), distinguished professor of Central China Normal University, President of Cultural Construction Research Institute of Hubei University and researcher of Hubei Academy of Social Sciences; Jiang Yuwei (1994 -), Ph. D. candidate of National Cultural Industry Research Center of Central China Normal University.

从清江时代迈向长江时代

——恩施州创建文化大州路径思考

周　琼[*]

摘　要：有着"巴人故里"之称的恩施州，是共和国最年轻的自治州，有着"绿色恩施州，祖国后花园"的称号。巴楚文化、巴渝文化和独特的土家族苗族民族风情在这片奇山秀水之中汇聚融合，构成了恩施州独特的人文景观和地域文化。近年来，恩施州委、州政府积极践行新发展理念，高度重视文化保护和传承，加大力度开发民族文化资源，发展生态文化旅游产业，更加全面、系统地展示和提升自身的历史文化底蕴，推动民族文化大州创建，让优秀的文化基因成为提升恩施州综合竞争力的重要力量。当前，我国经济已由高速增长阶段转向高质量发展阶段，如何发挥民族文化优势，提升文化综合实力，促进恩施州脱贫攻坚与乡村振兴有效衔接，全面推进乡村振兴和城乡融合发展，实施乡村产业、人才、生态、文化、组织五大振兴，从鄂西生态文化旅游圈融入更加广阔的长江经济带，加强与以武汉为首的长江中游城市群的经济联系与互动，从清江时代迈向更加宏大的长江时代，是未来恩施州发展的重要命题。

关键词：恩施　巴楚文化　文旅融合　民族文化　绿色发展

---

* 周琼，副编审，社会科学文献出版社政法传媒分社副社长，皮书研究院高级研究员。

有着"巴人故里"之称的恩施州，地处华中腹地，东连荆楚，西临渝黔，北跨长江三峡，南抵武陵山腹，为鄂西南清江、酉水、溇水、唐崖河、郁江、建南河等诸溪之源，山地总面积 2.4 万平方公里。恩施州山川秀美，物产丰富，既是"华中药库""世界硒都"，也是共和国最年轻的自治州，以及唯一的国家全域旅游示范区创建州。这里也是歌舞之乡和龙船调的故乡，有着悠久的历史和深厚的巴楚文化、土家族苗族少数民族文化底蕴。作为世界 25 首著名民歌之一的《龙船调》就诞生在这里。这里的土家"女儿会"被称为"东方情人节"，"撒尔嗬""傩戏""摆手舞"等被学术界视为民族文化奇珍。巴楚文化、巴渝文化和独特的土家族苗族民族风情在这片奇山秀水之中汇聚融合，构成了恩施独特的人文景观和地域文化，随着鄂西生态文化旅游圈建设的推进，这片昔日的穷乡僻壤已成为一颗冉冉升起的"中部明珠"。

近年来，恩施州委、州政府积极践行新发展理念，高度重视文化保护和传承，充分认识到悠久的巴楚文化、独特的土家族苗族民族文化、土司文化、红色文化资源以及丰富的文化遗产是恩施州未来打造地域文化品牌、促进民族文化大州建设、加快整合鄂西南生态旅游资源、促进带动脱贫攻坚、参与区域竞争的重要战略资源，加大力度开发民族文化资源，发展生态文化旅游产业，更加全面、系统地展示和提升自身的历史文化底蕴，推动民族文化大州创建，让优秀的文化基因成为提升恩施州综合竞争力的重要力量。当前，我国经济已由高速增长阶段转向高质量发展阶段，新时期，如何发挥民族文化优势，提升文化综合实力，促进恩施州脱贫攻坚与乡村振兴有效衔接，全面推进乡村振兴和城乡融合发展，实施乡村产业、人才、生态、文化、组织五大振兴，从偏处一隅的鄂西生态文化旅游圈融入更加广阔的长江经济带，深度参与和服务"长江经济带"发展战略，主动融入"宜荆荆恩"城市群建设，加快对接成渝双城经济圈，从清江时代迈向更加宏大的长江时代，是未来恩施州发展的重要命题。

一　恩施民族文化的源与流

恩施，源自"皇恩浩荡，泽被施州"。据同治《恩施县志》记载："明设施州卫，雍正六年称施县，雍正七年改称恩施。"恩施，取皇帝恩泽施地之义。被称为"天赐恩施州"的这片福地，神秘的北纬30°穿境而过，大自然的鬼斧神工赐予恩施州得天独厚的奇山丽水与绿色生态，全州森林覆盖率达70%，年空气优良天数300天以上，每立方米负氧离子2万个以上，是全国最适宜洗肺的七大目的地之一，被《中国国家地理》评选为"中国最美的地方"。被誉为全球最长、最美的大峡谷之一的恩施大峡谷，雄奇秀美的世界地质奇观与美国科罗拉多大峡谷不分伯仲，绝壁环峰丛，天桥连洞群，暗河接飞瀑，是灵秀湖北的十大旅游名片之一。

恩施州不仅拥有优美的自然风光、良好的生态环境，而且拥有独特的地域文化特色。恩施州地处湘、鄂、渝、黔四省交会处，"屏藩全楚，控制苗蛮、西连巴蜀，南通黔粤"，不仅是巴文化的发祥地，而且孕育了优秀的土家族文化，同时恩施州还是中原汉文化和西南少数民族文化的贯通地域。[①] 恩施州境内居住着土家族、苗族、侗族、白族等29个少数民族，各民族在历史发展过程中互相学习，互相借鉴，互相融合，形成了以多种形态的民俗信仰及其仪式活动为核心，以丰富的民间传说、音乐、戏曲和舞蹈等传统文化艺术、传统技艺、传统医药，以及大批的历史遗址、遗存和古建筑、传统村落为主要表现形式的山地多样化文化特征。[②] 这种多样化以巴文化为主轴，又充分吸纳了土家族、苗族、侗族等西南少数民族文化精髓，充分融合发展，创造了适合当地的物质文明、精神文明和制度文明，是中华文明的重要组成部分。其中最具有民族性、最富有艺术特征的部分，如巫傩文化、穴居文化、卫所寨堡文化、

---

①　陈鑫：《清代以来恩施市城镇景观演变解析》，博士学位论文，华中农业大学，2010。

②　杨光：《加强保护利用 振兴民族文化》，《民族大家庭》2019年第6期。

上司文化、婚嫁丧葬文化、节庆礼俗文化、渔猎农耕文化、民间匠业文化、吊脚楼文化、碑铭文化、音乐舞蹈文化、诗词文化等，不仅包含了恩施文化中特有的审美观念、审美表现意识，而且包含了理解自然，理解人生，明智地处理人与自然、人与社会之间关系的许多有益的启迪。这些启迪在经济社会高度发达的今天，不仅没有失去意义，反而彰显出永恒的文化魅力。摆手舞、龙船调、女儿城、三棒鼓……这些极具民族风情的文化符号已经成为一张张展示恩施风情的亮丽名片。在婚丧嫁娶方面，谈情有"女儿会"，喜哭丧闹，红事白事一样作为喜事办，别具一格。哭嫁，其时间之长，歌词之精，曲调之美，在其他地区和其他民族中都非常罕见，它与《陪十姊妹》《陪十弟兄》交相辉映，形成了婚嫁中喜庆与幽怨并存的色彩。源远流长的"闹灵歌""跳丧"显示出恩施人悼死如庆生的一种极为超脱的生死观念。

恩施也是歌舞之乡和民间艺术之乡，传统戏剧有南戏、恩施灯戏、巴东堂戏、鹤峰柳子戏、傩愿戏等，曲艺、音乐、舞蹈、山歌更是种类繁多。比如，在恩施田间地头传唱的山歌"薅草锣鼓"，是一种劳动生产、民歌与响器相结合的艺术形式。由两位歌师傅领唱或对唱，其余人相和，并配以鼓、锣、钹助兴，唱腔丰富，曲牌多变，歌师傅们根据劳作的节奏，有张有弛，见景生情即时编词，或幽默诙谐，或设谋斗智，原汁原味地再现了土家人生产劳动的情景。在建筑方面，土家人更是展示出高超的建筑艺术。吊脚楼是恩施州民间最常见的一种民居建筑，沿袭了"干栏"建筑遗风，或建于高崖陡坎，或建于河岸溪谷，成群落分布，错落有致。建筑雕梁画栋，古色古香，与秀丽的山川相映成趣，完美再现了人与自然的和谐共处，具有极高的文化价值，被称为"巴楚文化的活化石"。中国土家泛博物馆就是以彭家寨吊脚楼群为核心，以建筑艺术和土家文化为灵魂，以传统村落和旅游为载体，打造的一个活化、动态、再生的土家泛博物馆，再现和展示了土家人原汁原味本真的生产、生活场景。

唐崖土司城、容美土司遗址、侗族风雨桥等别具民族风情的建筑和历史文化遗存，也凸显了恩施独特的少数民族文化。以唐崖土司城为例，始建于元代初期的唐崖土司城位于咸丰县境内，有着"荆南雄镇、楚蜀屏翰"之美誉，鼎盛时期占地 57.57 万平方米，拥有 3 街、18 巷、36 院，内有帅府、官言堂、书院、存钱库、左右营房、跑马场、花园和万兽园等，共占地 1500 余亩，经历 16 代 18 位土司。唐崖土司城遗址是西南地区格局最清晰，保存最完整的土司城址之一，它所反映出的土司制度，秉承了中国古代 2000 多年的"齐政修教，因俗而治"的多民族管理智慧，唐崖土司城遗址正是这一制度的实物见证。同时，唐崖土司城遗址独特的自然选择、内外有别的规划体系，汇集了山地城市、家族墓地等多种社会生活载体，是人类智慧的结晶，突出反映了以土家文化为代表的少数民族文化与汉文化的交融和碰撞。2015 年，唐崖土司城遗址申遗成功，成为恩施州的首张世界级文化名片，对于打造恩施文化高端品牌，提升恩施文化遗迹知名度，助推鄂西生态文化旅游圈、武陵山少数民族经济社会发展试验区发展起到了积极作用。

此外，恩施州还有珍贵的革命文化资源。恩施是具有光荣革命传统的老区。第二次国内革命战争时，这里属于湘鄂西革命根据地，贺龙、任弼时、王震等老一辈革命家在恩施留下了不少革命文化资源，如红三军政治部旧址、板栗园和忠堡大捷遗址、叶挺将军在恩施囚居地等，这些都是非常珍贵的革命文化遗产。

二　恩施州民族文化保护的思路与现状

"好山好水，天赐恩施州"。独特的巴楚文化、土家族苗族少数民族风情与奇山秀水的结合，使得恩施拥有了其他城市难以比拟的独特文化魅力，成就了当今在中国与世界上都别具一格的鄂西南山地多民族交融的多元文化形态，成为开发具有鲜明恩施特色的文化产品和文化产业的重要资源支撑。近年来，恩施州高度重视民族文化保护和传承工作，不断制定和完善相应的文化政策和战略，在民族文化资源保护和利用、生态文化旅游业发展、少数民族特色村寨保护、生态文化保护区创建等方面加大政策扶持力度，深入发掘民族文化、民间文化、民俗文化资源，积极开展民间文艺活动，恢复了牛王节、女儿会等四大民族节日品牌，努力创建民间艺术之乡、民族特色文化之乡，培育一批文化名镇、名村、名园、名人、名品。在城乡建设规划方面，以创建文明城镇为载体，把民族文化建设纳入城市建设总体规划之中，在保护和利用好原有自然人文景观、历史文物古迹、民族特色建筑等的基础上，加强民族建筑文化的研究，建设了恩施州文化中心、女儿城、土司城等一批具有民族文化特色的标志性工程，塑造了鲜明的城乡民族文化新形象。另外，恩施也申报了一批非物质文化遗产，命名了一批民族民间生态文化保护区，打造了《武陵绝响》《毕兹卡》《夷水丽川》《龙船调》《黄四姐》等大型民族歌舞剧；积极开展出版民族研究系列丛书、寻访民间艺术大师、实施民族文化再抢救工程等活动，使恩施历史文脉得以传承，文化发展呈现欣欣向荣的景象。

1. 着力构建保护利用体系，加强民族文化大州建设

恩施州素有"歌舞的海洋""艺术宝库"之美称，各种民族民间文化十分丰富。20 世纪 70 年代以来，恩施州在保护民族民间文化上做了大量卓有成效的工作。州与各县市均成立了搜集整理文化艺术遗产领导小组，编撰整理了《鄂西少数民族史料辑录》《鄂西土家族简史》《鄂西苗族简史》，出版了《鄂西民族民间故事》《鄂西民族专集》等系列图书。1984 年，在恩施州政府的主导下，恩施石灰窑传统"女儿会"得以恢复。1985 年，传统题材的大型歌剧《烈烈巴人》上演并获多项大奖；1987 年，立体宽银幕艺术片《清江放排》公映，后来又拍摄了专题片《虎啸清江》等。各类民间文化的集成与文学艺术的繁荣，均突出了传统的巴文化特质，突出了恩施本土多民族文化相融合的特质。

进入 21 世纪以来，随着全球化、市场化和现代化的冲击，恩施州民族民间文化也面临着优秀民间文化资源逐渐消亡、流失和民间传统技艺后继乏人的困境，全面保护刻不容缓。在全面普查、摸清家底的基础上，2005 年，恩施州出台了《恩施土家族苗族自治州民族文化遗产保护条例》，在全国 30 多个自治州中率先对民族文化遗产保护工作进行专项立法，组织专业机构和人员开展民族文化遗产普查、收集、抢救、整理、

研究与出版工作，协助有关部门做好价值评估。同年，又出台了《恩施州民族文化大州（2005—2010）建设纲要建议方案》，制定《民族民间文化保护工作实施方案》《民族文化研究工作十年纲要》，以上政策文件的出台，标志着恩施州已初步建立起比较完备的民族民间文化保护制度和保护体系，在全社会形成了自觉保护民族民间文化的意识，为恩施州民族文化保护提供了有力的制度保障，使优秀的民族民间文化遗产得到有效的抢救、保护、传承、开发、利用和发展。

2006 年，恩施州委、州政府出台了《关于加强民族文化大州建设的意见》，首次提出加快"民族文化大州"建设的目标，这既是恩施州委、州政府结合湖北省委、省政府提出的鄂西生态文化旅游圈建设的发展目标，也是在充分认识州情基础上的重要决策。该意见以整合民族文化资源和结构调整为主线，以传承和创新民族传统文化为突破口，强调要大力发展优秀民族文化，力争开发一批本地民族文化宝贵资源，生产一批独具特色的民族文化精品，建设一批具有民族特色的标志性文化工程，培植一批具有竞争力的民族文化企业，打造一批科技、文化含量高的民族物质产品，形成一批具有民族文化特色的旅游品牌，培养和造就一批结构优化的优秀民族文化人才，使公益性民族文化事业适应人的全面发展需要，使经营性民族文化产业成为恩施州新的经济增长点。建设民族文化大州，对于改善和提高人民群众生活质量、提高全州人口素质，培育和弘扬民族精神，增强民族团结和凝聚力，提高恩施州对外影响力，促进经济发展和社会进步，都具有特殊的作用和重大意义。从此以后，全州上下对建设文化大州初步形成了共识，开展了一系列积极有效的探索和实践。

2. 打造国家级文化生态保护示范区，健全非遗保护机制

划定文化生态保护区，将民族民间文化遗产原状地保存在其所属的区域及环境中，使之成为"活文化"，是保护文化生态的一种有效方式。《国家"十一五"时期文化发展规划纲要》明确提出要设立国家级民族民间文化生态保护区。

2014 年，恩施州和宜昌市长阳土家族自治县、五峰土家族自治县联

合设立的"武陵山区（鄂西南）土家族苗族文化生态保护实验区"正式被文化部批准为国家级文化生态保护实验区，这是湖北省第一个国家级文化生态保护实验区。文化生态保护实验区以保护非物质文化遗产为核心，对历史文化积淀丰厚、存续状态良好、具有重要价值和鲜明特色的文化形态进行整体性保护。武陵山区（鄂西南）土家族苗族文化生态保护实验区总面积 29863 平方公里，该区域的土家族、苗族人民在长期发展中形成了独特的生产生活方式、风俗习惯和艺术表现形式，构成了丰富多样和充满活力的文化形态，为我国非物质文化遗产领域提供了不可多得的文化标本。

2016 年 5 月，恩施州在湖北省内率先出台了《关于加强全州文物保护工作的实施意见》；州及各县市均编制了文化生态保护规划，制定了系列政策措施；自 2014 年以来，争取中央财政专项经费 500 多万元，州级投入近 500 万元，为文化遗产的保护和传承提供了强有力的政策支持和财力保障，初步形成了以区域保护、项目保护和传承人保护为重点，以立法保护、政策保护为保障的土（家）苗文化保护基本模式。

目前，恩施州已命名 5 处省级文化生态保护区、20 处州级民族民间生态文化保护区，56 个村寨纳入全国少数民族特色村寨保护与发展名录；全州非物质文化遗产共计 632 项，其中国家级 15 项、省级 63 项、州级 110 项、县市级 444 项；有物质文化遗产 1652 处，其中世界级文化遗产 1 处，国家级文物保护单位 9 处、省级 89 处、州级 45 处、县市级 376 处，馆藏文物达 13.47 万件；全州被命名的国家级非物质文化遗产项目代表性传承人 5 人、省级 76 人、州级 177 人、县市级 489 人，全州命名了 6 批 64 名州级民间艺术大师。①

2020 年，恩施州州长刘芳震在主持召开恩施州政府常务会议时提出，要紧扣挖掘、抢救、整理、传承、融合，建立民族文化、抗战文化、红色文化三大体系，建成遗产丰富、氛围浓厚、特色鲜明、民众受益的

---

① 恩施州文体新广局：《奏响民族文化生态保护的最强音——恩施州如何推进土家族苗族文化生态保护实验区建设》，《恩施日报》2018 年 2 月 9 日。

国家级文化生态保护示范区。要整合相关项目，将其纳入"十四五"规划，促进恩施州非遗保护机构更加完善，保护体制机制更加健全，基础设施更加完备，名录体系更加优化，代表性传承人传习活动更加有效，非物质文化遗产实践活动更有活力。① 同年，恩施州民宗委印发《关于加强全州民族文化传承基地建设的通知》，科学谋划全州民族文化传承基地建设工作，进一步推动全州优秀传统民族文化传承发展。提出通过六年（2020～2025年）时间建成80个州级民族文化传承基地，突出土家族、苗族的文化特色，体现侗族、白族、蒙古族、羌族等散居少数民族的文化多样性。在重点项目建设方面，完善非遗展示馆、传承基地、传习场所、传统工艺振兴示范基地、传统工艺工作站等基础设施建设，大力推进核心区域和文化空间保护工程、非遗项目保护工程、非遗代表性项目普查工程等重点工程，积极开展非遗进景区、进校园、进企业、进社区、进机关、进军营等活动，加大宣传教育力度，让更多人了解、参与、热爱非遗。在体制机制上，建立了国家、省、州、县（市）四级非遗名录体系，采取了包括在州城建立保护传承基地、定期举办非遗项目展演等一系列保护措施，逐步形成了以项目保护、传承人保护为重点的少数民族非遗保护体系。

2021年，恩施土家女儿城民族文化传承基地等24个基地被命名为恩施州首批民族文化传承基地。其中，恩施土家女儿城民族文化传承基地、湖北龙船调服饰有限公司民族工艺传承基地、建始县长梁镇旋龙村丝弦锣鼓传承基地、巴东县溪丘湾乡民族文化传承基地、来凤县百福司镇舍米湖村原生态摆手舞传承基地、鹤峰县鑫农茶业有限公司茶文化传承基地等8家基地成为优秀民族文化传承基地。这些基地包括民族村寨、民族学校，以及旅游景区、民间艺术大师传习所、民贸民品企业等，内容涉及土家族、苗族、侗族等少数民族的语言、舞蹈、戏曲、工艺、体育、节日等非物质文化遗产。此外，恩施市三岔镇傩戏传承基地等6个

---

① 《刘芳震主持召开恩施州政府常务会议 研究部署建设武陵山区土家族苗族文化生态保护试验区等工作》，《恩施日报》2020年11月4日。

基地被湖北省民宗委命名为湖北省少数民族非物质文化遗产保护传承示范基地。这些基地承载着民族文化中重要的文化信息资源，是恩施民族文化中的瑰宝，也是历史的真实见证。

3. 创建国家全域旅游示范区，推进生态文化旅游深度融合

"绿色恩施州　祖国后花园。"绿色是恩施州发展的底色，生态是恩施州的最大优势。据中国环境科学研究院等单位研究评估，恩施州生态价值突破 10 万亿元。恩施州悠久的历史积淀了丰富多彩的历史文化资源；气候、地形、地貌以及生物的多样性造就了旖旎迷人的自然风光；人文与自然相互交融，构成了一种当今时代不可多得的文化资源。同时，良好的生态基础，大自然赐予的好山好水好景好空气，也是恩施州高起点、高标准、高水平做好文旅融合发展文章的宝贵资源。

进入"十三五"以来，恩施生态文化旅游产业取得重大突破，产业融合的路径探索与模式不断创新，打造了一批以摆手节、牛王节、女儿会、恩施州生态文化旅游节、建始黄四姐文化艺术等为代表的文化旅游节庆产品，涌现出一批文艺演出精品剧目，如腾龙洞景区的《夷水丽川》，恩施土司城景区的《王府乐舞》以及《新龙船调》《武陵绝响》《黄四姐》等文化旅游演艺产品，给游客留下深刻印象，增强了景区吸引力。还培育了一批旅游文体产品生产企业，开发了一批以民族书籍、民族歌舞集锦、旅游工艺品为主的文化旅游特色产品，如西兰卡普、土家刺绣、雕刻旅游工艺品等，将民族文化融入实物。

为了加快文旅融合，恩施州民宗委以各县市打造的少数民族特色村寨为载体，紧密结合生态文化旅游业发展实际，从基础设施建设、特色民居改造、民族文化保护等方面加大投入力度，打造少数民族特色村寨生态文化旅游样板，要求每县市完成提档升级的少数民族特色村寨在 1 个以上，以推动特色村寨建设与生态文化旅游深度融合。目前全州已经建成少数民族特色村寨 117 个，其中中国少数民族特色村寨 49 个。此外，州民宗委、州旅游委还联合举办了民族文化进酒店进民宿系列活动，活动的内容以民族语言、民族服饰、民族饮食、民族建筑（包括室内装饰）、民族歌舞、民族礼仪等民族文化在酒店民宿的应用为主，旨在将

这些民族文化元素与酒店民宿的吃、住、购、娱等旅游要素深度融合，既积极打造民族文化保护与传承的有效载体，又切实增强全州生态文化旅游的文化内涵，有力促进全州民族文化保护与传承工作。

2016年2月，恩施州成为全国首批、全省唯一的地市级国家全域旅游示范区创建单位，标志着全州生态文化旅游产业集群建设取得阶段性、决定性的成效。2019年9月20日，文化和旅游部宣布恩施市为首批国家全域旅游示范区。为了进一步推进国家全域旅游示范区创建，恩施州政府先后出台了《全域旅游发展规划》《恩施州生态文化旅游产业集群三年行动计划》《恩施州旅游资源统筹管理办法》《关于加快特色小镇建设的意见》，从制度层面加大了对全域旅游的政策扶持。同时，恩施州委、州政府高度重视全域旅游示范区创建，成立了恩施州全域旅游委员会，州委书记、州长亲自挂帅担任主任、副主任；州委、州政府主要领导多次主持召开会议，专题研究部署全域旅游规划与创建工作，亲自推动鄂旅投、省交投、中诚信集团的重大旅游项目。目前，恩施州委、州政府已将生态文化旅游产业集群建设作为对县市党委、政府考核的重要指标，政策倾斜支持旅游产业发展成为常态。全州目前已形成1处世界文化遗产、2个5A级景区和18个4A级景区的高等级旅游景区集群，4A级景区实现了县市全覆盖，6个县市成为旅游经济强县。直接带动10万人、间接带动40万人吃上旅游饭。全州年接待游客突破5000万人次大关，2017年旅游综合收入达到367亿元，保持了20%以上的年均增长速度。

2022年4月25日，恩施州人民政府印发了《恩施州生态文化旅游发展"十四五"规划》（以下简称《规划》），提出要坚持生态优先，强化旅游资源统筹，加快清江旅游开发，推进区域协调发展，为"十四五"时期恩施州生态文化旅游业发展提供了方向性指引。在优化旅游产品供给和结构方面，重点培育恩施大峡谷、利川腾龙洞等生态观光旅游业的龙头项目，着重开发文化体验旅游产品，将世界文化遗产咸丰唐崖土司城遗址、恩施女儿城等打造成为文旅融合的标杆；协调发展康养旅游产业，规划建设旅游度假区、滑雪旅游度假地；大力发展红色旅游产品，实施张富清先进事迹"一馆三点"、长征国家文化公园（恩施段）

等重点项目；高标准发展乡村旅游产品，建设全国乡村旅游重点镇（村）、湖北旅游名镇（名村），培育乡村旅游集聚区等。

4. 抢救民间艺术大师，加快推进民族文化进校园

2001 年，恩施州首次提出"抢救民间文化，首先要抢救人"的理念，倡导在全州开展寻访与命名民间艺术大师活动。2002 年 5 月，由州民宗委、州文化体育局、州民族研究学会、州民间文艺家协会共同发起，在全州开展寻访与命名民间艺术大师活动。2003 年命名了首批 16 位民间艺术大师。从 2016 年起，"民间艺术大师"的评选活动由过去两年评选一次改为五年评选一次，每次控制在 10 人以内，补助标准也由过去的每年 1200 元提高到 2400 元，各县市对等配套。同时，恩施州也把民间艺术大师的传承纳入职校课程，在恩施职业技术学院建立了西兰卡普传习工作室，组建了土家织锦学生社团，积极在大学生中加强对民间艺术的传承，此外，摆手舞、土家绣花鞋垫、恩施民歌、烙画、根雕、土家吊脚楼工艺、傩面具制作、玉露茶制作等民间艺术大师传习工作室也纷纷成立，极大促进了民族文化的传承与发展。

为了在青少年中普及和传承民族文化，自 2002 年起，恩施州就在 103 所民族学校开展了"五个一"工程（后改为"民族文化进校园活动"），即每所民族学校有一处民族特色的标志性建筑；一套包含民族常识的乡土教材；一台民族民间的文艺节目；一组民族传统体育项目；每个学生一套民族特色的校服。通过开展民族文化进校园活动，加强了青少年对本民族文化遗产的认同和增强了民族自豪感，激发了青少年热爱本民族文化的热情。比如，被列为恩施州民族教育"五个一"工程示范学校的咸丰县大路坝民族学校，聘请民间工艺大师、"土家歌王"为民族文化课教员，要求 3~6 年级的学生会唱土家礼仪歌中的敬酒歌、迎客歌、送客歌，会说土家语日常用语 100 句，还将竹马、陀螺等民族传统体育项目纳入课堂教学，在潜移默化中传承了民族文化。为了巩固这项工作的成果，民宗部门每年都配合教育部门，安排一定经费来推动这项工作，同时制定下发了恩施州"民族文化进校园"的具体考核办法，使这项工作科学化、规范化。此外，在州内还开展了博物馆进社区、进校园活动，戏曲进校园年年出彩，"精准扶贫、文化惠民"演出季活动已经成为全省极具影响力的品牌。

三　问题和对策

文化兴则国运兴，文化强则国运强。习近平总书记在党的二十大报告中指出，要激发全民族文化创新创造活力，增强实现中华民族伟大复兴的精神力量。[①] 随着我国经济社会的发展，文化在区域经济发展中扮演着越来越重要的角色，并且成为区域经济社会发展重要的核心竞争力。事实证明，文化建设看似无声，却蕴藏着十分强劲的经济推动力。一个区域的文化环境和文化政策不仅影响着经济运行效率，而且文化资源和文化发展水平也影响着经济的发展水平和发展前景。

进入新时期以来，国内很多地区都在探索将地方特色文化与传统文化结合的文化兴市、文化强市之路，大力发展文化产业，传承和保护地方历史文化，对外塑造文化之城的形象来助推经济社会发展，与国内民族文化特色鲜明的丽江、张家界等城市相比，恩施州的民族文化特色还不够鲜明，民族文化产业实力不足，缺乏像"丽江古城""纳西古乐""凤凰古城"那样在国内具有影响力的民族文化品牌。恩施州虽有女儿城、鱼木寨、大水井、唐崖土司城、龙船调等民族文化符号，但是对这些民族文化资源挖掘不够，未能转化为资源优势，文化产业对经济的贡献率偏低。在民族文化资源抢救、发掘以及利用方面，也存在对现有文化遗址、文化产品（作品）保护不力、管理不善、利用开发不够的问题。比如，由于公益性文化事业投入不足，部分文化遗址如来凤的舍米湖摆手堂等缺乏资金维护，只能任由风雨剥蚀和虫蛀腐朽。另外，随着城镇化的推进和外来文化的冲击，传统土家村寨日渐衰落，村中只剩下留守老人和留守儿童，年轻人到各地打工、生活，随着生活环境和生活方式的变化，民间传统民俗已经濒临消失，而且受外来文化的影响，出

---

① 《党的二十大报告学习辅导百问》，党建读物出版社、学习出版社，2022，第32～33页。

门打工的年轻人回村建房也不再沿袭传统，千篇一律的小洋房逐渐取代了传统的吊脚楼，传统土家特色村寨已经不土不洋，有形无神，缺乏民族文化底蕴。与之形成对照的是，周边同样打出民族文化特色牌的湘西、万州、黔江甚至是长阳县在推进民族文化建设方面做得有声有色，很多方面已远远走在了恩施的前面，恩施如不奋起直追，则将在新一轮的区域文化竞争中丧失良机。

1. 充分把握长江经济带建设契机，做好民族文化文章

推动长江经济带发展是党中央作出的重大决策，恩施州作为长江中游城市群的一员，是川渝东出的重要门户以及长江上游的重要生态屏障。随着宜万铁路、沪蓉高速公路、许家坪机场扩建、水布垭水利枢纽工程等重点工程的推进，长期以来制约恩施州发展的交通瓶颈将被打破，恩施州有望成为湖北长江经济带新一轮开放格局中的重要节点城市。恩施州的绿色生态资源和民族特色文化资源优势突出，这使得它在长江经济带建设中具有独特的地位。为了抢抓长江经济带国家战略机遇，实现文化大州建设目标，恩施州应主动融入"宜荆荆恩"城市群建设，加快对接成渝双城经济圈，着力发挥生态优势和特色文化资源优势，做好民族文化大文章，努力发展壮大具有鲜明时代特征和浓郁民族特色的文化产业，变资源优势为经济优势。要提升文化综合实力，促进恩施州脱贫攻坚与乡村振兴有效衔接，全面推进乡村振兴和城乡融合发展，实施乡村产业、人才、生态、文化、组织五大振兴，从鄂西生态文化旅游圈融入更加广阔的长江经济带，加强与以武汉为首的长江中游城市群的经济联系与互动，从清江时代迈向更加宏大的长江时代，这是未来恩施州发展的重要命题。

2. 加快体制机制创新，高起点做好文化大州发展规划

首先，要加快体制机制创新，高起点做好文化大州规划工作。要尽快制定出台推进文化大州发展的具体规划，分阶段、阶梯式推进。在自治州层面，建议成立专门的领导小组，建立跨部门的协调机制，全面统筹、积极布局文化大州建设的发展规划和落实工作，出台以未来 3~5 年为发展阶段的"恩施州民族文化大州发展规划"，明确不同时期的发展目标和重点任务，聚焦重点文化项目，循序渐进地推进文化大州建设。另外，恩施州应将重点放在塑造民族文化形象、形成统一的民族文化名片、建立或更新一批公共文化设施、为参与和服务长江经济带发展提供文化支持等目标上，一方面，要加强对地方民间资源的传承和保护，对于一些即将消失的、非常重要的民族习俗、民族节庆、舞蹈、戏曲和民族语言、音乐以及实物、文献等，要采取具体的拯救和保护措施。另一方面，要加大规划和开发力度，积极申报国家级、省级文化产业示范园区（基地），鼓励建设发展独立的文化产业园区或者在其他园区（开发区）建设发展相对独立的文化产业板块，支持对已有省级文化产业示范园区（基地）提档升级，鼓励支持中小微文化企业向"专、精、特、新"方向发展。

其次，各县市对照州委、州政府出台的《文化大州建设意见》和《恩施州文化事业和文化产业发展规划》，应制定本地区的规划，把建设民族文化大州工作纳入本地经济和社会发展总体规划中。

最后，要加大落实规划的力度，在规划指导下，各部门统一步调、整体联动，分项目、有步骤地推进文化事业和文化产业建设，不断推进民族文化大州建设。

3. 以文化创意激活旅游产业，加快文化旅游融合，建设国际知名旅游目的地

文化是旅游的灵魂，创意赋予旅游以个性和魅力。将文化创意融入旅游业发展，是实现旅游产业优化升级的必然取向。2017 年，电影《三生三世十里桃花》在全国各大院线上映，影片中俊疾山、情定青丘、十里桃林等都取景于恩施大峡谷景区，特别是著名景点一炷香，反复出现在电影中，片中瑰丽壮观的特效场景和拍摄实地交替出现，将似真似幻的人间仙境恩施大峡谷展现得淋漓尽致，美不胜收，吸引了大量网民的围观，掀起了一波恩施旅游热，这充分说明了文化的巨大传播效应。恩施州应不断挖掘和整合丰富的旅游资源和民族文化资源，加快巴楚文化、自然山水、民族文化、红色文化等旅游资源的开发建设，促进旅游与文化深度融合，形成互促互进、互荣共赢的发展新态势。在这方面，可以

借鉴国内文化旅游发展较好城市的经验，例如丽江，坚持"以自然为本、以特色为根、以文化为灵魂、以市场为导向"，积极推动旅游业与文化产业融合发展，打造有影响力的文化旅游品牌产品，有力推动丽江经济社会高质量发展。如，大研花巷坐落在丽江古城北门，是丽江推出的集"云南特色、非遗传承、文创品牌、深度体验"于一体的古巷，项目以纳西传统文化为魂，把纯粹的纳西民族传统工艺、美食、歌舞、礼仪及茶道、玉石文化等纳入主题小镇，整合管理，把古城的传统古巷打造成集旅游观光、娱乐演艺、休闲度假、文化体验、情景商业等多功能于一体的综合性旅游目的地，一经推出就受到了海内外游客的欢迎。恩施州尽管有着得天独厚的巴楚文化资源和绿色生态资源，但旅游产品仍停留在初级阶段，缺乏具有本土特色和较大影响力的旅游精品。恩施州作为巴人故里，可以充分打好民族文化牌、绿色生态牌两个金字招牌，邀请优秀的策划团队，引进民间资本，实施企业化运作开发，将恩施的自然风光、历史文化街区与巴楚文化、土司文化、民俗文化等进行整体包装，建设集少数民族特色村寨与古村落于一体的旅游文化创意区，打造集康养和旅游于一体的康养产业集群，构建包括土苗民族风情游、巴楚文化探秘游、休闲康养游等在内的若干主题文化旅游精品线路；在景区建设中，要着力打造高品质旅游演艺产品，广泛引进文艺演出团体和艺术表演人才以多种形式参与景区建设，不断丰富和提升景区的文化内涵。同时还可依托恩施州"华中药库""富硒王国"丰厚的中医药优势资源，发展休闲康养产业，吸引更多人来恩施开展休闲之旅、养生之旅，打造国际知名旅游目的地。

4. 以重点项目为引领，加快发展优势产业，形成特色文化产业集群

作为现代文化产业的高端产业，文化创意产业集群的形成与区域性人文环境有密切的关联性，历史传承和人文环境氛围为文化创意产业的集聚奠定了社会环境基础。文化创意企业集群的形成必须立足于本区域独特的文化积淀和氛围，并对其进行创造性开发和利用。恩施州有得天独厚的自然山水和底蕴丰厚的民族文化资源，应充分挖掘丰厚的文化资源内涵，强化资源统筹，规划建设一批重点文化产业项目，培育一批民族文化特色鲜明、产业优势突出的重点文化企业，打造一批文化特色鲜明、主导产业突出的特色文化产业示范乡镇和示范村寨，建设文化产业集聚区，形成优势产业和特色文化产业集群。在这个过程中，特别要注重龙头项目的规划和建设。文化产业发展具有"扎堆"效应，龙头项目能够聚合多种品牌，连接多种业态，从而形成完整的产业链。比如，2022 年签约的湖北交投恩施欢乐栖谷项目是湖北省交投集团在恩施重点打造的文旅融合项目，总投资 35 亿元。依托城市近郊区位，挖掘深厚的盐水文化、非遗文化，植入休闲康养、文化体验、主题游乐、智慧城市等概念，通过对现有资源的景观再造、生态再造、环境再造、地标打造和旅游吸引物打造，构建观光、度假、体验等多元产品体系，结合强 IP 赋能策略，打造"城市伴生型主题休闲度假区"，这将有效填补恩施州大型主题乐园产品的空白。依托该重点项目，未来，该区域可以恩施欢乐栖谷项目为核心，在其周围集聚众多文创企业，带动休闲康养、民族文化体验、主题游乐、智慧城市相关文化企业入驻项目功能区或其周边地带共同发展，形成以休闲康养、民族文化体验、主题游乐等为特色的庞大文化创意产业链条，将短期休闲度假游转变为深度文化体验游，从而既延伸了产业链，塑造了整体品牌形象，又得到游客滞留和消费总额翻番的实惠。

结　语

恩施本土作家邓斌曾如此诗意地表述："恩施在哪里？——恩施在人类远古文明与巴文化的摇篮里；恩施在八百里清江灵光喷涌的画廊里；恩施在《龙船调》、《柑子树》与《黄四姐》等激情飞扬的旋律里；恩施在巴人后裔代复一代梦绕神牵的爱河里；恩施在土家族、苗族与汉族等各民族山人总是常读常新的童话里！"① 这是对清江流域历史传统文化的一种艺术概括。改革浪潮激荡在巴人故里，在"天赐恩施州"这片福地

---

①　陈晓玉、邓斌主编《千古施州觅逝波》，湖北人民出版社，2018。

上，巴楚文化、少数民族文化百花园生机盎然。"十三五"时期，恩施州民族文化大州建设步伐稳步迈进，文化产业发展加快推进。未来，恩施州应依托底蕴深厚的民族文化资源和绿色资源禀赋，以全国民族团结进步示范州创建活动为契机，加快文化大州建设，全面实施文化体制改革，加快文化产业发展，着力提升文化软实力，全方位、多层次推动民族文化保护工作，按照湖北省委寄予恩施州建设鄂西绿色发展示范区和全国先进自治州，打造全省绿色发展增长极的厚望，推动"一谷、两基地、三示范区、四大产业集群"持续发力，夯实发展根基，力争早日建设成为全国先进自治州。

From the Qingjiang Era to the Yangtze Era
—Reflections on Enshi's Establishment of a Cultural Prefecture

Zhou Qiong

Abstract: Enshi Prefecture, known as the "hometown of Baren", is the youngest autonomous prefecture in China, and has the title of "green Enshi Prefecture, the backyard of the motherland". Bachu culture, Bayu culture and unique Tujia and Miao ethnic customs converge in this wonderful mountain and water, forming the unique human landscape and regional culture of Enshi. In recent years, the Enshi Prefecture Party Committee and the prefecture government have actively practiced the new development concept, attached great importance to cultural protection and inheritance, increased efforts to develop national cultural resources, developed the ecological cultural tourism industry, displayed and improved their own historical culture more comprehensively and systematically, promoted the creation of a large ethnic culture state, and made excellent cultural genes an important force to enhance the comprehensive competitiveness of Enshi Prefecture. At present, China's economy has shifted from a stage of rapid growth to a stage of high-quality development. How to give play to the advantages of national culture, improve the comprehensive cultural strength, promote the effective connection between poverty alleviation and rural revitalization in Enshi Prefecture, comprehensively promote rural revitalization and urban-rural integration development, implement the five major revitalization of rural industry, talent, ecology, culture and organization, and integrate the western Hubei ecological cultural tourism circle into the broader Yangtze River Economic Belt, It is an important proposition for the future development of Enshi Prefecture to strengthen the economic connection and interaction with the urban agglomeration in the middle reaches of the Yangtze River led by Wuhan and move from the Qingjiang era to a more grand Yangtze era.

Keywords: Enshi; Bachu Culture; Cultural and Tourism Integration; National Culture; Green Development

About the Authors: Zhou Qiong, Senior Editor, Vice President of the Political Science and Law Media Branch of the Social Science Academic Press, and Senior Researcher of the Blue Book Research Institute.

海内外江汉关档案资料及其学术价值[*]

吴成国^{**}

摘　要：包括档案资料在内的一切史料，是历史研究的出发点与客观依据，是历史研究的生命，海内外江汉关档案资料搜集整理与研究就是一项关乎历史研究生命的工作。本文试图回答以下问题：一、搜集何物：江汉关档案资料的类别；二、收藏何处：海内外江汉关档案资料的收藏现状；三、价值何在：海内外江汉关档案资料的学术价值。

关键词：江汉关　海关档案　中国近代海关

现代历史学家傅斯年先生曾提出"历史学只是史料学"的口号，并强调史学研究要"一分材料出一分货，十分材料出十分货，没有材料便不出货"。① 包括档案资料在内的一切史料，是历史研究的出发点与客观依据，是历史研究的生命。在中国近代海关档案资料的搜集、整理与研究越来越受到学术界重视的今天，海内外江汉关档案资料搜集、整理与研究就是一项关乎历史研究生命的工作。本文试图回答以下问

---

　*　基金项目：本文系教育部哲学社会科学研究重大课题攻关项目"海内外江汉关档案资料搜集整理与研究"（项目批准号：18JZD026）阶段性成果。

　**　吴成国（1964— ），历史学博士，湖北大学历史文化学院教授、博士生导师，教育部哲学社会科学研究重大课题攻关项目"海内外江汉关档案资料搜集整理与研究"（项目批准号：18JZD026）首席专家，电子邮箱：375011115@qq.com。

① 傅斯年：《历史语言研究所工作之旨趣》，载林文光选编《傅斯年文选》，四川文艺出版社，2010，第64页、第70页。

题：一、搜集何物：江汉关档案资料的类别；二、收藏何处：海内外江汉关档案资料的收藏现状；三、价值何在：海内外江汉关档案资料的学术价值。

一　搜集何物：江汉关档案资料的类别

搜集海内外江汉关档案资料，首先应当明确搜集什么。为此，我们将"江汉关档案资料"大体上分为以下三类：档案、海关出版物、其他史料。

1. 档案

档案是人类社会活动的原始记录，是历史进程中形成的各种文书，事后归档存贮，以备印证稽查。档案作为历史活动的直接记录，历史学家称它为直接史料或历史的原料。

严格意义上的"江汉关档案"，是指江汉关在日常行政过程中留下的原始记录。江汉关作为近代中国四大海关之一，它在近88年的运行过程中，留下了卷帙浩繁的档案。江汉关的存续时间为1861年12月2日至1949年5月26日。咸丰十一年十一月一日（1861年12月2日），江汉关监督衙门建立；咸丰十一年十二月二日（1862年1月1日），江汉关税务司署建立；1949年5月26日，中国人民解放军武汉军事管制委员会接管江汉关，正式结束了江汉关的外籍税务司制度。① 众所周知，在近代中国特殊的历史背景下，江汉关两套管理机构并存：一个是江汉关监督管理下的监督衙门（晚清时期又称江汉关监衙门、江汉关署或江汉关道署，民国时期一般称为江汉关公署），另一个是外籍税务司管理下的江汉关税务司署。相应地，江汉关在日常行政过程中产生了两个档案

---

① 关于江汉关设关、立关、开关及存续时间有不同说法。参见中华人民共和国武汉海关编《武汉海关志》，1995，第200页；黄胜强主编《旧中国海关总税务司署通令选编（1931—1942）》第3卷，中国海关出版社，2003，第346页；孙修福主编《中国近代海关史大事记》，中国海关出版社，2005，第355页；何强、陈锋：《晚清汉口设关征税史事考》，《人文论丛》2016年第2期。

体系：一是江汉关监督衙门运作过程中产生的档案，谓之江汉关监督档案，二是江汉关税务司署运作过程中产生的档案，谓之江汉关税务司档案。

由于"档案是人们有意识保存起来的人类活动的原始性书面符号记录"①，"江汉关档案"自然也包括江汉关监督衙门和江汉关税务司署任职人员的档案。在半殖民地、半封建社会，中国旧海关几乎为洋人所掌控，江汉关也是如此，且江汉关税务司又以英人居多，这从《江汉关高级职员年表》②即可看出，例如，先后担任过江汉关税务司的安格联（Francis Aglen）、梅乐和（Frederick J. Maze）、贺智兰（Reginald Follett Codrington Hedgeland）、贺璧理（A. E. Hippisley）等人的个人档案，也应纳入"江汉关档案"搜集的范围之内。

2. 海关出版物

海关出版物是指由海关总税务司署造册处（后改为统计科）刊印，或由总税务司署请人撰写，在海关总税务司署造册处或统计科之外的出版社刊印的出版物。海关出版物主要由七大系列构成。第一，统计系列（Statistical Series），是海关最主要的出版物，最重要的是贸易统计（Trade Return）和贸易报告（Trade Report）、十年报告（Decennial Report）、季报（Quarterly Trade Returns）。第二，特种系列（Special Series），最大门类是医学报告（Medical Report）。第三，杂项系列（Miscellaneous Series），以中国参加早期历次博览会的展品报告数量居多。第四，关务系列（Service Series），主要是为某一方面的工作而长期发行的专刊，比较重要的有《总税务司通令》（Inspector General's Circulars）、《新关题名录》（Service list）、《中国近代海关历史文件汇编》（Documents Illustrative of the Origin, Development, and Activities of the Chinese Customs Service）。第五，官署系列（Office Series），相当部分是为解决海关历年工作中所遇到问题的文献，也有部分与商业和贸易的规则有关，如《通

---

① 丁海斌等主编《档案学概论》，辽宁大学出版社，2012，第 7 页。
② 吴成国、张宁：《江汉关史》，湖北人民出版社，2018，第 259~297 页。

商各口海关存放税款制度及当地钱币问题报告书》（*Reports on the Haikwan Banking System and Local Currency at the Treaty Ports*）。第六，总署系列（Inspectorate Series），内容包括电报码文本、海关出版物名单、关于修改长江通航条例的建议，1854 年海关建立过程的回忆、1911 年辛亥革命以来海关和常关税收的征收和支出以及 1911～1933 年总税务司的通告等。第七，邮政系列（Postal Scrics），如《邮政地图地名索引》（*Index to the Postal Working Maps*）、《邮政名录和邮政指南》（*Postal Guide and list of Post Offices*）等。①

在上述七大系列中，有不少与江汉关直接相关，如江汉关贸易统计、贸易报告、季报、十年报告、《总税务司通令》、《新关题名录》等。

上述几个类别，是我们搜集的重点。

3. 其他史料

其他史料是指除档案、海关出版物以外与江汉关有关的史料。除档案、海关出版物外，其他一些史料对于研究江汉关亦颇为重要，比较重要的有如下 4 种。（1）官书，如《清穆宗实录》、《清德宗实录》、《筹办夷务始末》（同治朝）、《户部陕西司奏稿》、《约章分类辑要》等。（2）文集，如《李鸿章全集》《左宗棠全集》《张之洞全集》《谭继洵集》《端忠敏公奏稿》等。（3）日记，如《王文韶日记》《翁曾翰日记》等。（4）报刊，如《北华捷报》《申报》《东方杂志》《政治官报》《湖北商务报》《财政日刊》《财政旬刊（汉口）》《财政公报》《财政月刊》《汉口商业月刊》《银行杂志》等。

二　收藏何处：海内外江汉关档案资料的收藏现状

中国古代，国家收藏重要文献的地方被称作"石室金匮"。语出《史

---

① 吴松弟：《中国旧海关出版物评述——以美国哈佛燕京图书馆收藏为中心》，《史学月刊》2011 年第 12 期。

记·太史公自序》:"绸史记石室金匮之书。"① 唐代司马贞索隐:"石室、金
匮皆国家藏书之处。"前述海内外江汉关档案资料藏于哪些"石室金
匮"呢?

江汉关监督档案并未形成独立的体系,主要散藏于下列 6 个档案馆
(或图书馆)中。(1)中国第一历史档案馆:宫中档(朱批奏折)、军机
处档(录副奏折)、税务处档、外务部档(含总理各国事务衙门档)等。
(2)中国社会科学院经济研究所图书馆:抄档(关税)。(3)中国社会
科学院近代史研究所:张之洞档案。② (4)台北故宫博物院:宫中档奏
折、军机处档折件。(5)台湾"中央研究院"近代史研究所档案馆:清
代奏折档案、总理各国事务衙门档案、外务部档案、北洋政府外交部档
案。(6)武汉市档案馆。从内容上看,上述 6 个档案馆所藏江汉关监督档
案主要涉及三个方面的内容,即江汉关的关税奏销折、江汉关监督衙门或
税务司公署的人事变动、江汉关与湖北地方外交。此外,已刊档案中亦有
不少江汉关监督档案,如台北故宫博物院故宫文献编辑委员会编《宫中档
光绪朝奏折》③,中国第一历史档案馆编《光绪朝朱批奏折》④,秦国经主
编《清代官员履历档案全编》⑤,虞和平主编《近代史所藏清代名人稿本
抄本》(第 2 辑:张之洞专辑)⑥,等等。

与江汉关监督档案相比,江汉关税务司档案则相对集中,目前分别
藏于湖北省档案馆和中国第二历史档案馆。湖北省档案馆藏有江汉关税
务司档案 1108 卷,所属年代为 1901 年 12 月 26 日至 1945 年 5 月,主要
有 12 类,即综合类,关务法规类,机构人事类,税收与验估类,缉私
类,货运监管类,港务、航道与检疫类,敌伪物资的接收与处理类,江

---

① 司马迁:《史记》卷一百三十《太史公自序》,中华书局,1959,第 3296 页。
② 大部分为中国社科院近代史所藏,包含"张之洞档案"的江汉关监督档案,已于 2014 年由
  大象出版社影印出版。参见虞和平主编《近代史所藏清代名人稿本抄本》第 2 辑,大象出
  版社,2014。
③ 台北故宫博物院故宫文献编辑委员会编《宫中档光绪朝奏折》,台北故宫博物院刊行,
  1973。
④ 中国第一历史档案馆编《光绪朝朱批奏折》第 73 辑,中华书局,1995。
⑤ 秦国经主编《清代官员履历档案全编》(第 1~30 册),华东师范大学出版社,1997。
⑥ 虞和平主编《近代史所藏清代名人稿本抄本》第 2 辑,大象出版社,2014。

汉关员工组织及员工斗争类，抗战损失类，财务与关产类，反共类。①
1901 年 12 月 31 日以前的江汉关税务司档案基本保存于中国第一历史档
案馆，这种分段、分馆保存状况是由历史造成的。1931 年 6 月 1 日，中
华民国海关图书馆在上海开馆，在图书馆中"另辟一室专为收藏 1901 年
以前海关早期档案"。② 1933 年 1 月 5 日，时任总税务司梅乐和下发第 91
号机要通令，要求包括江汉关在内的 1901 年以前开埠各口岸海关，将
1901 年 12 月 31 日前所有海关档案送交海关图书馆妥为保管，所移交的
档案分为三类。一是 1901 年 12 月 31 日以前总税务司署之所有训令、备
忘录、信件等原件及有关记录簿。二是同一日期以前呈总税务司署与致
各关咨文抄件。三是同一日期以前来自中国官员、外国驻华领事或其他
政府官员之文件、信函等以及具有历史意义之来自商界人士及公众之信
件。③ 上海解放后，海关图书馆藏海关档案被移交海关总署档案室、上
海海关档案室。1983 年原存海关总署档案室、上海海关档案室的海关档
案都被移交给中国第二历史档案馆，江汉关税务司署档案自然也包括
在内。

除湖北省档案馆、中国第二历史档案馆外，英、美等国档案馆或图
书馆所藏档案中也有一些零星的、与江汉关有关的档案，如英国国家档
案馆藏 FO 档案、英国伦敦大学亚非学院图书馆藏中国海关档案、美国
国家档案局藏《美国驻汉口领事报告（1861—1906）》等。特别是英国
国家档案馆、英国伦敦大学亚非学院图书馆两地，藏有先后担任过江汉
关税务司的安格联、梅乐和、贺智兰、贺璧理等人的个人档案。出版档
案如《中国海关总税务司训令集》④、《英国议会文件》⑤、中国近代经济

① 湖北省档案馆编《湖北省档案馆指南》，中国档案出版社，1994，第 105~109 页。
② 总税务司通令第 4251 号，1931 年 6 月 24 日，黄胜强主编《旧中国海关总税务司署通令选编（1931—1942 年）》第 3 卷，中国海关出版社，2003，第 67 页。
③ 总税务司机要通令第 91 号，1933 年 1 月 5 日，黄胜强主编《旧中国海关总税务司署通令选编（1931—1942 年）》第 3 卷，中国海关出版社，2003，第 208 页。
④ 南满洲铁道株式会社产业部编《中国海关总税务司训令集》，南满洲铁道株式会社，1937。
⑤ 又称英国蓝皮书，*British Parliamentary Papers*：China，Vol. 1 - 42，Shannon：Irish University Press，1971。

史资料丛刊编辑委员会编"帝国主义与中国海关"丛书、中国第二历史档案馆与中国社会科学院近代史研究所合编《中国海关密档：赫德、金登干函电汇编（1874—1907）》（全 9 册）①，微缩胶卷《中国与西方》（China and the West），数据库《中国旧海关档案（1854～1949）》（Records of the Maritime Customs Serviceof China，1854 – 1949），等等，同样有一些与江汉关有关的档案。

与江汉关相关的海关出版物，其中有不少已整理出版，并散见于一些档案馆、图书馆的收藏之中。已出版的，见于《中国旧海关史料》②《旧中国海关总税务司署通令选编》③《中国旧海关稀见文献全编》④《中国近代海关总税务司通令全编》⑤《美国哈佛大学图书馆藏未刊中国旧海关史料》⑥《海关医报》⑦ 等资料集的收录。但由于近代中国海关出版物数量巨大，仍有大量的海关出版物并未整理出版。就国内而言，主要收藏于中国第二历史档案馆、上海海关档案室、北京大学图书馆、对外经贸大学图书馆等档案馆或图书馆。就国外而言，收藏海关出版物比较多的图书馆有美国哈佛大学燕京图书馆、日本东洋文库等。

三 价值何在：海内外江汉关档案资料的学术价值

一代人有一代人之学术。1930 年，史学大师陈寅恪先生在《陈垣〈敦煌劫余录〉序》中曾言："一时代之学术，必有其新材料与新问题。

---

① 中国第二历史档案馆、中国社会科学院近代史研究所合编《中国海关密档：赫德、金登干函电汇编（1874—1907）》（全 9 册），中华书局，1990～1996。

② 茅家琦等主编《中国旧海关史料（1859—1948）》，京华出版社，2001。

③ 黄胜强主编《旧中国海关总税务司署通令选编》（全 3 卷），中国海关出版社，2003。

④ 刘辉主编《中国旧海关稀见文献全编》，中国海关出版社，2009。

⑤ 中华人民共和国海关总署办公厅编《中国近代海关总税务司通令全编》（全 46 卷），中国海关出版社，2013。

⑥ 吴松弟整理《美国哈佛大学图书馆藏未刊中国旧海关史料（1860—1949）》，广西师范大学出版社，2014～2016。

⑦ 〔英〕哲玛森主编《海关医报》，国家图书馆出版社，2016。

取用此材料，以研求问题，则为此时代学术之新潮流。"① 众所周知，19
世纪末 20 世纪初，殷墟甲骨、敦煌遗书、汉晋简牍和明清内阁大库档案
这四大新材料的被发现（被称为"近世古文献四大发现"），极大地推动
了中国学术研究的近代转型与发展。搜集、整理和研究海内外江汉关档
案资料，开发这一庞大的史料库，为历史学研究和社会各方面服务。这
种多维视野下的江汉关史料搜集整理与研究②，正是其学术价值之所在。

第一，抢救性搜集、发掘及保护档案资料，留存史料，意义重大。

由于近代海关重视档案建设和统计研究，形成了海量的档案史料。
自民国以来，中国旧海关史料一直在海内外学术界享有盛誉，但主要关
注的是海关总署的各类海关出版物。复旦大学吴松弟教授团队在 2011 年
国家社科基金重大项目"中国旧海关内部出版物的整理与研究"的支持
下，系统整理出《美国哈佛大学图书馆藏未刊中国旧海关史料（1860—
1949）》，并由广西师范大学出版社影印出版，共 279 册，其中的 199 册
于 2014 年 9 月出版，80 册于 2016 年出版。近年来，地方海关史料开始
得到学界的重视。天津市档案馆藏天津海关档案整理项目入选"十二
五"国家重点图书出版项目，广东省档案馆藏近代广东海关档案文献整
理和数据库建设研究项目在 2017 年获批国家社会科学基金重大项目。江
汉关作为近代四大海关之一，其档案资料一直较为难得且分散于各地及
海内外，以湖北省档案馆藏江汉关税务司署档案为主体，广泛搜集、整
理海内外江汉关档案史料，并进行抢救性发掘及保护，利于形成对学术
研究有益的资料基础。

第二，对江汉关档案资料进行系统整理，使学界能够充分了解、有
效利用江汉关档案史料，功在当代，利在千秋。

与经过加工处理的海关出版物相比，地方海关史料有自己独特的价
值。其中保留了海量的第一手原始史料，比如大量的往来函电、文件、

① 《陈寅恪集·金明馆丛稿二编》，生活·读书·新知三联书店，2001，第 266 页。
② 吴成国、张宁：《多维视野下的江汉关史料搜集整理与研究》，《光明日报》2020 年 4 月 29
　日，第 11 版。

工作记录、单据、证照。还有大量具有地方色彩的史料，包括法规章程、地方经济社会调查，以及当地政府机关、社会组织、企业和个人与海关交涉往来时留下的各种文件资料。这些珍贵的史料，往往是地方海关史料所独有。因此，地方海关史料数量庞大、时间跨度长、内容涉及面广、形成方式复杂多样、种类繁杂，难以了解、检索和查阅。海关出版物的整理，可以按照原有的分类影印出版。地方海关史料则需要经过细致的整理、分类和档案编目、数字化，才能为研究者所利用。此外，海关史料大多为英文，对于国内的研究者而言，存在阅读和理解的困难，这极大地限制了海关史料的利用。海内外江汉关档案资料搜集整理与研究的工作，针对上述问题，有的放矢，设计了有效的整理和研究方案，使江汉关史料易查、易用，并为其他地方海关史料的整理提供借鉴。

第三，形成学术研究的富矿，推进众多学术领域的研究，填补近代地方海关档案史料开发利用的一个空白，价值巨大。

除了关税业务外，近代海关先后兼管很多非关税业务。陈诗启先生说："它以征收对外贸易关税、监督对外贸易为核心，兼办港务、航政、气象、检疫、引水、灯塔、浮标等海事业务，还经办外债、内债、赔款及以邮政为主的洋务，从事大量的业余外交活动。海关经办的业务和活动，牵涉到近代中国财政史、对外贸易史、港务史、洋务史、外交史以及中外关系史等专门学科，它对中国近代社会有着广泛的影响和作用。"① 吴松弟教授说："中国旧海关留存的卷帙浩繁的海关文献，是近百年社会经济史研究中一项最为完整、系统的统计数据和文字资料。"② 世界著名海关史研究专家滨下武志则认为，"海关与近代中国的海洋、科技、天象与水文、社会经济、商品市场、日常生活以及海关洋员在华的汉学活动等都有密切的关系。在过去的 10 年里，海关文献经整理、编辑、翻译、出版，取得前所未有的成绩，如何从这些资料中发掘新的研

① 陈诗启：《中国近代海关史》（晚清部分），人民出版社，1993，序言第 2～3 页。
② 吴松弟：《中国旧海关出版物评述——以美国哈佛燕京图书馆收藏为中心》，《史学月刊》2011 年第 12 期。

究路向，早已成为海内外学界关心的问题"。①

江汉关档案史料内容广泛，深入近代武汉及其广阔腹地经济社会变迁的各个领域。在近代特殊的通商口岸和海关体制下，由于汉口的经济地位，江汉关成为长江中游地区轮船贸易和航运的实际管理者。此外，江汉关还曾先后兼办安庆、武穴等长江六处的稽查事务，查禁私盐和征收转口税等。因此，在浩繁的江汉关档案中，除了少数是纯海关事务，大部分档案是直接或间接涉及近代武汉及长江中游地区的经济、社会、城市发展、交通物流的史料。由于近代海关严格执行一套科学合理的档案工作程序和统计研究方法，这些史料包罗万象，记载准确，数据精确，往往可以弥补其他类型史料的缺失和不足。因此，海内外江汉关档案资料搜集整理与研究的工作，将有力地推动中国近代海关史、贸易史、工业史、城市史、社会史、交通史、气象史、邮政史等学术领域的研究。

第四，利用江汉关档案资料进行相关研究，总结历史经验和教训，其现实意义也不可限量。

海关是通商口岸的标志，江汉关是近代四大海关之一，江汉关档案资料可以为当今武汉建设国家中心城市，实施长江经济带战略、国家中西部发展战略以及推进"一带一路"倡议等提供历史启示，具有极大的现实价值。

Hankow Customs Archives at Home and Abroad and Their Academic Value

Wu Chengguo

Abstract：All historical materials，including archival materials，are the starting point and objective basis of historical research and the life of historical research. The collection，collation and research of archival materials of Hankow

---

① 〔日〕滨下武志：《中国海关史研究的三个循环》，《史林》2020 年第 6 期。

customs at home and abroad is a work related to the life of historical re-
search. This paper attempts to answer the following questions: 1. What to col-
lect: the categories of Hankow customs archives; 2. Where to collect: the
current collection situation of Hankow customs archives at home and abroad;
3. What is the value: the academic value of Hankow customs archives at home
and abroad.

Keywords: Hankow Customs; Customs Archives; The Neoteric Custom
of China

About the Authors: Wu Chengguo (1964 –), Ph. D. in History, Doc-
toral supervisor, professor at Faculty of History and Culture, Hubei University.
Chief expert of the major research project of philosophy and social science of the
Ministry of Education "Collection, Collation and Research on Hankow Customs
Archives at Home and Abroad" (project approval No. 18JZD026). E-mail:
375011115@ qq. com.

海外江汉关的英文档案资料
收集及其史料价值[*]

李培德^{**}

摘　要： 近代中国海关的最大特色，莫过于由外籍海关税务司控制，引入外国的管理制度，因而产生了大量的英文档案。这些档案绝大部分留在中国，但也有相当的部分经不同的途径流出中国，目前以英国保存中国海关档案的数量最多。位于汉口租界的江汉关，长期被外籍税务司控制，当他们撤离中国时，亦带走了他们的个人档案，而这些资料对我们了解江汉关，甚至中国的外交、经济、社会都很有帮助，值得关注。

关键词： 江汉关　英文中国海关档案　外籍海关税务司

一　导言

在清代海关历史发展的高峰期，位于汉口租界的江汉关，与江海关、津海关、粤海关合称中国"四大海关"。今天保存于湖北省档案馆的江

---

* 基金项目：本文为教育部哲学社会科学研究重大课题攻关项目"海内外江汉关档案资料搜集整理与研究"（项目批准号：18JZD026）阶段性成果。

** 李培德（1964— ），华中师范大学亚洲研究院副院长、中国近代史研究所特聘教授，主要从事中国近代史、海关史、银行史研究，电子邮箱：pui_tak_lee@yahoo.com。

汉关档案有 3000 多卷，但多为事务档案，属于个人档案的较少。包括江汉关在内，中国海关多由外籍税务司控制①，在外籍税务司制度施行的 90 年（1859～1949 年）里，形成了大量的税务司的个人资料，可是这些资料例如日记、书信、回忆录、传记、照片等经历了军阀混战、抗日战争、国共内战，不少散失国外和香港，其中以英国最值得注意。②

学界对英国保存的中国海关档案早有关注，已把赫德日记和赫德与中国海关伦敦办事处负责人金登干的书信翻译成中文，但对个别海关的档案注意还是不够。③ 根据前人对海关档案的整理和介绍，英国收藏的中国海关档案分布在以下多个机构，包括英国国家档案馆、大英图书馆、国家海洋博物馆、伦敦科学博物馆、帝国战争博物馆、伦敦大学亚非学院图书馆、爱尔兰贝尔法斯特女王大学图书馆、剑桥大学图书馆、牛津大学博德利图书馆、伦敦帝国学院图书馆等。④ 其中，以英国国家档案馆、伦敦大学亚非学院图书馆和牛津大学博德利图书馆收藏的数量最为可观，对了解江汉关和中国海关的历史最有帮助。

笔者从 2000 年起开始系统收集收藏于英国各大档案馆和图书馆有关中国近代史的资料，发现中国海关的档案分布最广，数量最多，几乎在英国的重要档案馆中，都会有中国海关的档案。本文将集中讨论江汉关的档案在伦敦国家档案馆、伦敦大学和牛津大学的收藏状况，以飨读者。

---

① 参见〔日〕滨下武志《海关洋员回顾录和第二代海关史研究》，《国家航海》2016 年第 3 期。

② 李培德：《香港地区的中国海关史研究——议题、成果和资料》，《史林》2020 年第 6 期，第 23～29 页。

③ 中国第二历史档案馆、中国社会科学院近代史研究所合编《中国海关密档：赫德、金登干函电汇编（1874—1907）》（全 9 册），中华书局，1990～1996；〔美〕凯瑟琳·F. 布鲁纳等编《步入中国清廷仕途：赫德日记（1854～1863）》，傅曾仁等译，中国海关出版社，2003；〔美〕理查德·J. 司马富等编《赫德与中国早期现代化：赫德日记（1863—1866）》，陈绛译，中国海关出版社，2005；程龙：《赫德书信的流传》，《读书》2011 年第 11 期，第 55～62 页。

④ 蒋耘：《英国所藏中国海关档案述要》，《民国档案》2002 年第 2 期；许茵：《近代海关档案开发方法和途径》，《历史教学》2006 年第 3 期；许茵：《中国第二历史档案馆藏清海关赫德档案评述》，《历史档案》2007 年第 2 期；Robert Bickers，"Archives for China：Modern Chinese History in British Records"，吴景平主编《现状与未来：档案典藏机构与近代中国人物》，复旦大学出版社，2014；肖代龙：《中国近代海关文献整理述评》，《海关与经贸研究》2019 年第 2 期。

二　英国国家档案馆

顾名思义，英国国家档案馆收藏的是政府各部门的档案，与中国海关最有关系的政府部门首推外交部。由于中国海关的管理层多为英国人，加上中国海关的业务多与英国有关，英国政府对中国海关的任何变动都会表示关注。1908 年，赫德因为年老多病，休假回国。不过在他正式离开中国之前的 1906 年，在华的英国人已在广泛讨论赫德的退休问题，到底应该由谁来继任？包括英国驻华公使、洋行大班，甚至传教士都在热烈讨论谁是赫德最合适的继任人选。在表 1 所开列的文件里，留下了不少印证，参与讨论的还有不少来自海关的领导层，如安格联（于 1907 ~ 1910 年任江汉关税务司）、裴式楷（于 1882 ~ 1888 年任江汉关税务司）、金登干等。

此外，辛亥革命后清政府倒台，同时赫德也因病逝世，加上武汉、湖北地方上的战乱所造成的动荡局面，令英政府更加关心包括江汉关在内的中国海关可能受到的威胁，危害英国的在华利益，这些都可从外交部的档案中得到反映。值得注意的是，与赫德有亲属关系的裴式楷，虽然曾得到赫德的支持，有希望问鼎下届总税务司宝座，但在外交部的文件里，他却被认为是不合适的人选。如果对此问题没有认识，在查阅档案时可能会被标题误导，例如表 1 开列的档案标题是"海关行政"（Customs Administration），表面上很难判别其是不是与赫德继任人选有关联的文件。另外，一些敏感的话题，例如海关经历五四运动后，是否会被高涨的民族主义思潮冲击，外籍海关税务司是否会被中国人取代，都出现在外交部的文件里。

表 1　英国政府外交部涉中国海关档案

编号	标题	年份	已拍页数
FO 371/181/2	China; Customs Administration	1906	
FO 371/181/41	Customs Administration; Sir Hart's Successor; Reports on Sir Hart's leave; Hippisley's Health	1906	
FO 371/181/55	Customs Administration; Retirement of Sir Robert Hart	1906	

续表

编号	标题	年份	已拍页数
FO 371/181/60	Customs Administration；Sir Robert Hart's Movements	1906	
FO 371/181/85	Customs Administration；Sent by Mr. Campbell；Sir Robert Harts Successor；Sir Hart has Objectives to Sir R. Bredon	1906	
FO 371/181/87	Customs Administration；Sir Robert Hart's Successor；Reports of the New Sir R. Bredon is Unsuitable	1906	747 页
FO 371/181/107	Customs Administration；Sir Robert Hart's Successor；Reports；Conversation with Tong Shao-yi	1906	
FO 371/181/108	Customs Administration；Sir Robert Hart's Successor	1906	
FO 608/210/4	Proposal of Chinese Delegates to Substitute Chinese for Foreign Control of Maritime Customs	1919	49 页
FO 655/549	Collection of Passports；Francis Arthur Aglen with Wife Isabel Marion Agnes Bayley Aglen，Child Edward Francis Aglen and Governess Margaret Catherine Macphall	1909	2 页
FO 678/839	Private Individuals and Companies；Title Deeds and Transfers，Sir Robert Hart	1908	8 页
FO 735/7	Chinese Maritime Customs Service；Correspondence，etc.	1935 – 1937	78 页
FO 881/9350	Further Memo；Appointment of Sir Robert Hart's Successor as Inspector-General of Chinese Customs（Mr. Lampson and Mr. Collier）	1908	3 页
FO 881/9627	Appointment of Sir Robert Hart's Successor as Inspector-General of Chinese Customs（Lord Monkswell）	1910	3 页
总数			890 页

三 伦敦大学亚非学院图书馆

在伦敦大学亚非学院图书馆珍藏的中国海关档案中，多数人会注意赫德、包罗和包腊父子、费士来的文书，很少注意曾任江汉关税务司的梅乐和（Frederick J. Maze，于 1921～1925 年任江汉关税务司）、安格联（Francis Aglen）、贺智兰（Reginald Follett Codrington Hedgeland，于 1929～1930 年任江汉关税务司）的相关资料。[①]在这批中国海关档案中，以梅乐和的

---

① B. C. Bloomfield, *Papers Relating to the Chinese Maritime Customs*, 1860 – 1943, London：The Library，SOAS，1973.

文书最为丰富，有 63 卷，分三大类别，第一类包括：私人函件和报告，1900~1943 年；私人函件，1882~1923 年及 1940~1941 年；杂项书信，1929~1930 年；书信发文簿，1900~1905 年。第二类包括：半官方函件，1904~1928 年；半官方通告，1911~1913 年。第三类包括：总税务司个人书信，1937~1941 年；总税务司与伦敦秘书处的来往书信，1939~1940 年；总税务司与英国使馆的来往书信，1938~1940 年（见表 2）。

以上这些有"汉口"（Hankow）字样标记的书信和文件，不仅可使我们了解江汉关的一般行政事务，更可窥探文件主人对汉口和湖北地区动荡不稳形势的看法。特别是处于辛亥革命、北伐战争、抗日战争地方局势不稳时，文件的内容有助于我们掌握历史发展的脉络（见表 3、表 4）。例如编号 PP MS 2/05/06 的半官方函件，便是针对当时的"政治局势"（Political Situation）来为海关的"安全"进行评估，函件内容涉及吴佩孚、大冶铁矿运输、湖北厘金、长江航道等。这些内容丰富的考察和评估报告，有助于我们了解当地形势与海关的关系，足以单独写一篇文章。又例如编号 PP MS 2/05/07 的半官方函件，也谈及吴佩孚、新海关大楼、外班关员的士气、鸦片税等，内容极其丰富，可以就海关与本地社会的融合或排斥问题单独撰写文章，把"本地形势"（Local Situation）和"排外暴动"（Anti-foreign Disturbances）对立起来看海关所处的困局和因应对策。编号 PP MS 82/1/12 的文件，回顾了海关过去的发展，表示下层干部要求改革所发出的声音，同时也提及 1925 年华籍关员对加薪的要求。

表 2　与梅乐和相关的文书

编号	标题	年份	已拍页数
PP MS 2/01/01	Confidential Letters and Reports, etc., Vol. I, 1900 – 1928; Chinese Maritime Customs Service-Annual Trade Reports 1900 – 1928, Volume I: Hankow	1921~1924	62 页
PP MS 2/02/01	Confidential Letters, etc., Vol. I	1882~1923	114 页
PP MS 2/05/06	Semi-Official Letters, Hankow	1921~1923	191 页
PP MS 2/05/07	Semi-Official Letters, Hankow	1923~1925	223 页

续表

编号	标题	年份	已拍页数
PP MS 2/06/04	Tientsin，Hankow and Miscellaneous Despatches	1916 ~ 1925	109 页
PP MS 2	Inspector General's Personal Correspondence with British Embassy，Volume 1	—	583 页
PP MS 2	Inspector General's Personal Correspondence with British Embassy，Volume 4	—	296 页
PP MS 2	Inspector General's Personal Correspondence with British Embassy，Volume 5	—	137 页
PP MS 2	Inspector General's Personal Correspondence，Volume 9	1937 ~ 1941	368 页
总数			2083 页

表 3　与贺智兰相关的文书

编号	标题	年份	已拍页数
PP MS 82/1/8	Chinese Customs Service；Chinese Staff at Canton	1927	75 页
PP MS 82/1/9	Hedgeland Custom House Memo	1929	62 页
PP MS 82/1/12	Customs Service：Officers in Change，1859 – 1921. 4th Issue，Shanghai：Statistical Department of the Inspectorate General of Customs	1921	227 页
PP MS 82/9	Handing over Memorandum for the Information of Mr. RFC Hedgeland，Custom House，Hankow	1929	38 页
总数			402 页

表 4　赫德和安格联的来往书信

编号	标题	年份	已拍页数
MS 211081	Copy Correspondence of Sir Robert Hart to Sir Francis Aglen	1888 ~ 1911	240 页
MS 211351	Copy Correspondence of Sir Robert Hart to James Duncan Campbell	1903 ~ 1907	428 页
MS 314854	Correspondence of Sir Robert Hart to Sir Francis Aglen	1888 ~ 1911	487 页
总数			1155 页

　　上文提及在华英国不同利益群体对海关总税务司继任人选的密切关注，其实远在伦敦的英商中国协会（China Association），同样就赫德继任人选的问题有过激烈的讨论（见表5）。值得提出的是，英商中国协会意属的人选，未必和在华的英国团体相同，他们认为曾任江汉关税务司的贺璧理是不错的候选对象。这是否代表英国本土与在华的英国人对中国海关有不同的看法，或因为所代表不同的既得利益有所矛盾，值得深入探讨。

表5　伦敦英商中国协会会议记录

编号	标题	年份	已拍页数
CHAS/MCP/04/07	Minutes of General Committee, Includes: Chinese Assistants in the China Maritime Customs. Whangpo [Huangpu] Conservancy Finances. Consular Body. Access to Customs Returns. Mixed Court Punishments. Successor to Sir Robert Hart	1907	35 页
CHAS/MCP/04/08	Minutes of General Committee, Includes: Successor to Sir Robert Hart. Changes in the Customs Control	1907	不定
CHAS/MCP/04/09	Minutes of General Committee, Includes: Mr. Hippisley as Successor to Sir Robert Hart. Chinese Assistants in the China Maritime Customs	1907	不定
CHAS/MCP/04/13	Minutes of General Committee, Includes: Successor to Sir Robert Hart	1907	不定
CHAS/MCP/04/14	Minutes of General Committee, Includes: Successor to Sir Robert Hart	1907	不定
CHAS/MCP/09/04	Circular to the General Committee No. 4, Includes: Letter from Shanghai, Successor to Sir Robert Hart	1907	13 页
CHAS/MCP/09/25	Circular to the General Committee No. 25, Includes: Letter from Shanghai, Successor to Sir Robert Hart	1908	不定
CHAS/MCP/09/26	Circular to the General Committee No. 26, Includes: Successor to Sir Robert Hart	1908	不定
CHAS/MCP/09/30	Circular to the General Committee No. 30, Includes: Letter from Tientsin [Tianjin]. Sir Robert Hart, Successor	1908	不定
总数			118 页

四　牛津大学博德利图书馆

　　牛津大学收藏的贺璧理文书,包括他的日记、回忆录、书信等,是于
1988 年由其家属捐赠给牛津大学的。这批资料涵盖了贺璧理 (A. E. Hipp-
isley, 1848 ~ 1939) 的一生,是众多外籍海关税务司资料中最为完整的。
贺于 1901 ~ 1903 年任江汉关税务司,但学界对他最大的关注是他如何参
与签订辛丑和约的谈判及他对中国门户开放政策的支持。如表 6 所示,
贺璧理与赫德有过频密的书信往来,讨论走私鸦片、开放内河航运、义
和团、门户开放政策等问题。编号 MS Eng. C. 7292、7293、7294、7295
的文书都是贺璧理就商权、开放市场、支持门户开放等问题与法、德、
英、美、意、日、俄各国政府代表的讨论,有很高的参考价值。此外,
为 1905 年与德国签订商务条约留下来的书信函件,与耶鲁大学历史学者
格理斯沃 (A. Whitney Griswold) 的往来书信,都可看到贺璧理对维护当
时中国商权的贡献,其中关税问题被看作一个关键问题,是目前海关史
研究中需要补充的一个重要课题。

表 6　与贺璧理相关的文书

编号	标题	年份	页数
MS Eng. C. 7285	Personal Diary	1898 ~ 1905	156 页
MS Eng. C. 7286	Personal Memoirs	1848 ~ 1895	370 页
MS Eng. C. 7287	Personal Memoirs	1896 ~ 1902	356 页
MS Eng. C. 7288	Correspondence	1864 ~ 1889	230 页
MS Eng. C. 7289	Correspondence with Sir Robert Hart	1890 ~ 1896	268 页
MS Eng. C. 7290	Correspondence with Sir Robert Hart	1897 ~ 1908	215 页
MS Eng. C. 7291	Material Relating to International Exhibitions, Foreign Policy and Customs	1873 ~ 1899	71 页
MS Eng. C. 7292	Special Correspondence on Open Door Policy	1899 ~ 1900	139 页
MS Eng. C. 7293	Material Relating to the "Boxer Rebellion"	1900 ~ 1902	301 页
MS Eng. C. 7294	Correspondence	1903 ~ 1909	212 页
MS Eng. C. 7295	Correspondence	1910 ~ 1940	185 页

续表

编号	标题	年份	页数
MS Eng. C. 7296	Publications	1890～1915	178 页
MS Eng. C. 7297	Miscellaneous Drafts and Notes	1884～1920	247 页
MS Eng. C. 7298	Typescripts	1899～1925	219 页
	总数		3147 页

五　余论

江汉关位于长江中游的重要位置，是华中地区的航运、贸易、金融的枢纽，从 19 世纪起，面对如何向列强进一步开放的问题，从阅览贺璧理的文书可知不同的国家对长江中游的商贸航运利益的考虑，美国主张门户开放，英国既要维持既得利益，又要保持优势，日本要挑战英国，逐渐扩展势力。湖北是辛亥革命首义地区，当英国的利益受到威胁时，在华的英国人社会和远在伦敦的相关利益群体都在盘算如何保护中国海关，道理很简单，在英国人的眼中，中国海关是属于英国的。赫德于 1908 年离开中国，总税务司的位置出缺，故无论赫德是否有能力向清政府保荐他的继承人，裴式楷、安格联、贺璧理等都打算争夺。首先退出这个激烈争夺过程的是贺璧理，但以工作能力、阅历、对关税航运问题的研究水平来说，却以贺璧理最高，但恰恰是他最早退出，于 1910 年离开中国海关，外籍江汉关税务司的个人文书具有很大的参考价值。

The Collection and Historical Value of English Archives in Overseas Hankow Customs

Li Peide

Abstract: The greatest feature of modern Chinese customs is that it was controlled by the foreign customs administration department and introduced foreign management systems, which resulted in a large number of English files. The vast majority of these files remain in China, but a considerable part of them are exported from China through different channels, of which Britain is the largest. Hankow customs, located in Hankou Concession, has long been under the control of foreign tax authorities. When they left China, they also took their personal files with them. These materials are very helpful for us to understand Hankow customs and even China's diplomacy, economy and society, and deserve our attention.

Keywords: Hankow Customs; English Archives of Chinese Customs; Foreign Commissioner of Customs

About the Authors: Li Peide (1964 –), vice president of Institute of Asian Studies, Central China Normal University; Distingguished professor, Institute of Modern Chinese History, Central China Normal University. Research interests and specialties: modern Chinese history, history of customs, history of banking. E-mail: pui_ tak_ lee@ yahoo. com.

旧海关早期贸易报告的经济史料探析[*]

张 宁[**]

摘 要：1882 年以前，旧海关年度贸易报告的篇幅无严格限制，各通商口岸海关报告的作者有较大自由度，因此很多报告里有各种丰富的经济史料，包括对洋货和土货进出口数据变化原因、贸易过程以及商品背景的介绍和分析，列表比较历年各种商品贸易数据变化趋势，以及与本埠贸易相关的调查分析结果，涉及重要贸易品种、对本埠贸易有重要影响的经济因素以及与本埠贸易有关联的其他问题。对国内贸易的关注也是早期年报的一大特色。旧海关早期贸易报告的经济史料兼具史料和研究的特色，对晚清区域经济史研究有重要价值。

关键词：中国近代海关 海关贸易报告 中国近代贸易

中国近代旧海关史料是"是近百年社会经济史研究中一项最为完整、系统的统计数据和文字资料"。[①] 近年来，海关史料的搜集、整理与研究成为学术界的新热点。旧海关出版物的影印出版、旧海关内部档案的整理，为中国近代史研究提供了大量宝贵的史料。随着更多新史料、

---

[*] 基金项目：本文为教育部哲学社会科学研究重大课题攻关项目"海内外江汉关档案资料搜集整理与研究"（项目批准号：18JZD026）阶段性成果。

[**] 张宁（1971— ）湖北大学历史文化学院教授，博士生导师，主要从事中国近代经济史、明清货币金融史研究，电子邮箱：598224061@qq.com。

① 吴松弟、方书生：《一座尚未充分利用的近代史资料宝库——中国旧海关系列出版物评述》，《史学月刊》2005 年第 3 期。

新方法的运用，海关史研究的深度和广度日益拓展，研究的维度进一步增加，实现了从整体研究向区域研究的推进，扩大了海关史研究的空间。①

在海关史料中，旧海关公开印行的贸易报告（各通商口岸海关撰写的年度贸易报告和十年报告）最为常见。前者到 1889 年才有中文版，英文版名称如 "Hankow Trade Report For The Year 1891"，中文版名称如《光绪十七年汉口华洋贸易情形论略》；后者名为 "Decennial Reports"，1882～1891 年为第一期，前四期只有英文，1922～1931 年第五期有中文版。

年度贸易报告的主要内容是对通商口岸贸易形势和贸易品种的分析，是区域经济史研究的重要史料。就内容的详略而言，可分为前后两阶段。1865 年，海关总税务司英国人罗伯特·赫德发布第 3 号通令要求各地海关编写年度贸易报告。"在内容方面，1882 年以前总税务司要求写明本口贸易总体情况、贸易值、进口、出口、内地转口贸易、航运、税收以及所在地社会政治经济等方面内容，篇幅没有作严格限制。……从 1882 年开始，总税务司要求年报内容重点放在与进出口贸易有关的事务方面，篇幅限在 4 页纸之内。"各关并不完全遵守篇幅限制。到 1890 年，进一步要求 1889 年各关年报 "依次写明本口贸易情形概况、税收、外洋贸易、沿海贸易、内地税则、船只、旅客、金银、药土（洋药、土药）、杂论等十项内容"。② 从 1920 年起，年度贸易报告不再由海关总署统一出版，改由各关自行编印。直到 1929 年或 1930 年，各关年报的内容体系大体沿袭了 1890 年制定的规范，此后都缩减为简单的介绍。③

在已有的海关史料介绍和研究中，对年度贸易报告两个阶段的差异关注不够，尤其是没有充分认识到 1882 年以前各口岸年报的重要史料价值。由于不限篇幅，如果税务司本人兴趣广泛又擅长调查研究，该口岸

---

① 郑成林、赵海涛：《近代中国海关史百年研究回顾与反思》，《近代史学刊》2018 年第 1 期。
② 詹庆华：《中国近代海关贸易报告述论》，《中国社会经济史研究》2003 年第 2 期。
③ 重庆等个别分关的年报早在 1920 年已变为本埠贸易和经济社会情况的简略记述。

年报必然内容丰富，充满各种经济社会史料。"以（津海关税务司）狄妥玛先生 1866 年之报告为例，其文字密密麻麻长达 22 项，而专论该年贸易之正题者，即一整页亦未之有也；其余各而满载准确之原始资料，就有助于我等了解本埠及其邻地之商务而论，其价值异常之高。"① 本文以汉口、天津、宁波等口岸为例，讨论早期年度贸易报告中经济史料的特点，以及对区域经济史研究的意义。

一　早期贸易报告中的贸易数据分析

区域性是海关史料的主要特色之一。与方志之类传统史料完全不同，海关史料是具有较高专业水准的现代史料。年度贸易报告的主要任务是对年度贸易统计（格式如 "HANKOW TRADE RETURNS, FOR THE YEAR 1894"）各个表格的重要数据进行详细说明和分析。如果说贸易统计的任务在于用数据和表格说明 "发生了什么"，贸易报告的任务则在于通过数据比较和背景信息去分析 "为什么"。

年报的大部分内容，是对本口岸进出口洋货和土货的重要品种进行介绍，先列表，再文字叙述，内容包括数量和价格变化，以及数据变化的原因、贸易过程以及贸易品种的背景。② 以 1865 年、1869 年汉口年报提及的部分商品为例，可见早期年报的典型表述方式。

对进口纺织品贸易的分析，翻译如下：

上表可见，开埠之初洋匹头（Foreign Piece Goods）进口稳增之预期已然实现，自开埠以来即瞩目本口者，无不雀跃。1865 年进口贸易一节尤可论者，当属洋商购进复出口至上海之原布 12000 件。上海原布售价随英国行情走高，该货多存于对外洋贸易知之甚少之

---

① 《1875 年津海关贸易报告》，吴弘明编译《津海关贸易年报（1865—1946）》，天津社会科学院出版社，2006，第 90 页。

② 旧海关统计的 "进口" "出口"，不仅指与外国之间的进出口，也包括出口到其他通商口岸和从其他通商口岸进口。因此，海关的进出口数据包括相当一部分国内贸易。

华商手中，且本口贸易多现款往来，华商无款可贷，于周转不无阻滞，故皆雅不愿购进迁延多日方可售罄之货，其于原布一项急于抛售。然华商终亦大量购进，其情形一如 1864 年洋棉布（Cotton Piece Goods）价涨之时。1864 年原布（Shirtings）每件多以关平银 2.5 两购入，去岁涨至 4 至 4.5 两。如今洋布（Cloth）为华人广为使用，以大呢（Medium）为多。1864 年大呢、俄国小呢（Russian Cloth）进口只为 6243 件，1865 年进口 9842 件。尤当注意者，虽金镑价昂，本埠洋绒毛布、洋棉布销量皆已增五成。①

对当年贸易趋势和交易过程关键细节的分析，揭示了贸易统计数字背后鲜活的经济活动。很多贸易数据的变化，如果不看年报的分析，则不知究竟。如 1875 年宁波口岸进口斜纹布骤增，只看报表数字，无法理解，年报解释如下："为什么斜纹会成为一枝独秀的抢手货呢？据一名知情的当地匹头业者告知，因西北甘肃招来新兵需制军装之用。事实证明后来这大批斜纹都是办了入内地（甘肃省）验单、子口税票去的。"②

对 1869 年通过江汉关的白蜡、柏油、桐油、茶油几种商品贸易的分析，翻译如下：

白蜡、柏油、桐油、茶油。此等土货为土商贸易最要而著者，多操于鄂、皖两省商人之手。货价全年不定。二月白蜡每担价售 114 两，八月售至 294 两。三月桐油每担 4.80 两，九月、十二月售至 7.70 两。去岁茶油出口稍过前岁之半，桐油出口绌 400 担。该项短减为白蜡、柏油出口之增弥补，去岁白蜡出口赢 2696 担，柏油出口赢于前岁 13847 担。各货出口共计值银 2698115 关平两。

---

① *HANKOW TRADE REPORT, FOR THE YEAR 1864*，载吴松弟整理《美国哈佛大学图书馆藏未刊中国旧海关史料（1860—1949）》第 172 册，广西师范大学出版社，2014，第 270 页。
② 《光绪元年（1875 年）浙海关贸易报告》，载中华人民共和国杭州海关译编《近代浙江通商口岸经济社会概况——浙海关、瓯海关、杭州关贸易报告集成》，浙江人民出版社，2002，第 161 页。

白蜡虫（Coccus-peh-lah）所产白蜡（White Wax or Insect Wax）多运自川、滇两省。Wylie 先生游记言及嘉定府（Kea-ting-foo）一带厚植白蜡树（Peh-lah-shu or Insect waxtree）。

白蜡为烛商购得，混以柏油、牛油制烛。白蜡亦为粤地药材商购得作北运丸药之药衣，制假花者亦有购用。

柏油全产自本省，由乌桕树（Stillinga Sebifera）之果榨出，本省各地均有栽种。柏油自荆门州（King-mum-chow）来者最多，多以桶盛。每桶八十斤。柏油全为烛商（Tallow Chandler）购得。

桐油、茶油产自湖南，桐油自桐树（Tung-shu or Jatropha cursas）之果榨出；茶油自油茶（Camellia oleifera）籽榨出。茶油作烹调、照明之用，桐油作涂料。①

各口岸早期年报对进出口各种土货的来历和用途多有介绍，对核心出口产品的分析更加细致。1869 年报告详细介绍了汉口贸易主要品种——茶叶——的交易过程、价格、数量，还列表说明两湖各产茶区的粤商和晋商茶庄数量。②

为了呈现贸易数据的变化，年报往往将几年的数据列入一表，进行比较分析。以 1869 年津海关报告为例，包括 1861~1869 年各类洋布进口量比较表，表内还有 8.25~8.5 磅本色市布每匹价格（计银两）；1869 年除福州、宁波和牛庄外各口本色市布与洋标布进口比较表；1861~1869 年各类大宗绒制品进口量比较表；1861~1869 年进口金属（铅块、钢、钉条铁并铁条）量比较表；1861~1869 年各种鸦片进口量比较表；1866 年和 1869 年三种大宗鸦片平均时价比较表；1863~1869 年洋针进

① *HANKOW TRADE REPORT, FOR THE YEAR 1869*，载吴松弟整理《美国哈佛大学图书馆藏未刊中国旧海关史料（1860—1949）》第 173 册，广西师范大学出版社，2016，第 246 页。
② *HANKOW TRADE REPORT, FOR THE YEAR 1869*，载吴松弟整理《美国哈佛大学图书馆藏未刊中国旧海关史料（1860—1949）》第 173 册，广西师范大学出版社，2016，第 241~243 页。

口量变化表；1861～1869 年各类土货出口量比较表；1867～1869 年从欧洲直接进口各类洋货（按：此前，天津进口洋货主要由上海转运而来）数量变化表。① 通过 9 张表格以及相关文字分析，清晰地呈现出天津口岸开埠 9 年间的贸易发展趋势和特点，具有很高的专业水准。其他通商口岸的早期年报，都有这类表格。遗憾的是，1882 年严格限制篇幅之后，各口岸的贸易年报再无此类比较分析的表格。

二　早期贸易报告中的经济调查

因为没有篇幅限制，早期年度贸易报告的作者有较大的自由裁量权。如果有研究的爱好和能力，作者或多或少会做一些与本埠贸易相关的调查研究，往往是很有价值的经济史料，大致分以下几类。

一是对本埠重要贸易品种的调查。该类调查大多在年报正文里面，分析某一商品的生产、运输和销售状况及变化趋势，内容多寡不一。对于重要的品种，前后多个年份的年报有持续的调查，比如汉口的茶叶贸易、天津的毛皮贸易，汉口和宁波的药材贸易，等等。由于海关只负责进出通商口岸港口的轮船贸易的稽查和征税，海关贸易统计无法覆盖通过常关进行民船（帆船）贸易的商品。年报的作者有时会调查民船贸易并专门介绍，如对宁波进口的三种靛——台湾靛、马尼拉靛和广州靛（来自印度）的质量和价格以及本省产靛情况的调查。②

一般来说，年报重点关注本口岸的重要进出口商品，除了每年的分析，还会有专论。津海关报告曾在一期之内载有骆驼毛、草帽辫、茶叶和砖茶 4 个品种的调查，特别是前两项调查，涉及产、运、加工、销售

---

① 《1869 年津海关贸易报告》，载吴弘明编译《津海关贸易年报（1865—1946）》，天津社会科学院出版社，2006，第 58～67 页。

② 《同治三年（1864 年）浙海关贸易报告》，载中华人民共和国杭州海关译编《近代浙江通商口岸经济社会概况——浙海关、瓯海关、杭州关贸易报告集成》，浙江人民出版社，2002，第 98～99 页。

各个环节，数据清晰，细节明了，具有专业水准。①

　　个别情况下，亦有调查作为年报的附录，如 1869 年汉口年报有四个附录，前三个附录是经济史料。附录一：四川鸦片产地纪略，包括各地 1869 年鸦片产量表，产业状况分析；附录二：汉口出口大宗药材三十种，表格内容包括药名、产地、本草药名、学名、入药部分和汉口每担趸售价（汉平两）；附录三：鄂案盐务节略，包括淮盐和川盐在湖北的行销地域，以及淮盐行销的具体办法。②

　　二是对本埠贸易有重要影响的经济因素的调查，涉及税收、金融等多方面。以子口税为例，虽然 1861 年《通商各口通共章程》已有规定，但政策的推广经历了一个过程。在天津，1870 年开始实施，"在张家口，以及晋、直北部边界及其开化地带，属蒙汉杂处之繁华城镇，持凭单照置办土货"。津海关年报详细记载了 1870 ~ 1874 年领取的子口税单的数量、前往地点和购买土货的品种、数量，是了解子口税在北方实施的重要史料。同一期年报还记载了当年钞关与海关的税收争执，以及引起的罢市抗议。③ 在金融方面，各口岸年报多有记载，如汉口开埠初期市场上的宝银质量问题，宁波过账钱的情形，以及各口岸的货币流通状况，等等。由于海关公开发行年度贸易报告和贸易统计，金融之类调查有时是给外商做参考的。如 1881 年天津的报告专列"天津之银号"一目，并说明"在贸易报告中略论天津银号之构成及其在本地与国内之业务，窃以为不至令人乏味，或不合时宜。是故虽尽力举有涉此题之细节而搜集之，亦必遗漏许多事实，而于外洋银行家及其他人则颇为重要者"。④

---

①　《1877 年至 1879 年津海关贸易报告》，载吴弘明编译《津海关贸易年报（1865—1946）》，天津社会科学院出版社，2006，第 102 ~ 107 页。

②　*HANKOW TRADE REPORT, FOR THE YEAR 1864*，载吴松弟整理《美国哈佛大学图书馆藏未刊中国旧海关史料（1860—1949）》第 173 册，广西师范大学出版社，2016，第 251 ~ 257 页。

③　《1875 年津海关贸易报告》，载吴弘明编译《津海关贸易年报（1865—1946）》，天津社会科学院出版社，2006，第 90 ~ 91 页。

④　《1881 年津海关贸易报告》，载吴弘明编译《津海关贸易年报（1865—1946）》，天津社会科学院出版社，2006，第 123 页。

"尽力举有涉此题之细节而搜集之",可见报告的作者认真做了调查。

三是与本埠贸易有关联的其他调查。其内容基本取决于作者的兴趣,在其他类型的史料中很少见到,如宁波港与内地之间水运的困难,"即运河中的河坝妨碍水上运输",以及可行的解决方案。① 如 1869 年的象山港牡蛎养殖、浙江沿海私盐生产和贸易调查②,1872 年宁波茶行男工、女工调查③之类。其中不乏出人意料的调研,如津海关报告连续多年对直隶省煤矿矿藏和开采、运输的调查。1865 年报告即注意此事,认为"此等优质之煤因费用过高,运抵天津者为数寥寥。……欲使此种硕大富源得以实际开采,转而惠及该国,其唯一可行之法,即大量投资于兴修铁路等物,以便运煤又复购置机器,以利改进采煤业"。④ 1867 年报告专列"煤斤"一节,详细分析了这种"潜在出口货",并摘录"本埠有一商人"的调查研究,包括运输费用和时间,运输和抽水改良计划。⑤ 1868 年报告将天津的外商 James Handerson 所著论文《1868 年天津之煤与煤业》作为附录,主要内容是对京西斋堂和潞河煤矿的考察。⑥ 此后,津海关年报持续关注追踪直隶煤矿行业的进展,有"矿藏""矿产"专题。1882 年缩减到 4 页纸之后,才停止关注。

---

① 《同治三年(1864 年)浙海关贸易报告》,载中华人民共和国杭州海关译编《近代浙江通商口岸经济社会概况——浙海关、瓯海关、杭州关贸易报告集成》,浙江人民出版社,2002,第 98~99 页。
② 《同治八年(1869 年)浙海关贸易报告》,载中华人民共和国杭州海关译编《近代浙江通商口岸经济社会概况——浙海关、瓯海关、杭州关贸易报告集成》,浙江人民出版社,2002,第 127~129 页。
③ 《同治十至十一年(1871—1872 年)浙海关贸易报告》,载中华人民共和国杭州海关译编《近代浙江通商口岸经济社会概况——浙海关、瓯海关、杭州关贸易报告集成》,浙江人民出版社,2002,第 142 页。
④ 《1865 年津海关贸易报告》,载吴弘明编译《津海关贸易年报(1865—1946)》,天津社会科学院出版社,2006,第 4 页。
⑤ 《1867 年津海关贸易报告》,载吴弘明编译《津海关贸易年报(1865—1946)》,天津社会科学院出版社,2006,第 38~39 页。
⑥ 《1868 年津海关贸易报告》,载吴弘明编译《津海关贸易年报(1865—1946)》,天津社会科学院出版社,2006,第 54~56 页。

三　早期贸易报告对国内贸易的关注

旧海关管理的进出口贸易包括一部分国内贸易，因此对中国国内贸易的关注是早期年报的一个重要特色，不仅对贸易品种进行介绍，而且经常列表分析。此外，有些作者还去调查经过常关的民船贸易品种和规模，比如1869年的宁波年报对国内各地通过轮船和民船与宁波进行的贸易活动进行了全面的分析。[①]

以今天的学术标准衡量，海关年报对国内贸易的分析，有时颇具问题意识。比如津海关撰写贸易报告的作者们从一开始就对国内贸易有研究的兴趣，从天津口岸土货进出口中发现了国内南北贸易的差额问题：

> 天津除洋货外，尚自中国别处运入大批土货，1865年天津土货贸易之总值除不及上海而外，均较他口为多。但出口业规模甚小，在1865年，除镇江与台湾两口以外，屈居各口之后。……为抵补贸易之巨额入超，天津每年以大量白银输往上海；但所出之银迄今不足逆差之半数。我尚未得知此账目之如何清理，亦不知每年所付之银源于何处。若能确悉内地贸易之实情，则必能释明上述问题。直省除沿海岸发运土货而外，尚借河流并运河将大宗之盐运往河南，另须提醒者，直、晋两省而接受天津之进口货者，非但凭贸易活动，犹借他法自中国南方获取资金。直省内有清政府之所在地，朝廷之收支在斯二省之税入中则占小部；而晋省自可谓为中国商业群魁之居所，盖晋商之雄心勃勃堪称华夏之最，彼等操纵二省之金融并左右贸易之主流。但就贸易差额这一问题，予以不严谨之推论，自比精确之数据为易。我在津地阅历尚浅，对此问题无以深悉。[②]

---

① 《同治八年（1869）浙海关贸易报告》，载中华人民共和国杭州海关译编《近代浙江通商口岸经济社会概况——浙海关、瓯海关、杭州关贸易报告集成》，浙江人民出版社，2002，第125～126页。

② 《1866年津海关贸易报告》，载吴弘明编译《津海关贸易年报（1865—1946）》，天津社会科学院出版社，2006，第10～11页。

上述问题，直指当时国内经济大循环的要害，至今仍是有待深入研究的重要课题。作者对存在南北贸易差额的解释是：其一，京城通过朝廷的税收从南方获取资金；其二，山西省通过"中国商业群魁之居所"的地位"从中国南方获取资金"。第一个解释合理，第二个解释不合理，因为晋商每年必须从北方运送巨额银两到南方进货，并将来自南方、蒙古地区和俄国的各种货物在北方销售以获取银两。

此后，津海关报告多年关注这一问题。深入了解天津的经济腹地范围及天津与腹地之间的交通运输方式。① 同时，仔细梳理天津口岸与南方口岸之间的各项大宗土货历年进出口数据，制成很多有价值的表格。这是早期年报关注内贸的典型案例，值得深入挖掘。

结　语

近年来，旧海关史料的搜集、整理、研究和利用工作受到学术界的瞩目，高水平的成果频出，正在成为中国近代史研究领域的一门显学。但海关史料的利用总体上仍然处在初级阶段，有巨大的开拓空间。一方面，已有的研究大多围绕海关业务展开。"近代海关是个包罗万象、庞杂无比的机构。论其职务，有职务内的职务，更多的是职务外的职务；有的是条约赋予的，有的是列强加的，有的是清政府因时势所需而委办的，有许多是总税务司为了某种利益而举办的。"② 在征收稽查关税等主业之外，近代海关相继经办了一些与海关有关或无关的非税业务，前者如船政、检疫、气象观测、贸易统计，后者如邮政、博览会之类。因此，近代海关史研究必然延伸到多个业务领域。以海关业务为中心的研究取向，在一定程度上限制了对其中经济史料的充分挖掘。另一方面，海关史料的利用仍然存在不小的困难。除了部分通令以及一些地方海关年报

---

① 《1868 年津海关贸易报告》，载吴弘明编译《津海关贸易年报（1865—1946）》天津社会科学院出版社，2006，第 49～50 页。

② 陈诗启：《中国近代海关史》（晚清部分），人民出版社，1993，第 158 页。

和十年报告译成中文，大部分海关出版物和内部档案主要是英文史料，其编纂方式也自有特色。地方海关内部档案的搜集整理虽然受到重视，但整体进展缓慢。对于其他领域不熟悉海关史的学者来说，或者不知道海关史料中保存了哪些有价值的历史信息，或者不得其门而入。

以各地方海关为中心展开研究，对区域社会经济史的意义尤为重要。全面了解各类海关史料的内容、特点和价值，是充分利用这一宝库的前提。本文讨论早期年报中的经济史料，揭示其特点和价值。可以说，它们不仅是史料，还有许多研究的成分。

年报的作者们，大多是欧美著名大学的毕业生，受过良好的科学研究训练，其思维方式和发现问题的角度，与当时中国的士大夫们隔了一个时代。早期贸易报告撰写具有较大的自由度，允许他们在数据分析的基础上进行更深层次的思考。因此，今天的学者在阅读一百多年前的这些报告时，面对作者们提出的问题，会有一种对话的感觉。其中的很多问题，既可以启发今天的研究，也是对研究者的挑战。

Analysis on Economic Historical Materials of Early Trade Report of Old Customs

Zhang Ning

Abstract: Before 1882, there was no strict limitation on the length of old customs' annual trade reports, the authors of treaty port customs had greater freedom, therefore in a lot of reports, there were a rich variety of economic history materials, including the reason of data changes in import and export of both foreign goods and local products, introduction and analysis of trade progress and commodity background, and lists which compared the variation trend of all kinds of merchandise trade data throughout the years, as well as investigation and analysis related to local trade, economic factors that involved in important trade items, or had important influence on local trade, and other issues related to local trade. One of the features of early annual reports is that they focus on domestic trade. The economic historical materials in the early trade reports of the old customs have both the characteristics of historical materials and research, which is of great value to the study of regional economic history in the late Qing Dynasty.

Keywords: The Neoteric Customs of China; Customs Trade Report; The Neoteric Trade of China

About the Authors: Zhang Ning (1971 -), doctoral supervisor, professor, Faculty of History and Culture, Hubei University. Research interests and specialties: Chinese modern economic history, Ming and Qing monetary and financial history. E-mail: 598224061@ qq. com.

湖北省档案馆藏江汉关档案
与地方社会史研究

赵海涛*

摘　要：近代中国海关作为一支重要力量，几乎贯穿整个中国近代史，从另一个侧面见证了中国近代社会的变迁。在此历史进程中，海关形成了庞大的档案文献，对促进地方社会史研究有着不可估量的价值。江汉关作为近代中国四大海关之一，在近90年中形成了数量庞大、涉及面广、复杂多样、种类繁多、连续性强的具有巨大学术价值的档案资料，是研究近代湖北地方商业、交通、政治、外交等的重要史料。

关键词：江汉关　湖北省档案馆　海关档案

中国近代海关肇始于太平天国运动，终于新中国成立。近百年中，海关一直是中国的重要机构，是唯一能够持续不断地发挥影响且势力遍布全国的机构，甚至凌驾于中国政府之上。

近代以降，随着海关职权不断扩大，除征收关税，监管贸易，稽查走私之外，还兼办航政、医疗检疫、港务建设、盐政，积极参与邮政、外交、海军、教育等洋务，甲午战争后又积极参与中国的内、外债事务。各地海关在处理本身的庞杂业务以及与地方社会之间的一些事务的过程

---

* 赵海涛（1987— ），历史学博士，湖北大学历史文化学院讲师，主要从事中国近代经济社会史研究，电子邮箱：360598650@ qq. com。

中，形成了大量记载这些历史活动的直接记录，也就是海关档案。因此，各地海关档案是地方社会史研究的重要文献，合理利用之可以对地方社会史进行新的解读。

湖北省档案馆藏江汉关档案始于 1902 年，终于 1949 年，多达万余卷，数量庞大、时间跨度长、内容涉及面广、种类繁杂。这些珍贵的史料，往往是地方海关史料所独有。内容包括以下几方面。（1）不同时期海关总税务司制定的相关的规章制度、法律条例、关税则例等。（2）上级机关的通令、训令。包括海关总税务司关于关务问题的通令、训令。（3）函呈、批复。既有江汉关与海关总税务司、财政部之间往来的一些函件，亦有江汉关与地方机关、商民往来函件。（4）江汉关税务司关于关务问题的通令、指令。（5）与海关总署及各海关往来之半官方密函、笺函。（6）贸易统计月刊、季刊、年刊。（7）其他部分，包括海关关员名录、部分贸易商品价格标准、货品统计目录、缉私报告单及充公罚款提存分配表、禁运物品名录、船舶往来登记等。

这些档案史料包罗万象，有大量的往来函电、文件、工作记录、单据，还有地方经济社会调查，以及当地政府机关、社会组织、企业和个人与海关交涉往来时留下的各种文件资料等地方特色史料。而且海关档案记载准确，数据精确，往往可以弥补其他类型史料的缺失和不足。因此，江汉关档案资料的运用可以有力地推动地方社会史的研究。文章从商业、环境、走私与缉私、海关与地方政府关系、海关关员个人社会生活等方面对湖北省档案馆藏江汉关档案的学术价值进行论述，以期对相关学术研究有所助益。

一　海关视野下的地方商业变迁

湖北省档案馆藏江汉关史料中关于地方商业史的相关档案主要有三部分：一是海关贸易统计与贸易报告，二是江汉关与总税务司之间的往来函件中对口岸经济状况的分析，三是海关与地方商民、商人组织、社会团体之间的往来信函。利用这部分档案可以从海关的视角对地方商业史进行新的解读。

湖北省档案馆馆藏档案中保存有大量关于近代汉口口岸的贸易报告及统计，包括月刊、季刊、年刊。这部分内容与已整理出版的海关出版物内容大致相同。海关出版物时间跨度长，内容丰富，由当时的海关人员用科学的统计方法编制而成，具有非常高的史料价值。海关贸易统计与报告"是近百年社会经济史研究中一项最为完整、系统的统计数据和文字资料"。① 用统计、地理空间建构研究方法，利用海关出版物和档案，从商埠兴衰、埠际贸易、商品结构、进出口贸易、大宗商品进出口与运销等方面着手，可以对区域经济变迁进行系统的研究。张珊珊就以出口商品为中心，运用相关理论与研究方法对近代汉口及其与腹地的经济关系进行了全面考察。② 海关统计数据真实且连贯，贸易报告中，一般开篇都会对地方商业、贸易状况以及影响贸易发展的因素进行概说，是研究贸易史及地方社会经济变迁的珍贵文献资料。

另外，江汉关税务司发往总税务司的半官函、笺函内容包括对一些细微琐事的探讨、对当时政治局势的看法、对商务贸易的一些看法与建议等，包含面广，是从海关关员的角度研究地方经济社会史的重要资料。这部分档案记载了大量的汉口贸易状况，还有各类专门的经济数据、专题分析和调查报告，涉及贸易以外的经济和行业动态、地方政治经济社会状况等。如介绍某一重要或有潜力的进出口商品生产、销售和消费状况，一种有价值的社会经济现象的背景信息，并进行比较深入的分析。这些史料，是其他档案和文献中没有或者记载不全的，对其进行挖掘和利用，可以有力推进近代武汉暨长江中游区域经济社会史的研究。③

江汉关档案中还有一类资料，是江汉关与地方商民往来函件，内容

① 吴松弟：《中国旧海关出版物评述——以美国哈佛燕京图书馆收藏为中心》，《史学月刊》2011年第12期。
② 张珊珊：《近代汉口港与其腹地经济关系变迁（1862—1936）——以主要出口商品为中心》，博士学位论文，复旦大学，2007。
③ 吴成国、张宁：《多维视野下的江汉关史料搜集整理与研究》，《光明日报》2020年4月29日，第11版。

丰富，涉及商业、贸易、社会各个方面。各地的海关对当地的社会变迁也起着潜移默化的作用，同时地方社会的变迁也对海关产生一定的影响。而这方面的研究目前成果相对来说较少，这是一个值得我们去关注的重要课题。

江汉关与湖北的一些企业、商人及其组织、地方势力之间关于一些特定事件都有往来，并且参与一些地方事务。海关在地方社会中参与了哪些活动，效果如何，对地方社会有什么影响。这些问题目前研究成果寥寥，也是海关史研究最有可能取得重大开拓性成果的领域。从档案可以看出，海关与地方商人之间亦存在各种合作与纠纷。在江汉关与地方商民、商人团体的往来函件中有海关与商民就商业运输、管理而产生的冲突及其解决措施的记载。

（1）江汉关对商民之间运输、贸易而产生的纠纷的调解。海关在地方除征税、稽查等本职外，还监管航务。由于航船往来事故多发，外加部分船只不遵守航行规则，进而导致海损事故，引起纠纷。因此商民之间关于船只发生碰撞而引起的纠纷，亦多请求海关予以仲裁，为了运输的顺利，海关也主动介入其中，对纠纷予以处理。海关因其业务所关，对于部分商人之间的商事纠纷处理亦有所涉及。海关对地方商民之间因伪造商标、债务、薪资，甚至司法纠纷，亦多协助处理。这些在江汉关档案中都有记载。

（2）江汉关在特殊时期对商民运输给予便利。战时，在政府要求和地方商民的请求之下，海关对以往的相关规定做了相应调整，以符合战时的特殊状况，减少商民因敌机轰炸而带来的损失，保证物资运输。部分商民在运输货物期间，由于时间所限，未能将各项手续办齐，但又急需起运，在此等情况下，这些商民必须寻找具保人予以作保，在一定期限内办理完手续后再来海关补验，撤销保结。因此，在一些较为紧急的货物运输中，海关便扮演了这个保人的角色。

（3）江汉关对部分经营困难商民担保集资，对商民经营给予一定的帮助。对于资金周转一时不灵的商人，海关亦作为担保人，协助其向银行和商界获取贷款，从而使其营业能够维持。另外，还有海关协助商人对于地方政府不合理的征税予以抵制的相关资料等。这些档案资料对于地方商业史研究是全新的资料。合理利用江汉关与地方商民往来函件，对江汉关在地方商业变迁中扮演的角色进行研究，是对地方商业史研究的开拓与创新。

贸易统计与报告、半官函、与商民往来函件等是各地方海关都有的档案资料，而由于身处地方，与地方社会相互影响，各地海关因地而异，形成的文件又有自己的特点。这些档案是研究商业、贸易及地方社会经济变迁的新资料，会对地方商业史研究产生巨大的推动作用。

二　走私、缉私与地方社会

走私与缉私犹如矛与盾，是不可调和的一对矛盾体。缉私是海关的一项主要职能，为了维持正常的贸易秩序与关税收入，海关打击走私。江汉关在缉私的过程中亦有大量的档案留存，这部分档案主要分为三类。

第一类是相关法令及缉私报告。包括海关缉私条例、防走私办法、防止私运及携带金银出口办法、江汉关缉私大案的文件、历年缉私报告，以及查获私货估值变价表、奖金发放、私货处理等文件。

江汉关档案中的相关法令是研究近代海关缉私制度的史料，对研究近代海关缉私体系有着重要价值。

非法的走私贸易也是各口岸贸易的一部分。正常情况下，我们更多关注的是一口岸的正常贸易状况，而对走私贸易关注不够。海关在缉私中所撰写的缉私报告与统计恰好有对口岸走私状况详细的记载。缉私报告是海关缉私状况的直接记叙，也可以间接反映当地的走私状况。由于海关缉私报告与统计往往也只能记载少数的被查缉的走私状况，大量的走私是没有被查缉到的，难以呈现其真实面貌，因此缉私报告只能作为研究口岸走私活动的间接材料。当然，通过对这部分档案的解读，我们亦可窥探正常商业秩序之外的地方社会的面貌。

第二类是江汉关税务司与地方商民、商人团体、地方机关之间关于贸易稽查的往来信函。这类档案对海关缉私与商民走私漏税状况有着详尽的记述。

由于部分商人非法偷运，走私瞒税，与江汉关的查缉工作产生了抵触，而海关方面也因在贸易监管及缉私过程中查证困难，甚至有关员为一己之利，中饱私囊，而对商民滥行处罚，因此海关与商民之间因货物查缉问题产生了诸多纠纷。江汉关在关区既是合法贸易秩序的维护者，同时其一些违规行为也在一定程度上对正常贸易产生了阻碍。而在纠纷的处理中，因为商民身份的不同以及地方势力的介入，处理结果亦不尽然相同。

这部分档案中，有一些是地方势力介入海关缉私，为一些走私活动提供保护的记载，具有巨大的学术价值，通过这些档案我们可以窥视地方社会对海关业务的影响，是研究走私贸易及地方社会的重要资料。

第三类是江汉关税务司与江汉关监督之间的往来函件。江汉关税务司与海关监督关于贸易稽查中的一些纠纷的处理也有函件往来沟通。其内容主要为一些商人与江汉关税务司署稽查人员在贸易稽查中产生纠纷，要求海关监督予以干预，税务司则对此进行详细报告。从中我们可以了解海关与商人、商人组织之间的关系。另外还有地方征税机构干预海关缉私，税务司与监督对此问题处理的函件。由于在 1931 年之前，中国统一的缉私制度尚未建立①，各口岸缉私权限不明，造成了地方政府与海关之间就缉私权的争夺。其本质是地方政府与海关对利益的争夺。通过对这一类档案的解读，我们可以窥探近代中国缉私体系的构建，以及促使缉私制度完善的因素——走私以及缉私方内部的矛盾。

另外档案中也有部分民国时期湖北各地缉私分处、缉私所汇报的相关函件，这也是反映江汉关所辖关区内缉私状况的重要材料，也对研究民国时期中国缉私体系变迁具有一定价值。

---

① 孙宝根：《论近代中国海关缉私制度的确立》，《广西民族学院学报》（哲学社会科学版）2004 年第 2 期。

三　海关与中央政府、地方政府关系

近代以降，中国海关主权沦丧，外国人控制的海关既代表中央政府的利益，背后又有列强的影子，有一定的独立性，因此其与中央、地方政府之间产生复杂的利益纠葛，而且在不同时期表现出不同的特点，三者之间形成一种动态的关系。

关于体现海关与中央政府、地方政府关系的档案相对较为分散，散布于各个卷宗之内，需要研究者仔细查阅，合理运用。

江汉关档案中有关于海关税务司查缉地方政府或者军方走私物品案件的交涉的档案。由于各地政治环境不同，各地海关人事也各有不同。特别是民国初期，军阀割据，海关监督主要为地方的利益服务。而且海关监督作为地方外交交涉员，拥有办理地方外交事务的权力，因此海关与地方商民、政府机关之间的矛盾都由监督居中处理，而具体案件的处理便由海关监督与税务司交涉。

在地方政府的支持下，江汉关监督对于税务司的抗议往往置之不理或予以搪塞，案件也不了了之。江汉关监督还利用职权屡屡为地方政府运输物品颁发免税护照，进行免税。因此，民国时期海关监督的重要性并非像以往研究者所认为的那样无足轻重，海关监督在地方势力的支持下，为地方政府服务，其对于地方政府的重要性不言而喻。因此，海关内部便出现一种统一之下的分化趋势，税务司和监督虽同属海关系统，但服务对象则出现分离，税务司服务于中央，而监督则服务于地方，他们的关系也变得更加微妙。

从这些档案中我们可以发现地方政府对于政府、军队用品进口极力避免缴纳关税，不仅尝试利用政府证明请求免税，而且刻意不予报关，以逃避纳税，更有甚者，对于海关扣留待验的货物派遣士兵强行起走，可谓是无所不用其极。而且由于不同时期，海关、中央政府与地方政府之间的关系的变化，这种逃税行为也表现出不同的发展趋势。

通过对江汉关档案中案例的分析，我们亦可发现地方政府进口货物的逃税方式主要有三种：一是直接逃税，货物进口，载运轮船不报关，不纳税，闯关而过；二是货物进口经海关查验滞留海关时，则直接派军士前往强行起去；三是利用政府或者海关监督签发免税护照。通过这些资料，我们可以重新对民国海关监督在地方的作用与地位进行认识。这些材料亦可反映出不同时期湖北地方政治局势的变动。

还有就是江汉关与中央政府、地方政府关于关税的交涉的一些文件。比如接管常关的文件、辛亥革命时期关税交涉，以及南京国民政府时期的关税自主等。在这些历史实践中，江汉关留存了大量的档案文献，是对中国关税自主权由丧失到收回的历史见证。

另外，还有南京国民政府时期江汉关关于裁厘问题的相关文件。厘金是近代中国的一项主要财政收入，是针对内地贸易的一种征税制度。由于层层设卡，多重征收，征收官吏贪婪无度，加重了商民负担，不仅影响国内贸易，也对土货出口产生不利影响，成为近代中国财政的一项顽疾。裁厘加税问题早在 1880 年就开始酝酿，但由于各种原因一直未能实施。南京国民政府成立后，对关税行政进行了改革，裁撤厘金类税项，将主要关税行政归海关统辖。而厘金向来为地方主要收入，裁厘必然刘地方财政造成诸多压力。而从相关档案中我们也可以看到，湖北地方对裁厘的应对，即变换税种，继续征收，如换成各种税捐、特种税等。从中亦可看出，湖北地方政府与中央政府之间关于财政问题的博弈，而海关则是双方博弈的焦点。利用江汉关档案资料研究此问题尚需其他地方税务部门的相关材料予以配合，相互补充。江汉关还协助地方商民要求政府取消部分商品流通中的捐税，这样亦可促进货物流通，提高海关税收。

江汉关档案中有关海关、中央政府、地方政府关系的内容是研究近代中外关系的重要史料，也是研究晚清以来中央权力下移，地方与中央经济博弈的重要文献，具有极高的学术价值。

四　海关档案与环境史研究

近代海关业务包罗万象，除基本的征税、贸易监管、缉私等业务外，各海关还要对所在口岸的气候状况、卫生状况予以记载，并形成报告，即《海关医报》。《海关医报》是清末海关编撰的各通商口岸的医疗卫生报告，这份报告中有当地中外各人发生的疾病资料。[①] 海关通过这份报告可以对各口岸环境卫生情况进行有效的监测。通过这些报告我们可以对当地的医疗卫生状况有清楚的了解。

气候监测及医疗观察是海关为了监控通商口岸的环境状况，为西方人的身体健康提供参考而进行的活动，相关的记录后来被整理成《海关医报》[②]，《海关医报》对通商口岸的环境、水文、卫生状况等都有详细的记载，为医疗史、环境史研究，也为海关史研究的开拓提供了新的资料。通过对《海关医报》的数据进行统计分析，可以从医疗史、社会史的角度对通商口岸的气候环境和医疗社会进行系统研究。另外，通过对商埠珍贵的现代气候参数进行统计分析，可以了解这些商埠的若干气候变化特征，进而从中可以探索到西方"现代"医疗卫生观念和行为对于这些商埠的医疗观念和行为转变的作用。[③]

气候环境对一地居民的身体状况有着很大的影响。江汉关是我国最早进行气象观测的海关之一，1869 年 11 月 1 日开始小规模气象观测，现存最早、保存最完整的观测报告始于 1880 年 3 月。1881 年江汉关成立汉口测候所，开始进行气象观测。对当地的气压、气温、降水和湿度、风向、风力，荫蔽处日最高、最低气温，以及长江中午水位及 24 小时水位涨落等项目进行观测，并做了详细记录，形成档案。

---

① 佳宏伟：《清末云南商埠的气候环境、疾病与医疗卫生——基于〈海关医报〉的分析》，《暨南学报》（哲学社会科学版）2015 年第 6 期。
② 〔英〕哲玛森主编《海关医报》，国家图书馆出版社，2016。
③ 佳宏伟：《清末云南商埠的气候环境、疾病与医疗卫生——基于〈海关医报〉的分析》，《暨南学报》（哲学社会科学版）2015 年第 6 期。

　　江汉关气象观测站的特点是观测站点多、年代久，在气象观测中数据来源可靠、持续时间长且可进行量化分析。[①] 由于海关使用现代计量仪器，用科学的计算方式测量气温、降雨量，因此，得出的数据极具精确性，对研究地方环境史弥足珍贵。

　　江汉关医员还对汉口的一些疾病做了详细记载，从中可以观察到汉口居民中流行疾病数量的变化状况，管窥汉口当时的疾病和医疗状况。海关医员对一些医疗案例的记载，体现了汉口当地医疗卫生观念的变化和特征。

五　海关关员个人生活史研究

　　以往海关史研究侧重从政治、经济角度进行研究，我们应该从社会、文化角度来对中国近代海关史进行新的解读，以促进海关史研究。比如在海关人物研究方面，重视海关洋员的日常生活、婚姻、爱好、纪行、职业等社会文化生活方面。另外滨下武志先生提出了海关研究的新课题，倡议深入研究中国近代社会、经济、文化等，从这些角度对中国近代海关史进行新的研究。[②] 从社会史角度进行研究，也是海关史研究专题上的新开拓。

　　江汉关档案中有大量的江汉关关员的人事档案，以及他们从事的一些个人活动的记载，从中我们可以对海关关员的日常生活、社会经历、人事调动、学习与教育等进行详细的研究。

　　江汉关档案中有大量关于海关关员人事调动的档案，通过对这批海关关员履职履历的分析，我们可以了解江汉关内部不同部门之间人员的流动方向及其背后的历史背景，以及江汉关与其他海关关员之间的进出状况，进而对以江汉关为中心的海关人员流动的空间结构进行分析，以

① 宋律萍等：《近代湖北海关气象观测档案初探——以江汉关、宜昌关、沙市关为例》，《气象科技进展》2016 年第 6 期。
② 〔日〕滨下武志：《海关洋员回顾录和第二代海关史研究》，《国家航海》2016 年第 3 期。

探讨海关的人事制度。

另外，档案中还有大量江汉关关员个人日常生活的相关材料。如在江汉关税务司与江汉关监督的往来信函中，有海关关员人事调动过程中一些物品运输的相关记载，详细列举了某一海关关员在调往他处或者由他处调来江汉关时，在搬迁过程中所运载的个人物品，通过对这些物品的分析，我们可以了解这些关员的日常生活中的个人爱好、家庭状况等。从中也可以看出不同关员生活条件的差距、待遇的差异等。

另外，江汉关档案中还有一些海关关员平时进行的一些体育运动的记载，以及江汉关俱乐部活动的相关记载、汉语学习的记载。通过对这些档案的分析，我们可以透视海关关员的业余生活。

档案中还有一些海关关员参与地方灾害救助的相关材料，在救助水旱灾害中，海关关员也积极捐助物资、捐款，为灾民提供便利。从中，我们可以进一步探讨海关在地方社会所扮演的角色。

总之，江汉关档案内容庞杂，包罗万象，除进出口贸易状况外，还包含口岸及附近地区的经济、文化教育、人口、宗教信仰、市政、交通、环境、医疗卫生、政治、军事等各个方面。而且数据细致可靠，是研究近代汉口乃至长江中游区域社会变迁的珍贵资料。对湖北省档案馆藏江汉关档案的整理与研究，将会进一步促进近代湖北以及长江中上游地区社会史研究的发展与繁荣。

Study on Archives Collection of Hankow Customs in Hubei Provincial Archives and Local Social History

Zhao Haitao

Abstract: As an important force, modern Chinese customs almost ran through the whole modern history of China and witnessed the changes of modern Chinese society from a special point of view. In this historical process, customs accumulated a huge number of archival documents, which are of inestimable value to promote the study of local social history. Hankow Customs, as one of the four major customs in modern China, has accumulated in recent 90 years a large number of archival materials with great academic value, which are large in number, extensive in scope, complex and diverse in variety, and prominent in continuity, and are important historical materials for the study of local commerce, transportation, politics and diplomacy in modern Hubei province.

Keywords: Hankow Customs; Hubei Provincial Archives; Customs Archives

About the Authors: Zhao Haitao (1987 –), Ph. D. in History, lecturer, Faculty of History and Culture, Hubei University. Research interests and specialties: modern China economic and social history. E-mail: 360598650 @ qq. com.

中国茶与茶文化的国际传播

郝祥满　刘　娟[*]

摘　要： 茶是中国积数千年智慧开发的饮品，有深厚的中国文化和审美附加，故源于中国的茶品及饮茶文化能传播于世界，风靡于世界，丰富了世界诸多国家、民族的物质生活和精神体验。近代以来，中国茶的出口更是繁荣了世界茶市和茶业经济，推动了饮品工艺、社交礼仪的精进。中国茶品让世界分享的是多重体验，各民族在品茶的过程中不仅能感受到宁静的生活和身心的净化，还可以借助茶会、茶艺鉴赏等培养情操并营造和谐的社会环境，在茶道修验过程中提升审美境界从而获得精神的自由。

关键词： 中国茶　世界茶业　制茶工艺　品茶文化　茶道美学

源于中国的茶叶很早就开始传播于全世界，深受世界各国人民的喜爱。人们对于异国情调饮品与饮法的尝试，对美好生活和事物的向往，不断策动人们努力丰富物质生活，提升精神生活的品质，人们因此互通有无，成为共享美好文化、美好体验的共同体。

---

  *　郝祥满（1968— ），湖北大学历史文化学院教授，湖北大学中日社会文化比较研究中心研究员，电子邮箱：haoxiangman2010@ sina. com；刘娟（1981— ），湖北大学中日社会文化比较研究中心研究员，电子邮箱：1398952685@ qq. com。

一 茶是中国与世界分享的解渴解忧之物品

世界共享的茶源于中国，已为世界所公认，尽管印度、日本等国家和地区都有人主张其国家亦为茶的原产地，但尚未形成共识。然而，中国之茶在中国之内的原产地争论，声音颇大，尚未平息，或说源于湖北，或说源于云南，或说源于四川，一时难有定论。说茶源于湖北，在于巴人是传说中最早发现茶的。①

茶传播于中国之内、世界各地之后，由于发源地、出口地的不同，以及茶引进地、传播地众多等，茶的名称和读音长期不定②，唐以后汉字"茶"成为通用的名称。从世界各国语言"茶"的发音中可得到茶源于中国的印证，各国读音纵有差别，也是中国广东、福建、华北等各地方言发音的差别导致的。③

当茶因其物质功能（解渴、解毒、提神等）被人类认知后，茶树得以广泛种植，茶叶被采摘加工，花样翻新。茶因其物质功能在全球得以广泛播种，在植物世界的竞争中，作为一个物种，茶为人选择，为天选择，为自然选择。

因为得到以陆羽等为代表的文化人的喜爱，茶从单纯物质的茶转变为附载文化的茶，当物质的茶获得了文化的加持，其附加值也得以提升。

茶文化概念的形成，因《茶经》、茶艺、茶礼、茶会、茶道、茶人、茶具、茶室、茶亭、品茶、斗茶等概念的形成和传播而丰富和完备。茶文化的完备是在唐宋之际，陆羽《茶经》的撰成、流传是其标志；茶也是在这一时期开始走出中国，走向世界的。

或认为，"茶文化"作为一个"耳熟能详的名词和概念"，"是 20 世

---

① 关于中国、世界茶叶起源地，有多种说法，彼此争论，在国内有云南说、巴蜀说等，多以古茶树的分布为依据。

② 庄晚芳编著《中国茶史散论》，科学出版社，1988，第 1 ~ 14 页。

③ 庄晚芳编著《中国茶史散论》，科学出版社，1988，第 35 页。

纪 80 年代及以后的事情。也就是说，茶文化概念的出现是比较晚近的事件"①，这一结论放在中国或许有一定的道理，放在世界的视野，就值得商榷了。本文认为，"茶文化"概念的世界化，还得益于日本明治维新以来对"茶道"这一文化概念的推广。

茶文化本来就有，也就是说，"实"存在"名"之前，近代语境中的"文化"概念是 20 世纪以后才流行于中国的。而且，茶文化与茶文化概念的形成，无论是时间，还是形式，也是有区别的。

中国茶叶和饮茶文化在国内的输送和传播，东西扩散、南北贯通，各有特色。

中国饮茶风习与文化的东西传播首先乃因茶与水的密切关系，水之灵，让茶的种植东西拓展显得更为便捷和浪漫。其次，茶种植的推广与佛教寺院在全国名山的扩散有关。中国茶叶产地，以鄂、湘、皖、赣、闽、浙等省最为著名，以长江及其支流水域的分布最为集中，此特征之形成与各产茶地山水相连、气候相近有关。茶叶在云、贵、川等省也广为种植，历史悠久。中国茶继续向东，则茶种渡海播撒于日本、朝鲜、琉球诸国，茶文化浸润于和、韩诸民族。

茶和茶文化的南北贯通在很大程度上与政治、经济、贸易相关，茶很多时候是作为贡品和商品在南北间流通的。故许多"茶道"以南北走向为主，大约唐宋之际"榷茶"出现于边境贸易中，"以茶治边"成为此后历代专制王朝的民族政策②，茶逐渐成为中国边境民族的生活必需品，茶马交易往往茶贵马贱，中原王朝因此居于主导地位。

至于近代，北有晋商南下，东有徽商西进，进军鄂湘洋楼洞一带茶区。近年热议的"万里茶道"始于 17 世纪，南起中国福建武夷山，北至俄罗斯彼得堡，全长 1.3 万公里，是繁荣了两个世纪的著名国际商道。"万里茶道"是历史的产物，也是现今中蒙俄三国人民勤劳与智慧的

---

① 刘礼堂、宋时磊：《中华茶文化的源流、概念界定与主要特质》，《农业考古》2020 年第 5 期，第 8 页。

② 庄晚芳编著《中国茶史散论》，科学出版社，1988，第 164 页。

结晶。

南有"茶马古道",自印度缅甸北上,在中国境内连接川滇;又有广东茶商北上,进军汉口茶市,从 1861 年开始,汉口就聚集着大批广东香山商人。1868 年,汉口成立茶叶公所,以香山盛恒山、番禺张寅宾为主要负责人。盛恒山即盛世丰(1824～1895),是著名的茶商。

古往今来,在世界各民族中,舶来品对人们都有着强烈的吸引力,人们对于新奇物品和生活方式的着迷,以及对出产这类新奇物品的地方的心驰神往,推动了不同民族、不同文化间的物质与精神文明交流。例如,英国人曾经把茶叶亲切地称为香草,在 1657 年英国伦敦一家名叫加威的咖啡馆的海报里,英国人被告知:茶叶是四季皆宜的饮品,质地温和,卫生健康,"有延年益寿之功效","能让人身体轻快,提神醒脑"。

从改善人类生活品质的衣食住行四大元素中"食"的素材来看,香料、糖、咖啡、茶叶等,都先后成为不同文化融合、美美与共的媒介。人类在享用舶来品的过程中得到了无穷乐趣,在人类共享的以上"食"的素材,或者说舶来品中,茶是纯粹源于中国、共享于世界的珍品和"金桃"。

中国茶走向世界,不是以单纯的饮品去满足人们的口福,它同时承载着丰富的中国文化、中国艺术、中国礼仪、中国故事、中国审美、中国传统、中国价值观、中国生命体验等,去让全球越来越多的人体验。

中国茶可以让世界各民族分享美好生活,也即高品质的物质和精神生活。中国茶,之所以自唐宋以来便开始向周边输出,向海外传播,在于茶叶具备诸多功能,可消食解渴提升生活品质,可解毒除病养生振奋精神。宋明以来的"茶马互市"让农耕民族与游牧民族互通有无,建立相互依赖的关系,茶叶首先让中国周边民族体验到了精致的生活。茶叶诸多功能的张力和魅力,让它的声名从中国周边拓展到全世界全人类。

在东方,来宋求法开创了临济宗的日本荣西和尚(1141～1215),为生病的镰仓幕府将军源实朝献茶治病,并撰写了《吃茶养生记》,以茶作为媒介,向日本传播了中国的养生文化、礼仪文化、修身文化,从此,茶文化在日本广泛传播并实现本土化,成为日本文化、日本精神的重要元素。

或曰："何以解忧？唯有杜康。"其实，人们往往"借酒消愁愁更愁"，而饮茶真正能够让人解忧、超脱，这是茶文化丰富的激励、启发功能所赋予的。中国古代茶书深入探讨了茶的审美趣味和德性伦理，这将在下文中探讨。在西方，由于熟悉了中国茶的医疗等诸多功效，英国、意大利、法国、荷兰、俄罗斯等，从医生和社会名流，到普罗大众，争先饮用茶叶。对于欧洲平民来说，"唯一能为他们软化干面包的就是茶"。茶在18世纪成为英国人生活中的必需品，茶叶成为中英贸易最重要的物品和商品。英国商人贩卖中国茶叶的暴利，让美国、俄罗斯、日本等国纷纷加入茶叶贸易的竞争之中，中国茶叶输出之路于是乎四通八达，达于万里之外的世界角落。

二　中国茶叶出口促成世界茶叶贸易与制茶工艺的竞争

可以作为食料、饮料和药材的茶叶，作为珍品被中国人发现并栽培，最终作为"金桃"赠予世界各民族，这体现了中国人的智慧、道德，也体现了中国利他的共享精神。

向东，茶叶早在唐代就出口日本，传说来唐求法的高僧最澄、空海先后携带茶叶、茶籽回日本种植。[①] 向西，明末时经荷兰人、英国人输入西欧的茶主要是福建的武夷茶，故茶的英文"tea"正是武夷茶的古语音。

茶叶是中国自利之宝货，自古以来茶业就是中国农业、经济、财政的重中之重，茶叶出口、"茶马贸易"成为古代中国维护宗藩体制的主要手段，茶叶贸易出口成为联系中外关系的纽带。特别是北境汉族与北方各民族间的"茶马贸易"，监管极为严格，朱元璋的女婿欧阳伦出使西域，挟带私茶出境，被判处死刑。13世纪，因蒙古人的西征，茶叶及饮茶风习传

---

① 滕军：《中日茶文化交流史》，人民出版社，2004，第23～30页。

到了亚洲西部。因为蒙古等西北、西南周边民族饮茶成习,明朝甚至推行了"以茶制夷"的经济外交政策。

茶传入欧洲后,饮用的人越来越多,到 18 世纪以后,美国人、俄罗斯人先后养成了饮茶风习,成为茶叶消费大国。海外茶叶消费市场的扩大,也促使中国出口茶叶品种和产量的增加,除绿茶之外还出现了白茶、红茶、黑茶、花茶等。

至清代,茶叶长期是中国出口最多的商品,曾长期占出口总值的 80% 以上,广州、恰克图成为南北两大出口口岸,并因茶叶贸易而繁荣。

中国茶叶也是中国利他的珍品,如茶叶、丝绸、陶瓷、漆器,中国为全人类贡献了举不胜举的珍品,通过中外商人的交流,这些珍品及其负载的中国艺术、生活方式和文化习俗,传输给了邻国,传播至全世界。特别是唐宋帝国的博大宽容,招徕了各民族的商队,唐宋以来中国造船技术、航运知识的发达便利了八方来客。商人们特别是中国商队,开拓了联通东西方世界的商路和海路,茶叶以及丝绸、陶瓷,唐宋时代在东亚地区贸易流通,明清以来扩散到欧美世界。

中国茶叶出口,繁荣了丝绸之路、茶叶之路沿线的许多中外城市。

境内的城市例如汉口,作为长江水系的重要水运码头、商品集散地,商贸日益成熟,汉口的开关和开放,大大影响了两湖地区通过"茶马古道"外运的红茶、砖茶,沿古道的产茶区如羊楼洞、大溪洞,茶叶流向发生变化,汉口发展成为"东方茶港"。

再如境外的俄罗斯伊尔库茨克市,因茶叶贸易而兴盛,因处于"茶叶之路"的节点而使它成为"西伯利亚的心脏""东方巴黎",成为西伯利亚最大的工业城市、交通和商贸枢纽,使它具有大都会的风范和文化底蕴。富裕的茶商成为该城市发展的中坚力量,塑造了城市的面貌,遗留至今的上千处历史建筑,都来自几个世纪的茶商们的营造。俄国茶商因此"茶叶之路"而富裕起来,成为新贵族。

18 ~ 19 世纪,在资本主义世界,一些商人见利忘义,为掠夺黄金白银而输出鸦片,让毒品在中国泛滥,而此时中国向世界供给的却是净化人类生活与精神的茶叶与丝绸。茶叶贸易促进了资本主义市场的流通、英美的商业竞争和世界工业化进程的加速。

中英茶叶贸易是引发 1840 年鸦片战争的重要原因，因为中国垄断了茶叶生产和出口市场，英国东印度公司自 1699 年获得茶叶经销特许以来，虽然获利，但支付大量白银，故以走私鸦片来弥补贸易赤字。在 19 世纪世界茶叶消费市场扩大之时，英国东印度公司为突破中国"独占之世界茶叶市场"①，又在印度、锡兰等处开辟茶园，试种从中国盗取的茶种、茶树，仿制并研制茶叶。19 世纪 60 年代以来，随着中国茶叶出口的垄断地位被英国东印度公司等机构打破，中国茶种和种茶技术、制茶工艺的传播促成印度、斯里兰卡（锡兰）、日本、英国、俄国等世界各地茶叶种植、茶叶加工、茶叶品鉴等产业和工艺的形成，世界茶产业、茶工艺文化、茶叶标准因此丰富。

19 世纪末，当世界茶叶市场日益繁荣，新的产茶国不断涌现，国际茶叶出口竞争激烈之时，中国茶业却在衰落。当然，世界茶业竞争也推动中国茶业近代化和近代工业化的发展。

中国输出的茶叶，培养了世界各民族的良好品位和审美情趣。自唐宋以来，对茶的品鉴和茶具的鉴赏，由中国而东方诸民族，由东方而全世界，建构了人类共同认可的审美情趣、共同接受的生活方式，中国饮茶风习被全球广泛接受凸显了中国文化的软实力。

中国茶的国际传播，不仅仅是茶叶的传播，也是中国文化的传播，不仅是中国生活方式和传统观念的国际化，也是中国智慧的国际化。饮茶不仅作为异国风情而迷倒世界其他民族，更以其文化为世界保存丰富的物质和精神遗产。

三　中国品茶文化丰富世界美好生活的体验

中国茶负载的文化让世界越来越多的人分享了美好的精致的生活体验。美好生活、幸福生活，不是用物质的数量来衡量的，幸福是一种美

---

① 吴觉农、范和钧：《中国茶业问题》（上），商务印书馆，1937，第 2 页。

好的愉悦的生活体验，充实的直觉便是一种满足感，满足感也是一种心理自我暗示。道家的"知足常乐"也是一种自我暗示，以朴素的物质满足放下无底无节制的欲望；中国禅宗与茶之结合形成"禅茶一味"的茶道精神，让茶人通过参悟"日日是好日"等公案（或者说中国话语），自我暗示，这是自悟自足的自我提示。孔子所说的"饭蔬食饮水，曲肱而枕之，乐亦在其中矣"，也就是这种感觉。中国茶道文化宣讲的目的就是教人学会享受朴素的生活，觉悟到"平常心是道"。茶文化生活的清淡隐逸追求解决人类物质追求中的悖论。能让主客在"众里寻它千百度"之时"蓦然回首"发现幸福、感觉生活的美好，这可以说就是觉悟、得道了。

中国茶文化让世界分享了仪礼、修养之美。茶文化世界传播提升了世界精神文明水平，特别是在教养文化方面，唐人陆羽将饮茶从禅林推广到世俗生活，之后发展到生活茶，民间用茶来做饮品，再用茶来招待客人，其中就包含着禅宗和寺院待人之道（礼仪和修养等）的普及和世俗化。

茶的礼仪化、程式化，使喝茶本身显得优雅起来，品茶使日常生活显得精致起来。中国茶人如陈元辅便在其《枕山楼茶略》中强调，烹茶一事不可"付之童仆"，他人的"粗疏草率"，"在我莫尝其滋味。吾愿同志者勿吝一举手之劳，以收其美"。① 此论对日本茶人深有启发，以致被广泛传抄。

日本、韩国、越南等国早就在津津乐道中国茶的故事、茶人的飘逸，移植中国茶种茶树，研制各种茶品，模仿中国茶道的礼仪做法形成本土化的茶艺，茶文化在这些国家丰富起来，品茶又多一份异国情调、远方的神秘。且以日本为例，看看世界各民族是如何分享茶文化的。

重视仪式感的日本，其茶道之源头在中国，在中国禅林和名山。唐人陆羽，字鸿渐，生于复州竟陵（今湖北天门），所撰《茶经》建构了中国茶学、茶艺与茶道，影响极大，被尊为"茶圣"，该书 12 世纪末由

---

① 曹建南：《陈元辅〈枕山楼茶略〉和日本煎茶书》，《农业考古》2020 年第 5 期，第 148 页。

日本天台宗僧人荣西带入日本，故日本亦尊奉陆羽为日本茶道之圣祖。[①]

此后中国历代的茶书均被日本人看重，如北宋蔡襄的《茶录》、毛文锡的《茶谱》，乃至在中国名不见经传的陈元辅（生卒年不详，大约生于1656年），其《枕山楼茶略》一书也在日本和琉球传抄、刊刻、扬名[②]，这固然主要是因为部分江户时代的汉学家仰慕中国，而中日之间又很少有文人来往，日本此间难得见到中国学者，也是因为江户时代日本注意搜集中国典籍，书籍成为抢手的商品，而琉球商人和中国商人也爱在中日之间贩运书籍。

日本禅宗爱参"文字禅"，故中国禅宗的语录、典籍等在日本广为传抄，中国禅宗的公案、文句、概念、名词融入日本语境、日本语言思维中。日本人口口相传的"茶汤"一词，出典可见于宋朝高僧宗赜的《禅苑清规》之卷一"赴茶汤"、卷五"知事头首点茶""众中特为煎点"等讲礼仪之篇。日本禅僧圆尔辨圆（1202～1280）自宋朝带回茶种的同时，也将《禅苑清规》带回日本，并奉为准绳，《禅苑清规》很重视茶礼在禅修过程中的作用，此乃日本茶道礼仪之起源。

用以待人接物的茶与丰富中国道德的茶文化，最讲究"和"与"敬"道德原则，中国俗称"礼仪之邦"，就是基于"礼起于饮食"的认知，基于对饮食等本能的生活细节的规范和讲究。礼表现为人们日常规范的良好的习性，人们用精美的饮食侍奉神鬼，礼遇人客，营造和谐的氛围。敬，就是要通过一定的仪式示人以礼，示人以郑重，敬的最高的境界就是道家的"无心"之敬，没有矫揉造作和装腔作势；此即佛教（禅宗六祖惠能）的"来去自由，通用无碍"；亦即儒家（孔子）所谓的"七十而从心所欲不逾矩"，是由自律养成习惯而后形成的内外和谐、天人合一的"自由王国"。

对茶文化的接受，让日本更加关注中国文化，从天目茶碗、建盏等

---

① 郝祥满等：《荆楚漆艺、茶道、插花道艺及其审美对日本的影响》，载李佑才主编《荆楚文化与中华文明》，湖北人民出版社，2020，第230～232页。
② 曹建南：《陈元辅〈枕山楼茶略〉和日本煎茶书》，《农业考古》2020年第5期，第148页。

茶具，扩展到顶像画、书法墨迹、诗义典籍、点心、园林、建筑等。

日本的茶诗极多，因为将中国饮茶风习和茶文化在日本广为传播的是来宋元求法的禅宗僧人，加之中日"禅茶一味"的共同体验，故日本禅宗僧人写的茶诗极多，例如禅僧义堂周信编辑的《重刊贞和类聚祖苑联芳集》，"共收录宋元茶诗二十七首"，如晦堂祖心《采茶示众》、灵叟道源《采茶》、橘洲宝昙《煎茶》、石田法熏《化茶》、柏堂南雅《送新茶上丞相》等①，从中可以反映宋元的茶文化和茶风俗。

明治时代，日本艺术家冈仓天心积极向欧美介绍茶文化、日本茶道，撰有《说茶》（或译为《茶之书》）一书。这在一定程度上宣扬了中国文化。

与集体主义、形式主义的日本人不同，俄罗斯人、英国人、美国人、德国人、土耳其人、印度人、斯里兰卡人接触并爱上茶叶之后，都在引进中国饮茶风习的基础上，发现了适合自己的享受方式。如英国人，不像中国人品茶那样看重茶的纯正、清香和甘苦，而是随心所欲地加入了糖、牛奶或柠檬等不同的本土饮品，混合饮用。又如美国人，虽然较多保持了对绿茶的喜爱，和中国人爱热饮不同，他们加入冰块饮用。

四 中国茶道美学提升世界审美修养境界

中国茶文化体现了中国人的价值观，丰富了中国哲学和审美，采茶、烹茶和品茶的过程让中国人体验到了儒道佛各家追求的"自由无碍""从心所欲"的生命境。②

隋唐以来，中国茶文化就开始随中国化的佛教向海外传播，不断向世界讲述着高尚、美好、自由的中国故事。中国茶人的故事、茶功能的意象，早就传播到东亚各国，丰富了日本朝鲜等民族的中国意象，也丰富了东亚各民族的文化，并衍生出了日本茶道、朝鲜茶礼。他们都爱比

---

① 纪雪娟：《〈重刊贞和类聚祖苑联芳集〉所收茶诗辑释》，《农业考古》2020 年第 5 期，第 153 页。

② 郝祥满：《禅的生活体验与日本茶道精神》，载黄夏年主编《禅宗文化研究》（下），大象出版社，2013，第 569～585 页。

拟中国，陆羽因其《茶经》被中国人尊为茶圣，日本临济开山祖师荣西以其《吃茶养生记》成为"日本的陆羽"。日本茶室神龛高悬中国宋朝高僧的顶像、写真与诗偈。近代日本为标榜"文明开化"，甚至将"日本化"的茶道作为向欧美展示的日本国粹。

中国茶文化之审美情趣，包括行为之美、艺术鉴赏、意境营造等诸多方面，烧水、点茶、待人接物，在东方文化中就是一种行为艺术。采茶、烹茶和品茶，是中国禅师与文人的雅趣，这可从雪窦重显《送新茶》、丁谓《送龙茶广惠》等写茶的诗文中反映出来。丈室之中，壶中日月，杯中乾坤，充满东方的浪漫主义情趣的审美意象。"且吃茶去"，放下，觉悟，也是一种通透的审美境界，中国茶文化不仅教人学会接纳和包容，赵州和尚教人喝一杯茶犹"一口喝尽西江之水"，就是要人发挥饮茶的想象力，借助这一想象的空间培养包容精神，大肚能容，能容天下之事。中国茶文化教人学会珍惜和关注当下，使人们在一品一啜中觉悟到"日日是好日"。

中国茶文化之生命体验，在于饮茶从贵族、寺院的文化体验拓展到大众化、平民化的生活体验，在于日常生活的审美化、单调生活的仪式化。中国茶人讲究"茶禅一味"，饮茶、习茶亦习禅办道，点茶、品茶成为修行、悟道的手段。中国化的佛教禅宗强调佛法不离日用，日用的点茶待客因此成为修行的重要手段。禅僧马祖认为："行住坐卧，应机接物，尽是道。"中国茶道的一切"做作"，不仅仅是一般的待人接物而已，而是一种修养方式、"办道"手段，通过日常的生活方式来修身，使人们克服言行举止中的散漫之心，达到了"放下"的自由境界。

中国茶文化对于社会生活的美化，在于茶室、茶馆等公共空间的营造和开拓，清逸、高雅、温和之茶对公共空间和公共文化的丰富，远远高于咖啡、啤酒等西方饮品。中国茶叶茶品的国际化，在世界各国也经历了"奢侈品转型"的风潮，即"从珍稀品、奢侈品转变成工业化生产的大宗日用品"的过程。① 作为"异域奢侈品"的茶叶进入欧洲，在 17

---

① 舒瑜：《茶税、等级与现代世界体系——试论清末到民国的边茶与印茶之争》，《中央民族大学学报》（哲学社会科学版）2017 年第 3 期，第 101 页。

世纪早期只出现在贵族、上层社会的盛宴中，成为维护其社会等级身份的手段，最终因工业化的生产销售而渗透到全社会，成为流行的饮料、平民化的享受，帮助欧洲市民缓解生活压力，咖啡、啤酒则助长市民"纵声喧哗"，乃至狂欢宣泄，故 18 世纪以后的英国咖啡馆、啤酒馆里开始兜售茶品，英国妇女甚至发起抵制咖啡的运动，认为咖啡带坏了英国男人，让他们彻夜不归，需要茶来镇定。久而久之，英国人爱在下午喝茶，下午茶因习惯而仪式化，成为英国的饮茶模式。

欧美培养出欧化的饮茶方式、审美观和礼仪，中国茶文化再次发出新芽，此所谓世界文明互鉴。

基于中国茶和茶文化对世界的贡献，在全球化、全球共享的现代世界，中国人更应全面审视茶叶与茶文化沟通不同民族方面的融合功能。温和的茶叶与精致的茶文化早已成为中国传统文化、中国精神、中国故事的载体，中国茶文化的丰富体现在广义的茶文化上，它包括工艺制作、建筑文化、园艺文化，以及文学、绘画、表演、宗教等诸多领域。国际间的物质交换负载着不同民族的精神文明，在交流中有冲突，冲突中有融合，但共享美好生活始终是推动人类文明融合、人类命运共同体建构的动力。

Chinese Tea and the International
Spread of Tea Culture

Hao Xiangman　　Liu Juan

Abstract: Tea is a beverage developed with thousands of years of wisdom in China. It has a profound Chinese culture and aesthetic attachment. Therefore, tea products and tea drinking culture originating from China can spread to the world and become popular in the world, enriching the material life and spiritual experience of many countries and nations in the world. Since modern times, the export of Chinese tea has prospered the world tea market and tea economy, and promoted the improvement of beverage technology and social etiquette. Chinese tea products share multiple experiences with the world. In the process of tea tasting, all ethnic groups can not only feel the quiet life and purification of body and mind, but also cultivate their sentiments and create a har monious social environment by means of tea parties and tea art appreciation. In the process of tea ceremony cultivation and experience, they can improve their aesthetic realm and gain spiritual freedom.

Keywords: Chinese Tea; World Tea Industry; Tea-making Process; Tea Tasting Culture; Tea Ceremony Aesthetics

About the Authors: Hao Xiangman (1968 –), professor at Faculty of History and Culture, Hubei University, researcher of Center for Comparative Studies of Social Culture Between China and Japan, Hubei University. E-mail: haoxiangman 2010@ sina. com; Liu Juan (1981 –), researcher of Center for Comparative Studies of Social Culture Between China and Japan, Hubei University.

中法高等教育合作的
"跨文化"问题探讨

——以中法高校师生交流为例

刘天乔　张　瑾*

摘　要： 在中法高等教育合作的过程中，由于两国文化、制度以及高等教育体系之间的差异，"跨文化"问题一直是两国师生交流时所面临的关键问题。中法双方需要秉承开放与包容的态度和强烈的沟通意愿，通过双方的不断交流和相互学习，共同致力于调适双方各自的差异，从而最大限度地寻求共性，促进中法高校合作的顺利进行。

关键词： 人文交流　中法高等教育合作　跨文化

高等教育国际化是建设世界一流大学的主要途径和重要内容之一，促进高校之间的国际交流合作也因之成为各国高校的一项重要工作。然而，由于每个国家文化、制度及交流人员的心理等各方面差异，在高校国际合作的过程中，如何处理"跨文化"的问题，成为长期以来研究中外高等教育合作的学者高度关注的焦点，其目的在于科学解决国际合作中的"文化隔膜"，进而更加顺利地进行跨文化对话，共建学术共同体。

---

* 刘天乔（1987— ），博士，湖北大学历史文化学院讲师，主要从事中法人文交流研究，电子邮箱：liutianqiaoorange@126.com；张瑾（1990— ），博士，北京交通大学语言与传播学院讲师，主要从事法语国家与地区研究。

　　高等教育合作中的深层次问题，本质上是文化的交流，反映在师生交流的层面上，即不同文化之间的对话。不同的文化主体在追寻共同目标的合作过程中，需要跨越彼此之间的差异，以寻求共识。而在双边合作中，了解对方，承认差异，并通过调整自己来适应对方，最终达成共识，在这一整个过程中首先要做到的就是了解并熟悉对方的文化和价值取向，并与自己国家的情况进行比较和分析，以寻求最大的"公约数"。

一　高校教师之间的跨文化沟通

（一）　合作筹备阶段

　　要想开展和建立良好的合作伙伴关系，双方教职人员之间的交流互访至关重要。为了提高合作的成功率，要先对合作对象进行调研，除了对合作伙伴的教育质量等硬件条件进行考量之外，还要对双方在跨文化方面的差异有比较深入的了解。在中国和法国高校教师或行政人员进行互访之前，准备工作必不可少，但有时中法之间的文化差异，会导致合作筹备者在某些方面的观点不同，仍然会在一定程度上影响沟通的效率。比如，时间观念作为文化深层结构中的重要组成部分，无意识中影响了人们的观念和行为。人们在交往的过程中，很自然地就会觉得自己根深蒂固的时间观念和自己对时间使用的方式是理所当然的，并由此推断到其他人也是如此。以武汉大学和法国巴黎七大的合作过程为例。武汉大学和巴黎七大计划于 2018 年 5 月在武汉大学举办"中法天空意象"国际研讨会，在这之前，双方教师一直在通过邮件的方式商讨研讨会的筹备工作。从 2017 年开始，巴黎七大文学系贝纳黛特·布黎谷（Bernadette Bricout）教授便开始积极地与中方教师联系，她出于对未来较强的焦虑感，希望能尽早确定一个详细计划，包括研讨会的具体时间、地点、出席人物以及每个人即将发言的主题等细节，并在之后的一年里依此计划按部就班地开展工作；但是对于中方教师来说，并不习惯制订远期计划，因为他们注重"顺其自然"，认为计划赶不上变化，因而不能在提前一年的情况下将细节定出来，而应该先将大致计划提出，双边各自分配工作，并在接下来一年的时间里逐步应对随时可能产生的变化。因为在中国人的时间观念里，这并非缺乏计划的表现，反而可以说这种方式对未来工作安排的灵活性更高。

中法双方对于计划的态度，反映出中国文化环形时间观和法国文化线性时间观之间的差别。跨文化传播（交际）学的奠基人爱德华·霍尔（Edward T. Hall）在他的《超越文化》（*Beyond Culture*）一书中，分析了各个国家的文化特点，并对它们进行了对比与分析，从而提出了某些关于"时间"的理论，给日后各国在实际中的交往提供了参考，产生了深远的影响。① 其中有一个理论说明，不同文化中使用时间的方式可以分为两种：单向时间习惯（Mono-chronic）和多向时间习惯（Poly-chronic）。简要概括两者特征，即单向时间习惯是指将时间视为线形，就如一种可以被分段的实体，把时间分成若干段，在一段时间内只做一件事，这就是大多数法国人的时间习惯和行事方式。而多向时间习惯则把时间看作一个整体，在一段时间内可同时做多件事。前者比较严谨，将日程、期限放在最优先考虑的位置，倾向于严格按计划行事。后者则更加讲究时间运用上的灵活性，主张根据实际情况适时调整计划②，中国人就是如此。彼此只有观念差异，并无优劣之分。

虽然中法之间存在时间观念的差异，但因为双方始终秉持着求同存异的积极沟通态度，所以最终在提前列定工作计划这一方面，贝纳黛特·布黎谷教授逐步理解了中方的做法，并做出了让步。在之后与武汉大学的合作中，她不再强调提前制订详细计划的必要性，因为她已充分了解到中方在合作过程中所反映出的时间文化特点，知道提前一年甚至半年与中方制定具体安排的可能性较小，并对此表示理解，彼此之间再也没有对这个问题产生过分歧，合作过程越来越顺畅。

---

① 〔美〕爱德华·T. 霍尔：《超越文化》，居延安等译，上海文化出版社，1988，第 127 页。
② 武桂杰：《霍尔与文化研究》，中央编译出版社，2009。

(二) 外事接待阶段

沟通问题除了会发生在不了解对方文化的情况中，有时双方都接触过对方文化，却仍然会发生分歧，在外事接待方面尤其容易出现这类问题。例如，在通常情况下，按照中国自己的传统礼节，有朋自远方来，谈完公事以后，会安排宴请。但在一次法国洛林大学的副校长卡尔·汤布 (Karl Tombre) 来武汉大学访问时，由于中方教师事先了解过法方的行程安排，发现安排十分紧密，访问完武汉大学之后还有下一个目的地，考虑到法方教师向来讲究工作的高效率，便没有安排宴请。而卡尔·汤布由于之前与中方高校有过合作，对中国文化以及中国的传统接待客人方式较为了解，便以为中方会安排晚宴，并做好了出席晚宴的准备。当卡尔·汤布率团参加完访问活动以后，双方才意识到自己对对方的行为做出了不一致的预测。这反映出不同文化背景的沟通应充分考虑细节。

从沟通的角度来讲，文化之间的差异，实际上是由沟通双方在各自的符号编码方面不同，或者在解码方式方面的不同造成的。在沟通的过程当中，若是彼此对于对方的文化完全不了解，则一定会出现依据自己一方的情况去猜测对方的情况。[1]

但是，如果彼此对于对方文化提前进行了详尽了解，并且在假设对方编码或者解码方式不变的情况下，而刻意地让自己去根据彼此文化做出改变，双方都让自己迎合并适应对方，即发送方甲把自己的编码方式调整或变换为接收方乙的，同时接收方乙也把自己的编码规则调整或变换为发送方甲的，此时符号编码和编码规则的差异问题仍然存在，只是换了一种方式。[2]

这就导致了逆文化迁移现象的发生，即并不是进行交流的彼此对对方文化的不了解或疏忽，而正是由于对对方文化有一定程度的了解，而

---

① 李峥：《文化差异对跨文化沟通的三种影响》，《海外英语》2012 年第 10 期，第 277 ~ 278 页。

② 胡翼青、吴欣慰：《双面霍尔：从编码/解码理论出发》，《河北学刊》2016 年第 5 期。

在双方交往的过程中，同时放下了自己的立场，而站在了对方的角度，选用了对方的立场，使符号编码和编码方式出现了另一种新的不同。这种现象与跨文化沟通中的文化迁移很相似，但却是以反向的形式显现出来，所以被称为逆文化迁移。[①]

要想让双方变得一致，必须要做到保证彼此之间一方的编码或解码规则不变，而另一方对自己的规则进行主动调适，即双方同时一致采用甲的方式，或同时一致采用乙的方式，又或者双方都放下自己的规则，而重新经过探讨后确定采用新的丙规则时，双方的交流与沟通才可以无阻碍地顺利进行。

因此，有时即使对对方文化特征做了详细的调查和了解，也不一定能完全避免沟通的障碍。这需要双方始终保持求同存异的强烈沟通意愿，只有这样才能保证彼此交往的顺利进行。

（三）　教学阶段

在中法高等教育的合作交流中，合作的双方同时面临如何与具有不同文化背景的人沟通交流的问题，这一问题在教学阶段显得尤为重要。尽管存在双方大致认可的价值观念与道德框架，中法双方的师生仍然在日常生活习惯、互动规则，乃至价值取向和社会规范等诸多方面存在差异，比如法国的同班学生每天课前通常会相互握手或行贴面礼问好，而对于中国学生来说并不习惯于这种礼仪规范。当然，这种文化差异并不局限于教育领域，但这种文化差异对高等教育交流合作带来的阻力却不可忽视。

具有不同文化背景的人们在交流时，通常在文化身份重构的过程中显现出文化反思、文化自觉、文化认同和跨文化认同四个阶段[②]，而文化反思和自觉的启动，通常需要一定的契机，尤其是对成长于内向型社会的中国学生而言。在教师与学生，以及学生之间的互动过程中，直面文化差异，需要建立在双方平等、互相尊重的基础之上；而在具体问题

---

① 〔美〕拉里·A. 萨莫瓦尔、理查德·E. 波特：《跨文化交流》，北京大学出版社 , 2004。

② 刘海平主编《文化自觉与文化认同：东亚视角》，上海外语教育出版社，2008，第 73 页。

的处理上，尊重的体现往往又具有很高的灵活性。例如，巴黎十一大工程师学院的一位教师帕特里克·德拉麦尔（Patrick Delamaire）在其教学过程中，就充分展现出对多元文化的理解和把握。由于班上同时有法国学生和来自中国的留学生（比例大约为5∶1），他在市场销售这门需要很多表达和沟通技巧的课程的分组作业中，把中国学生随机地和法国学生分在一组，并在课堂上向法国学生嘱咐，"同学们，你们应该感到庆幸，在这里你们不出法国就能接受国际化的教育。这是因为，来自中国的同学们，和你们非常不同，这是难能可贵的学习机会，要知道，你在工作中要学会的第一件事，就是如何和不同的人打交道。当然，这一点，对中国同学也是一样。因此，请你们珍惜彼此合作机会"。在他的安排下，不只是法国学生从中国学生那里取长补短，中国学生也失去了惯常的"抱团"机会，可以独立地直面陌生的法国同学。而在另一门项目管理的课程中，同样需要分组教学，他却没有强制要求法国学生和中国学生交叉组队，而是让大家自由组队。这是由于他认为项目管理中涉及太多细节方面的交流，如果强制中法学生组队，可能会因为沟通问题而影响最终的项目进度。他甚至建议中国学生如果认为自己的法语有一定困难，可以优先考虑和中国学生组队，在最终答辩评审时会酌情考虑。学期结束后，帕特里克·德拉麦尔教授的教学方法受到了中法两国学生的普遍欢迎，学生们在学到了知识和技能的同时，也增进了相互的了解，开始向跨文化认同的阶段迈进。

因此，在中外高等教育交流中，具有国际视野和多元文化背景的教师，将发挥重要的催化作用。加强中法双方参与教育合作教师的培训，使其在工作中能灵活地处理不同文化可能带来的问题，将更有利于教育合作的开展和成功。

二　学生之间的跨文化交流

留学生一旦踏入异国的国门并在大学里注册，就开始面对语言、生活方式、社会制度、教学组织等各方面的差异。由于同时兼有外国人和学生的双重身份，应该如何应对陌生的社会环境，并以何种姿态来面对不同的语言、风俗、意识形态和社会规则，是留学生迫切需要解决的问题。柯索托（M. Soto）对留学法国的墨西哥学生做了一个研究，很好地体现了在新的社会和学术环境中，外国学生跨文化体验的不同方面。① 该研究通过对学生进行半开放访谈的模式，来分析外国学生在法国生活经历中的心理情况，作者强调了在法国留学的初期会发生的两个强烈而痛苦的时刻：一个是融入法国社会时的困难，另一个是对法国学术体制的不适应。

当然，无论是留学法国的中国学生，还是留学中国的法国学生，都将面临这一问题。现阶段，由于中法高等教育交流的主体是赴法的中国留学生，所以我们将从社会生活和学术制度两个方面，对留学法国的中国学生进行深入剖析。

（一）　社会生活的融入

1. 生活适应

对于中国学生来说，刚刚抵达法国是一个特殊的时刻，学生往往内心充满好奇，以及对未知的少许不安，这一经历在他们的记忆里有着重要的位置。中国学生大多成长于在国内被称为"4，2，1"（"4"是指祖父母和外祖父母，"2"是指父母，"1"是指自己）的家庭之中，与西方国家的青少年相比，中国学生长期以来是在长辈的呵护中成长的，自主性相对较弱，处于"过度保护的茧"中。② 法国鲁昂大学 2013 年对在法国学习的中国学生做了一个调研和访谈，接受采访的中国学生们回忆了自己在法国学习生活上的困难以及家庭在其成长中所产生的影响：

> 在中国，由于高考的压力，我们在中小学阶段只需要学习，而其他事情如烹饪、清洁等都不会做，因为父母和祖父母会帮助我们。

---

① A. M. Soto de, Faire des études supérieures à l'étranger, une expérience transitionnelle, le cas des étudiants boursiers mexicains en France. Thèse de doctorat, Université Paris X, 1984, p. 26.

② L. Blaise, « Les enjeux des études en France pour les Chinois : quelques éléments de réflexion ». Les cahiers de l' ASDIFLE n°18, 2006, pp. 39 – 47.

在这里，离开了家庭，我们必须学会独自生活，有很多东西需要学习，比如去银行建立账户，去警察局办理居留证等。在中国从没遇到过这些事，当我们来到法国也不会有人教我们怎么做，我们必须自己做所有的事情。在来法国之前，法国是一个非常美好的梦乡，而来了法国以后，我们必须面对现实。(Chen)①

媒体长期以来所宣传的"欧洲梦"，激发了大家对法国的美好想象。② 法国作为西方发达国家的代表，尤其是其在文化领域的杰出表现，比如音乐、影视、美食等，使人们提到法国都会想到浪漫的巴黎生活。然而，生活中除了浪漫，更多的是各种琐事和麻烦，比如你得自己去办理电话卡和宽带服务，自己打理保险和寻找住房等。对于在国内有过寄宿经历的学生来说，独立生活的压力相对较小，而对从未离开过家庭的学生而言，这往往会极大地消耗其精力，带来一系列负面的连锁反应，比如因为找房等事情而未能按时完成学习任务，影响后期的学业等。

2. 语言鸿沟

对于留学生来说，生活上遇到的问题会因为语言上的障碍而被放大。虽然大多数中国学生在前往法国之前都经历了或长或短的法语集中培训，但对大部分学生而言，这是远远不够的。从语言上来说，在中国学到的法语和法语母语人士用语之间的差距，是中国学生来到法国学习时遇到的首要困难：

当我到达法国时，坦率地说我认为在中国学到的法语与在法国时听到的法语是不一样的。虽然在中国已经学了法语，但当我在法国时，我却不能听懂法国人说话，更害怕自己说话了。刚来法国时感觉自己像一个聋哑人。(Laurence Vignes)

---

① Laurence Vignes, «Témoignages d'étudiants chinois à l'université en France : de la culture d'enseignement / apprentissage aux stratégies personnelles». Synergies Chine n°8, 2013, pp. 125 – 135.

② L. Blaise, «Les enjeux des études en France pour les Chinois : quelques éléments de réflexion». Les cahiers de l' ASDIFLE n°18, 2006, pp. 39 – 47.

语言问题一般表现在四个方面。第一，国内法语培训往往不得不从最基本的语法学习开始，虽然也会有相当部分的口语对话训练，但所接触的情景仍是非常有限的。即使在一些中法合作办学机构中，会引入法国外教参与教学，但学生和外教的交流往往以课堂上的理论知识为主，所接触的主要是所谓的"学术法语"，基本上都是书面用语甚至某些学科或专业的专用词语，而很难就生活中常见的句型和词语进行运用与交流。第二，在日常生活中，法国人的语速较快，不同地区还有各自的"方言"，年轻人之间更有很多俚语和流行语，这些都很难在书本中见到，这也是中国学生对法语理解的一个主要障碍。第三，在某些情景下，比如打电话时，由于缺少非语言的交流线索，比如面部表情、手势和身体姿态，从而对中国学生的语言水平提出了更高的要求。第四，语言其实和文化有着密不可分的关系，文化背景的差异会进一步加剧语言沟通上的障碍。由于中国和法国学生成长的环境不同，所接触的音乐、电影、文学、民间故事等文化元素有着极大的差异，经常会出现"聊不下去"的尴尬局面，比如一个中国学生可能对三国的人物津津乐道，但对阿斯特里斯克（Asterix）的故事一无所知。中国学生对法国常见的历史趣闻、民俗笑话了解的缺失，往往导致与法国人的交流停留在表面，很难深入进行。

3. 心理调适

在新的生活和语言环境中度过一段时间之后，如果不是很顺利，这些生活和语言的问题可能会引发中国留学生一些心理方面的不适应。另外，法国人平时在聚会时特别喜欢边喝咖啡边聊天这种社交方式，对于语言难以跟上又大多性格内向的中国学生来说，无疑加剧了难以融入他人的距离感和孤独感。

德·玛丁（D. Martins）研究了包括中国学生在内的外国学生面对社会孤立（isolement social）时对其学习成果的影响。[①] 他在 1970 年发表的研究成果中认为，外国学生远离家乡时所产生的孤独情绪，可以通过与

---

① D. Martins L'isolement pédagogique et social des étudiants étrangers et leur échec scolaire, Revue Française de Pédagogie, N° 26, 1974, p. 52.

接收国高校的接触，来逐渐得到平衡，而这种情绪上的平衡对其学业也会产生积极的影响。[①] 当外国学生选择用开放的心态去而对新环境，主动去获取关于学校课程的信息、更多地参与大学活动、使自己对学校规则和教学方法更加熟悉时，就可以获得更可靠的可以取得学业成功的方法。对此，德玛丁的结论是，接收国大学必须采取一切措施来改善对外国学生的接待工作，加速他们的融合，这样他们就不会与法国同学和老师保持孤立。这是极富针对性和建设性的见解。

（二）　教育体系与教学方式的适应

1. 教育体系

中国学生在法国高校开展学业的过程中遇到的困难还突出体现在对法国高等教育体制的不适应上。法国的教育系统有自己的学术制度与教学方式，与其他国家的不同之处是多方面的，如大学环境、教学方法和模式、教学组织、新技术的使用、评估方式以及与老师、同学之间的关系等。对于一个中国学生来说，要想适应法国的大学生活，是需要对法国教育体系与教学方式有较深入了解的。

中法两国的文化模式可以概括为：集体主义与个人主义。集体主义在以中国为代表的非西方国家中传播得更广泛而普遍，而个人主义则在欧洲和北美等国家中占主导地位[②]，比起集体的观点，他们更倾向于注重个人的意见和信仰，这些特点形成了一个独自存在的、与其他个体有区别的个体。而在"集体主义"体系中，个体就像链条中的一个环节，是整体中的一部分，个体的角色并不是通过他的信仰、态度和个人价值观，而是通过他的从属关系来体现，他的角色和地位是通过他在群体中的位置来赋予的，如果他不遵守这些，那么他所在的团体，而不仅仅是

---

① D. Martins, Facteurs psyco-sociologiques de réussite et d'échec scolaires chez les étudiants étrangers inscrits à la faculté des sciences de Paris en 1967 – 68. Thèse de doctorat, École des hautes Études en Sciences Sociales, 1970, p. 93.

② M. Cohen-Emerique, «Le modèle individualiste du sujet- Écran à la compréhension de personnes issues de sociétés non occidentales», Cahiers de sociologie économique et culturelle, 1990, p. 11.

他自己将会受到质疑。① 中国的社会制度是基于个体建立的内部关系网络上的，父亲/儿子、兄弟/姐妹、孩子/父母、丈夫/妻子，他们被看作从一个整体中分割出来的不同个体，彼此之间独立却又紧密连接在一起。而西方却不同于此，希腊神话中的英雄们都有着强烈的个人主义思想，这对后来的西方盛行的个人主义价值观产生了深远的影响：如《伊利亚特》和《奥德赛》等作品里的主人公就具有典型的个人主义英雄特征，他们可以为了追求自己的个人胜利、自由或爱情而选择独自离开。与之相反的是，中国的历史故事里不会创造一个远离自己国家而进行自我冒险的人物。建立家庭式社会的影响之一是中国人对待一个人的态度不仅取决于他与自己的关系，也取决于他与自己所在关系网的联系。换言之，当一个人越靠近网络，他就被考虑得越多；离网络越远，就被考虑得越少。

　　教育体系是受文化模式制约的，而两种文化模式赋予人的社会行为是完全不同的，甚至可以说是相反的：个人主义模式下产生的教育体系培养的是独立、自主、有棱角的人；而集体主义模式下产生的教育体系培养的是能够与自己所属的团体和谐相处的人，与团体里他人的关系被摆在最重要的位置。教育体系对学生文化观念和学习习惯会产生深远的影响，受儒家思想熏陶多年的中国学生，当他们开始学习法语时，会逐渐了解法国语言文化，以及其中的笛卡尔逻辑（logique cartésienne）。斯·吉姆（S. Kim）在她对亚洲学生的研究中，提到了两种截然不同的文化之间碰撞时遇到的问题。② 其表明，这些来自具有与接收国文化截然不同文化国家的学生，使东方与西方之间，传统与现代之间的价值观冲突不断出现。

---

① M. Cohen-Emerique, «Le modèle individualiste du sujet-Écran à la compréhension de personnes issues de sociétés non occidentales», Cahiers de sociologie économique et culturelle, 1990, p. 14.

② S. M. Kim, Les femmes asiatiques et l'enseignement supérieur en France: rapport au savoir et positionnement social dans les sociétés asiatiques (Corée du Sud, Japon et Taiwan). Thèse de doctorat, Université Paris 8, 2000, p. 27.

2. 教学方法

艾·克恩（E. Cohen）在 2001 年的报告中表明法国和其他国家在教学实践方面的差异。[①] 根据他的研究，外国学生经常在适应法国高等教育系统所特有的某些教学实践方面遇到困难。对于他们来说，理解法国大学里的课程和实践活动等教学组织形式并不是一件容易的事。

中国学生开始在法国上课的时候便会惊奇地发现——法国教师只给学生提供参考书目，并没有指定的教材。而在中国，教师会给学生选定教材或参考书，学生会根据这些资料来学习。在法国的课堂上，大多数学科的老师是以口述为主，学生以自己做笔记的方式将老师讲课的内容记录下来。由于中国学生不太适应这种教学方式，加之存在一定的语言障碍，经常不得不在课后找法国同学借笔记来抄写，无形中增加了学习的负担和压力。

法国老师在教学时会给学生提供一份参考书目，鼓励学生自己去图书馆查找和阅读与课程主题相关的书籍。学生通过自己的方式阅读和搜索与讨论主题相关的文档越多，他的学习自主性就越会被法国教师所认可和称赞。相反，在中国较为传统的教学过程中，教师会严格按照某本教材上的内容来进行讲授，有时如果某位中国教师知道自己的学生对教材产生了质疑，他可能会因为自己所提供知识的"权威性"受到挑战而感到不安，同时他也会为自己的课程不够丰富和不能满足学生的需求而内疚。

是否提供或限定教材，以及中法教师在教学过程中所注重方面的不同，体现了中法高等教育在主流教学方法上的差异，这在一定程度上反映了中法两国文化观念的不同。当遇到没有教材的情况时，中国学生在自己国家养成的文化习惯则与法国教学体系产生了矛盾。在西方个人主义社会中，教育专业人士往往提倡个人主义和自治的模式，然而在集体

[①] E. Cohen, Un plan d'action pour améliorer l'accueil des étudiants étrangers en France, Diagnostic et perspectives. Rapport au Ministre de l'éducation nationale et au Ministre des affaires étrangères, 2001, p. 61.

价值被认为是最重要的文化传统中，这种模式却被认为是危险的，因为它可能破坏家庭、荣誉以及群体的持久性。① 对中国设计和出版的教科书进行观察就能发现，个人自主性并不是中国普遍实行的价值观，社会凝聚力靠每个人不断地努力而达成，以保持社会的和谐。相比之下，法国社会所追求的独立、自由的价值观与之截然不同。法国老师将推动他的学生变得更加自主，老师必须像父母一样，帮助学生为自己毕业后的生活做好准备。为此，年轻人必须越过长辈、上级或老师的权威，来确定自己的选择。他也许会逐渐开始学会质疑他的成长模式，但他必须先一点一点地与之分离。两种模式产生了两种截然不同的教育体系，两种教学目标之间也有着根本的区别。这的确值得引起我们的思考。

3. 课堂表现

对于法国高校里的某些课程，一门课常常有两种不同的授课形式：CM（Cours Magistraux）、TD（Travaux Dirigés）或者 TP（Travaux Pratiques），CM 的课堂和中国大学的课堂比较相似，但 TD 和 TP 的组织则较为灵活，通常以小组为单位。在 TD 和 TP 的小组讨论中，中国学生通常不喜欢主动发言，这个被法国人称为"害羞"的特点，实际上是中国传统文化所倡导的"含蓄""内敛""保留"等品性的表现。布维耶（Bouvier）曾对这个现象有所解释：以汉语为母语的学生在一个大群体中很少说话，是因为他们害怕犯错，害怕显得与众不同或者可笑。中国一向提倡"在说话前必须先进行思考"这个准则，"在众人面前尤其是在老师面前，一定要经过谨慎的考虑才能开口"。② 当然，这里面也有对自己语言不够自信的成分，但和其他国家来法的留学生相比，同等法语水平下，中国学生确实表现得更为"含蓄"。

这一集体的内向性格从根源上讲，可能与中国学生所接受的初级教育模式有一定关联。在中国，从小学开始，语文等科目的学习过程基本

---

① M. Cohen-Emerique, «La tolérance face à la différence ça s'apprend», Intercultures n° 21, 1993, p. 82.

② B. Bouvier, «Apprenants sinophones et place de la parole dans la classe de FLE». ÉLA, n°126, 2002, pp. 189 – 199.

上是对范本的模仿,这种学习模式解释了为何在学习外语的课堂上,中国学生表现得并不太活跃。他们这种"非创造性"的学习方法,可能来自他们从小的学校经历,尤其受他们学习母语的方式所影响。[①] 每个国家的教学方法都和这个国家的价值观紧密相连,中国教学体系中常用的"重复"和"模仿"学习方法,是由儒家建立和传承下来的,中国传统教育认为"模仿优秀范本"为最有效的学习方法,甚至主张成功的艺术在于记忆和模仿范本。[②]

而与之相反的是,法国学校更注重"个人表达"和"有想象力创造性"的活动。例如,在法国的课堂上,法国的老师欣赏的学生是那种能积极参与到课堂中来、时刻表达自己的想法、与老师互动的学生,老师通常将此视为上课表现良好的特征。与中国传统的教育模式不同,创造性和想象力在法国的课程中颇受重视。在法国高校的教学过程中,老师会鼓励学生之间"创造"对话,根据课堂的主题发挥自己的想象力,通过小组讨论的方式展开"头脑风暴",最后将讨论的结果自己整理归纳并表述出来,以此显示自己与众不同的观点。法国高校还很注重关于写作表达的练习(如写论文),使学生有机会表达自己,鼓励学生运用课程上学到的理论知识来表达自己的观点与个人感受。

然而,中国学生往往在课堂上表现得很安静,听课认真但是并不爱表达自己的观点,以至于法国老师给予他们的评价往往是"害羞",甚至是"没有做出努力参与课堂"。的确,在中国,行动往往比言语更重要,中国学生的努力其实体现在勤奋、高质量地完成小组作业和家庭作业,以及高出勤率这些方面。而法国人继承了笛卡尔的思想和理念,推崇用清晰而逻辑性强的话语来表达一切,所以有时候并不能理解中国学生的非语言表达传播方式。

4. 考核方式

在法国,会有两种类型的考试:阶段性测验(Contrôle Continue)和

---

① Yang Kuang Jane, «L'apprenant chinois face au métalangage grammatical», Lidil, 5, 1992, p. 120.

② J. Gernet, L'intelligence de la Chine-le social et le mental, Gallimard, 1994, p. 125.

期末考试（examen final 或者 partiel，后者指阶段考试）。两方面的分数按照一定的比例相加算出这个科目的最终成绩。但不一定每科都有这两种成绩，例如，某个科目只有期末考试，那期末考试成绩就是最终成绩。平时的阶段性检测有很多种形式，最终都会根据学生的表现来计分，打分的形式也很多样化，课堂参与、随堂测验、课后作业，以及学期论文等，都有可能作为阶段性测验分数的依据，下学期开学的时候老师会将考核情况解释清楚。有的学校则会组织定期测验，可能是书面写材料，也可能是口头介绍做 exposé。期末考试通常在 6 月或 7 月举行，错过或未通过考试的学生可以有一次补考的机会。

因为要为高考做准备，中国学生在中学阶段会经历很多次考试。高中的学习任务是非常沉重的，因为如果想进入大学就读，必须要通过大学入学考试，而成绩则是决定性因素，这给了中国学生以巨大的压力。尤其是在某些优质高中里，学生睡眠时间很少，基本上没有课外休闲娱乐时间。然而，这种高强度学习的能力并没有被大多数人认可：一位在法国工程师学校读到第五年的中国学生说，每次考试前的一周时间里，他会进行紧张的熬夜学习，最终通过了所有考试，但是他认为"理解知识"和"通过考试"之间是有区别的。

在考试这个问题上，与将高考作为大学入学选拔的中国教育体系相反，法国大学体系是在入学后中间阶段进行选拔，比如工程师体系的学生，在两年预科后统一参加全国的选拔考试（concours）。进入法国大学的中国学生面临着两种教育体系的"合并"，并且必须在法国大学里继续"非常努力地学习"，否则将面临留级的危险。由于法国高等学校实行"宽进严出"的政策，留级对于法国大学生来说，是一种较为普遍的现象。然而，对于中国留学生而言，留级不仅是所谓的"面子"问题，更涉及生活费用问题，而这对于普通的中国家庭来说是一笔不小的开支。因此，中国留学生在考核方面面临着比国内大学生更大的压力。

三 促进中法高等教育合作跨文化发展的主要对策

中法两国高等教育合作，实质上是两国高等教育机构的教职人员和学生之间的沟通与交流，因此，从跨文化的角度着手寻求对策，是促进两国高等教育合作的切入口。在跨文化沟通中，尊重是有效实现跨文化沟通的基础。不同文化背景的人有各自不同的风俗习惯、思维方式和宗教信仰，不能以一种标准来衡量文化的优劣，双方都应该尊重对方的文化，从对方文化的角度思考问题。双方都从有利于沟通的角度出发，有选择性地迎合对方文化，积极融入对方文化之中，从而建立友好的合作关系。

中法双方在交流与合作的过程中，要把握好一个度，既不能完全固守本土文化，又不能放弃本土文化，而要在本土文化与对方文化之间找到平衡点。尽管每个合作项目的形式不一样，但都有一个共同点，就是成功的项目都是建立在双方成功的合作关系，以及拥有基本共识的基础之上的。建立共识的基础，也是一个双方互相协调沟通的过程。

根据前文讨论的问题进行分析，结合国内以及法国高校的实际情况，为帮助中法留学生更好地面对跨文化交流的障碍，试提出如下对策建议。

（一） 高等学校的责任担当

对于社会和学术生活中的跨文化问题，作为学生主要生活场景的大学首先应当承担起责任，采取一些促进留学生融入本国文化的举措。斯·派梵迪（S. Paivandi）认为，大学需要进行跨文化反思，以更好地了解和帮助他们的外国学生，并促进他们对国外学校的适应。应当大胆鼓励外国学生参与学术研究活动，以此促进学术和文化交流中的互利互惠。通过高校和国家设立的专门研究机构，对人类共同关心的研究对象（文化、历史、社会或科学）展开合作研究，将有助于提高开放世界的多样性。德·兰斯达尔（D. Lansdale）在他对美国留学生样本的研究中发现，东道主大学的制度文化与来自"第三世界"国家学生的需求之间，有着很大的差异。作者表明，东道主大学在对外国留学生的录取、专业选择、教学和社会适应方面发挥着决定性的作用，其中每一个过程都是制度文化的一部分。因此，站在参与合作的高校的立场上，其实际上有很大的空间来促进教师和学生的跨文化适应。

从交流形式上，对于将赴法国进行深造或者参加长期交换项目的学生而言，可以在长期交流之前，以夏令营等短期访问的方式，让学生提前了解国外的真实状况，直接接触真实的外语环境，增强学生学习法国文化的兴趣，提前开始跨文化适应的进程。在课程安排方面，就如今具有成功的中法合作办学经验的学校课程安排来看，普遍现象是课程安排充实，语言和学科基础并重，然而却缺乏专门针对学生的跨文化指导课，缺少向学生讲解跨文化现象和机制，以及遇到问题后如何应对的辅导课程。从文化认同上，留学生的文化身份重构过程通常可以分为以下几个阶段：文化反思、文化自觉、文化认同和跨文化认同。高校应当进一步加强对学生的文化熏陶，使留学生在离开自己熟悉的中国文化进入到一种新的社会文化中生活和学习时，能更好更全面地将中国和东道主国在文化上的异同进行比较和思考，进而将这种跨文化体验上升为对自身文化的自觉，从而最终实现对自我文化身份的重构。

（二）留学生的主动作为

除了从学校层面采取对策，留学生个体和学生群体更应该主动作为。实际上也有很多机遇和办法，可以解决跨文化交流所带来的问题。首先，中国学生在出国前，可以以个人或者班级的名义，和法国在中国的留学生形成一对一或者多对一的学习小组，通过这些"窗口"来了解地道的法国文化。其次，学生可以主动参加一些国际学生组织，通过各种志愿或者有偿的工作机会，增加和来自各个国家的人进行交流的机会。最后，已经留学在外的学生还可以以小报、社交软件、网站博客等渠道向仍未出国的学生提供各种在法国生活和学习的信息，帮助他们了解自己将来在留学道路上可能遇到的问题并早做准备。

总的来说，随着我国综合国力和对外开放水平的不断提升，我国和法国在社会生活水平和高等教育之间的差异也在日渐缩小。通过对跨文化交流理论的不断学习与更新，在高校和学生个人两个层面采取诸如上述的各类措施，将会更好地促进中法两国教师和学生顺利跨越合作交流时所要面临的文化门槛。

在高等教育国际化背景下，中法双方人员的交流是通过跨文化对话实现的跨文化理解。理解是深层次的心理活动，受制于根深蒂固的思想观念。只有建立了多元文化生态观，才能促使人们去了解自身之外的存在，有意识地进行跨文化的对话，通过保留不同之处来让彼此之间更加宽容、尊重；通过寻求共同之处来实现跨文化理解与融合，让彼此之间更加亲近和友善。"世界本身就是丰富的多元文化生态，每一种文化的意义都在于理解人、社会、自然之间的种种联系；每一种文化的功能都会在人类生活、生产活动、休闲娱乐、智慧思考中体现出来。每一种文化都是特定时空的产物又都与时代联系起来，在空间中像生命一样鲜活。"①

通过中法两国高等教育的合作与交流来实现不同文化之间的对话与理解，在差异之中求同存异，生成生机勃勃的多元文化生态是十分必要的，也是完全可能的。每一种文化都有其存在的合理性和意义，都是人类文明的元素，认同差异，理解差异，寻求沟通，寻求融合是人类文明发展的必然要求，也是中法高校合作的必要前提。

Discussion on "Cross Culture" of Sino-French Higher Education Cooperation

—Take the Exchange Between Teachers and Students of Chinese and French Universities as an Example

Liu Tianqiao   Zhang Jin

Abstract：In the process of Sino-French higher education cooperation,

---

① 熊川武、江玲：《理解教育论》，教育科学出版社，2005，第55页。

due to the differences between the cultures, systems and higher education systems of the two countries, "cross-cultural" has always been a key issue in the communication between teachers and students. China and France need to uphold an open and inclusive attitude and a strong willingness to communicate with each other. Through continuous exchanges and mutual learning, both sides should work together to adjust their differences, so as to seek maximum commonality and promote the smooth cooperation between Chinese and French universities.

Keywords: Cultural Exchange; Sino-French Higher Education Cooperation; Cross Culture

About the Authors: Liu Tianqiao (1987 -), Ph. D. , lecturer, School of History and Culture, Hubei University, Research interests and spercialties: Sino-French Cultural exchanges. E-mail: liutianqiaoorange@ 126. com; Zhang Jin (1990 -), Ph. D. , lecturer, School of Language and Communication, Beijing Jiaotong University. Research interests and specialties: frencheophone Countries and regious study.

约稿函

　　《文化发展论丛》是由湖北大学高等人文研究院、中华文化发展湖北省协同创新中心、湖北文化建设研究院主办的文化发展研究学术集刊，2013 年创刊以来，所发论文均可在中国知网检索。现主编由江畅教授担任。《文化发展论丛》每年出版一辑，公开发行，竭诚欢迎海内外文化发展研究方面的学者赐稿。

　　1. 本刊关注文化发展研究的前沿问题，设有"中国文化发展研究""世界文化发展研究""湖北文化发展研究""重大课题研究进展""文化交流互鉴研究"等专栏，刊登未经正式发表过的相关学术论文。来稿要求原创性、学术性、专题性、开放性，单篇论文篇幅不少于 8000 字为宜。来稿文责自负，本刊不承担论文侵权等方面的连带责任。必要时，编辑部会做一定修改处理，如不同意删改，请在投稿时特别说明。

　　2. 根据国家新闻出版总署颁布的《中国学术期刊（光盘版）检索与评价数据规范》的要求，请论文作者同时提供以下相关信息：

　　①姓名，性别，出生年，籍贯，学位，职称，主要研究领域；

　　②工作单位及详细通信地址、邮政编码；

　　③中英文标题（含副标题）、内容摘要（100～300 字）、关键词（3～7 个）和作者简介。

　　3. 引文务须力求准确，注释一律采用页下注，每页单独排序，序号采用①②③……，保证著录项目齐全完整。

　　4. 文稿一经发表，酌付稿酬（含中国知网转载稿酬，除特稿外，每千字 100 元）。作者若不同意本人文章被网络、数据库收录的，请作特别声明；若无特别声明者，视为同意我刊与上述电子出版物、数据库的约定。

5. 因编审流程需要一定时日，本刊编辑部在收稿后 3 个月内不与作者联系，作者可自行处理。

来稿请发送电子版至本刊邮箱：culturedev@ aliyun. com，邮编：430062，联系电话：027 - 88046421。

《文化发展论丛》编辑部

图书在版编目（CIP）数据

文化发展论丛. 总第 20 期 / 江畅主编. -- 北京：
社会科学文献出版社，2022.10
ISBN 978 - 7 - 5228 - 1043 - 0

Ⅰ. ①文…　Ⅱ. ①江…　Ⅲ. ①文化发展 - 世界 - 文集
Ⅳ. ①G11 - 53

中国版本图书馆 CIP 数据核字（2022）第 214127 号

文化发展论丛 总第 20 期

主　　编／江　畅
执行主编／吴成国
副 主 编／李家莲　张　敏

出 版 人／王利民
责任编辑／周　琼
文稿编辑／陈　冲
责任印制／王京美

出　　版／社会科学文献出版社·政法传媒分社（010）59367156
　　　　　地址：北京市北三环中路甲 29 号院华龙大厦　邮编：100029
　　　　　网址：www. ssap. com. cn
发　　行／社会科学文献出版社（010）59367028
印　　装／唐山玺诚印务有限公司

规　　格／开本：787mm × 1092mm　1/16
　　　　　印张：20.5　字数：305 千字
版　　次／2022 年 10 月第 1 版　2022 年 10 月第 1 次印刷
书　　号／ISBN 978 - 7 - 5228 - 1043 - 0
定　　价／98.00 元

读者服务电话：4008918866